刑法解釈の方法と実践

楠本孝

現代人文社

刑法解釈の方法と実践

はしがき

　本書に収録した論文の最初のものを書いたのは、在日朝鮮人等による組織的な指紋押捺拒否闘争が行われている頃であった。この闘争は、戦後の日本社会で最も輝かしい成功を収めた市民運動の一つと言えるが、それは市民的不服従、つまり現行法秩序を形成する法の正当性そのものに異議を申立てるという形態をとった運動であった。当時の外国人登録法には、指紋押捺義務以外にも外登証常時携帯義務や登録事項確認申請義務といった抑圧的性格を持った諸制度が含まれており（後二者は、現行法にまで及んでいる）、これら諸制度の正当性を問う、いわば在日朝鮮人達の「人間の尊厳」をかけた闘争が行われていたのである。

　このような時代の状況を前にして、刑法学は、その可罰的違法性論が外登証常時携帯制度の「弾力的運用」に一定の貢献をした他には、ほとんど無力であっただけでなく、指紋押捺拒否闘争にはまったく無関心であった。刑罰法規の正当性に対する無関心が刑法学を支配していた。しかし、立法者が、刑罰を担保にして一定の政策目標を達成しようとすることに対し、その正当性を問題にすることがないとすれば、刑法学は単に「支配」の技術的合理性を研究する学問ということになろう。

　超越的な真理や正義が経験的な現象界である政治社会において実現されることはあり得ないが、そこで生み出され市民を拘束する法律が、およそ真理や正義と無関係に定立されるということを想定することはできない。法治国家における法律、とりわけ刑罰法規は、国家の剥き出しの暴力によってではなく、社会規範として市民に内面化されることによって実効性を保持しようとするのであるから、法律は自ら市民に正当性を主張し、市民がそれを理性にかなったものと見なすことが必要である（本書において、私は、国籍という内的国境に囲われている国民だけを「市民」と呼ぶのではなく、日本社会に生活の本拠を持ち、法的義務の負担においても、生活の実態においても日本国民と異なるところのない者すべてを「市民」と呼びたいと思う）。経験的な現象界において何が理性にかなったもの、真理であるかを決するのは、成熟した

（啓蒙された）人々の討議を経て形成される公共的合意をおいて他にない。そして、より正しい公共的合意を得ようとすれば、討議は広く市民に公開され、可能な限り強制を排した批判的討議であることが求められる。刑法学、就中刑法解釈方法論の課題は、こうした刑罰法規の正当性をめぐる論証の体系をどのようにして構築するかということでなければならない。ただ、本書が、そのためのプログラムのほんの端緒となり得ているかも心もとないのであるが。

　最初の良心的な指紋押捺拒否者は、おそらくこう考えたのだと思う。今はあり得ないことだが、もし強制力の全くかからない、議論のみを通じて意思形成が行われるとしたら、皆はこの問題をどう判断するだろうか、と。そして、抑圧的な法に対する不服従の道を選んだ人々に対し多くの日本市民が示した深い共感によって外国人登録法から指紋押捺制度が全廃されたという歴史的事実は、各人が他のすべての人々の状況に我が身を置いて連帯して考えることにより一般的同意を受けるにふさわしい解答に至ることが可能である、ということの証左であるように思う。

　本書は、関東学院法学その他の誌上に掲載した論文に大幅な改稿をして編集したものである。これまで研究継続の場所を提供してくださった関東学院大学の足立昌勝教授、本書の出版を勧めてくださった東京造形大学の前田朗教授に感謝を申し上げる。

2003年4月　　　楠本　孝

目　次

はしがき　2

第1部　刑法解釈の方法

はじめに　13

第1章　刑法解釈における法規拘束性と正当性の諸問題　16

第1節　刑法解釈における法規拘束性の諸問題　16
　一　可能的語義公式の問題　16
　二　立法者の意思への拘束　19
第2節　構成要件への包摂をめぐる諸問題　25
　一　問題の所在　25
　二　構成要件への包摂についての通説的見解とその問題点　26
　三　言語学的成果の継受　30
　　(1)　言葉と状況　30
　　(2)　言葉と命題　32
　　(3)　言葉と語場　32
　　(4)　言語の恣意性と類推　33
　四　構成要件の言語性　35
　　(1)　構成要件と状況　35
　　(2)　構成要件、構成要件要素、体系　36
　五　構成要件への包摂手続　38
　　(1)　規範の具体化と事実関係の構成　38
　　(2)　先行理解　39
　六　小括　40
第3節　刑法解釈の正当性の諸問題　41
　一　法解釈論争　41
　二　実践的論証の理論　42

(1)　真理のコンセンサス理論　42
　　　(2)　討議の理論　44
　　　(3)　理想的発話状況　47
　　　(4)　一般的実践的討議の理論　48
　　　(5)　一般的実践的討議の限界と法的規則の必要性　51
　　三　法的討議の理論　53
　　　(1)　内的正当化　53
　　　(2)　展開過程で援用された諸前提の正当性の論証　55
　　　(3)　効果を先取りする論証形式の問題点　57

第2章　被告人に不利益に変更された判例の遡及禁止　58

　第1節　岩教組同盟罷業事件第二次上告審判決に
　　　　　おける遡及禁止の問題　58
　　一　法廷意見　58
　　二　河合伸一裁判官補足意見　59
　　三　本章の課題　61
　第2節　近代的遡及禁止法理について　62
　　一　シェッケルによる啓蒙以前の遡及禁止論研究　63
　　二　シェッケルによる近代的遡及禁止論の特徴づけ　64
　　三　シュライバーによるシェッケル批判　68
　　四　シュライバーによる近代的遡及禁止論の特徴づけ　70
　第3節　被告人に不利益に変更された判例の
　　　　　遡及適用に関する判例と学説　71
　　一　ドイツの判例　71
　　二　遡及禁止の実定法上の根拠　73
　　三　学説　74
　　　(1)　遡及肯定説　76
　　　(2)　遡及禁止説　79
　　　(3)　残された訴訟法上の問題　81

第2部　刑法解釈の実践

はじめに　85

第1章　ドイツにおける極右運動による反憲法的言論に対する刑事規制をめぐる諸問題　86

第1節　「法秩序の防衛」概念の成立と展開　86
一　はじめに　86
二　概念の立法史　88
 (1)　西ドイツ刑法改正作業の概略　89
 (2)　『62年草案』と『対案』　90
 (3)　刑法改正特別委員会での審議　91
 (4)　連邦議会での審議　93
 (5)　立法史の小括　94
三　概念の展開　96
 (1)　BGHSt24, 40.の論証　96
 (2)　シュレーダーの批判　98
 (3)　改正前後の短期自由刑、刑の延期の推移に関する統計　98
 (4)　判例による事例群の形成　99
 (5)　統合予防論の台頭　101
四　小括　102

第2節　「アウシュヴィッツの嘘」発言に対する刑事規制の成立と展開　103
一　はじめに　103
二　刑事規制の成立　104
 (1)　先駆的な立法提案　104
 (2)　反ユダヤ事件　107
 (3)　第六次刑法一部改正法　108
  (a)　民衆煽動罪の構成要件　108
  (b)　極右運動に対抗するその他の改正　110
 (4)　第四次刑法改正法　111

三　刑事規制の展開　112
　　　　⑴　第二一次刑法一部改正法　113
　　　　⑵　妥協への批判　114
　　四　刑事規制の完成　116
　　　　⑴　デッケルト事件　117
　　　　⑵　オルレット判決の衝撃　118
　　　　⑶　新犯罪対策法　119
　　　　　(a)　独立した実体刑罰規定の創設　119
　　　　　(b)　新規定の保護法益の合憲性　120

第2節の補遺　「アウシュヴィッツの嘘」に対する各国の刑事立法について　122
　　一　「アウシュヴィッツの嘘」とドイツ刑法　122
　　二　立法の背景にある法思想　124
　　三　新法の問題点　125
　　　　⑴　保護法益　125
　　　　⑵　「アド・ホックな立法」の問題　126
　　　　⑶　「一般的法律」による規制の要請　127
　　　　⑷　構成要件的行為の解釈　129
　　四　他の国での規制内容　131
　　　　⑴　フランス　131
　　　　⑵　オーストリア　132
　　　　⑶　スイス　133

第3節　外国人排斥言論に対する刑事規制の成立と展開　134
　　一　はじめに　134
　　二　ガストアルバイターを排斥する言論の刑事規制　135
　　　　⑴　ガストアルバイター問題　135
　　　　⑵　ガストアルバイターを排斥する言論に対する刑事規制　137
　　　　　(a)　ガストアルバイターに対する憎悪の煽動　137
　　　　　(b)　ガストアルバイターに対する入店拒否　140
　　　　　　1．刑法130条の広い解釈　　2．刑法130条の狭い解釈　　3．判例
　　　　　　4．判例の論理に対するローゼの批判　　5．小括
　　三　難民申請者を排斥する言論に対する刑事規制　150
　　　　⑴　「偽装難民」問題　150

(2) 「偽装難民」を排斥する言論の刑事規制　152
　　　(a) 侮辱の詩『ドイツにおける偽装難民』をめぐる判例と学説　152
　　　　1. 「偽装難民」という概念が意味するもの
　　　　2. 難民申請者の人間の尊厳を侵害しているか
　　　　3. 難民申請者の生存権が否定されているか
　　　　4. 生物学的生存権から社会的生存権へ
　　　(b) 刑法130条の新規定の下での外国人排斥言論　159
　　　　1. 刑法130条の新規定　　2. 「支払いをしない外国人」を排斥する言論
　四　結びに代えて　161

第2章　日本における外国人登録法をめぐる諸問題　163

　第1節　戦後日本の外国人管理法制　163
　　一　はじめに——外国人管理と行政刑法　163
　　　(1) 行政刑法と外国人管理　163
　　　(2) 刑罰謙抑主義と立法裁量論　164
　　　(3) 外国人の人権と二重の立法裁量　166
　　　(4) 外事警察の情報収集活動　168
　　二　戦後外国人管理法制の形成期　169
　　　(1) 占領期の朝鮮人政策　169
　　　　(a) 占領初期の在日朝鮮人政策とその転換　169
　　　　(b) 外国人登録令　171
　　　　(c) 阪神教育闘争　173
　　　　(d) 団体等規正令　175
　　　　(e) 外登令の改正　176
　　　(2) 講和独立期の外国人管理法制　177
　　　　(a) 日本国籍喪失と法律126号　177
　　　　(b) 外国人登録法　179
　　　　(c) 破壊活動防止法　182
　　　(3) 日韓条約と分断管理　184
　　　　(a) 日韓条約と日韓地位協定　184
　　　　(b) 在日朝鮮人の定住化傾向　187
　　　　(c) 入管闘争　188
　　三　外国人管理法制の修正期　190

            (1) 統合政策への転換　190
              (a) 統合政策　190
              (b) 外国人の人権論の深化　191
              (c) 統合政策の具体化　193
            (2) 市民的自由の獲得過程　196
              (a) 外国人登録制度　196
              (b) 確認申請義務　198
              (c) 指紋押捺制度　199
              (d) 指紋押捺拒否闘争　201
              (e) 外登証常時携帯制度　204
              (f) 在留権の安定　206

    四　結びに代えて　207
            (1) 統合を拒否する者への弾圧　207
            (2) 外国人管理法制の再編　209

第2節　市民的不服従と警察による制裁　209
    一　問題の所在　209
            (1) 指紋押捺拒否者の逮捕　209
            (2) 市民的不服従　210
            (3) 本節の課題　214

    二　不出頭を理由とする逮捕　215
            (1) 徴表説　216
            (2) 下級審判例の変遷　217
              (a) 逮捕を適法とする判例　218
              (b) 逮捕を違法とした判例　219
            (3) 最高裁判決　221
            (4) 判決の評価　222

    三　直接強制による指紋採取　224
            (1) 逮捕に実質的に包含される処分　225
            (2) 犯罪捜査規範131条1項の意義　227
            (3) 市民的不服従者からの指紋採取　228

    四　結び　229

第3節　判例の論理と警察の論理　230
    一　はじめに　230

二　外国人登録証常時携帯制度　230
　⑴　常時携帯制度の目的　230
　⑵　刑事罰か行政罰か　231
　⑶　罪刑の均衡　233
　⑷　過失による不携帯　234
　⑸　「常に」の解釈　236
　⑹　可罰的違法性論による救済とその限界　237

三　登録事項確認申請制度　238
　⑴　確認申請制度の問題点　239
　⑵　判例の態度　240
　　(a)　基本的地位の相違論　241
　　(b)　立法府の裁量論　242
　　(c)　勧奨葉書と刑罰の謙抑性　243
　　(d)　執行猶予付罰金刑の意味するもの　244

第1部 刑法解釈の方法

はじめに

　近代市民刑法の基本原理である罪刑法定主義は、どのような行為が犯罪とされるかを事前に告知して市民の予測計算可能性を保障するという自由主義の要請と、どのような行為が犯罪とされるべきかは市民の正統な代表である議会のみが決定し得るという民主主義の要請とから成っている。したがって、罪刑法定主義の下にある刑法の解釈方法論は、本来なら、この自由主義の要請と民主主義の要請を共に充たすべく構想されていなければならないはずである。ところが、現代の刑法学では、罪刑法定主義の実質的内容であるこの二つの要請は背景に退けられ、裁判官による刑罰法規の適用領域は、あらかじめ議会によって定められていた「法律」の枠内に限られるという形式的な法律主義が前面に出てきている。この法律主義は、罪刑法定主義の実質的な二つの要請を制度化したものと理解されるが、制度化によって二つの要請は過度に単純化され、「法律」の物神化が起こった。その結果、現代の刑法解釈方法論は、法文の「可能な語義の範囲」を唯一の解釈の限界とし、この枠の中では、論理的・体系的整合性を考慮しつつも、窮極においては、当該刑罰法規の目的に従った「妥当な」結論の追求を許す、という構造になっている。しかも、法律は、いったん立法者の手から離れて客観的な規範として存在するに至った以上は、つねに変動する生きた社会を規制するために解釈・適用されるべきものであるから、法の解釈者は歴史的立法者の意思に直接拘束されることなく、同時代の客観的な法律の意思に従うべきだとされる（客観的目的論的解釈）。こうして、現在の刑法解釈方法論は、当該社会問題の歴史的展開を無視した静的な利益衡量に概念法学的な正当化の衣を着させることに尽きていると言ってよい。

　しかし、このような構想に対しては、以下の三つの側面から疑問が提起されている。

　第一は、可能的語義によって解釈の限界を画するという構想は現代の言語哲学の知見と合致しない、という疑問である。現代の言語学の教えるところによれば、言語の意味はそれが使用される状況に大きく依存しているのであり、多くの事例では、言葉の可能な意味の限界はあらかじめ定まっているのではなく、その時々の状況を考慮して行われる「解釈」という営為によっては

じめて明らかになるものである。しかも、そうして得られる可能的語義の限界はその文言の日常的意味からは遠く離れていて、市民の予測可能性を超えることがしばしばあるのである。

　第二は、裁判官が妥当な結論を追及する際に入り込む主観的価値判断の問題である。現代の解釈方法論は、依然として「すべての法的決定は、実定法から導き出だされる」という法律実証主義に支配されているが、刑法以外の法分野において戦後起こった法解釈論争は、裁判官の法解釈と具体的適用の実態を暴露し、裁判官の判決活動が彼の所属する社会階層の利害を色濃く反映していることを明らかにした。実定法の「枠」の中で論理的に成立し得る複数の解釈仮説のうち、どれを「妥当な」解釈として選択するかは、裁判官の経歴と出自によって規定された主観的価値判断にかかっている。この主観的評価は、最早「法律」を持ち出しただけでは正当化されない。それは、市民社会の支配的な価値体系との関連において正当化されなければならないのである。刑法以外の法分野において、このような認識が一般化しているなかで、ひとり刑法学だけが、裁判官の判決活動に入り込む主観的価値判断の問題を無視して解釈の方法論が成立するはずがないのである。

　第三は、議会制民主主義に対する市民の信頼が揺らいでいるという問題である。どのような行為を犯罪とすべきかについての議会の評価が正統性を有するのは、ただ単に議員たちが選挙によって選出されたことによるのではなく、その議員たちが公開の討議によって一つの結論に至ったことによる。「討議」とは、合理的な主張を通して自らの意見のもつ真理性と正当性を承認するように相手を説得しようとする者、逆に言えば相手方の主張の真理性と正当性によって説得される覚悟を持った者の間で行われる意見の交換である。しかし、現代の人々は、議員達が利己的な利害や党派的拘束から独立して、相手に説得される心構えをもって討議し、法律を制定しているとは信じていない。公共の討議を経ない法案が巨大な圧力団体や官僚組織の中で秘密に準備され、与党内において関係諸団体間の利害の調整が行われた段階で事実上の政治的決定がなされ、議会での審議は単に特殊な利害を公共の利益として権威づけるための形式的手続に過ぎない。このような状況において、多数者支配の議会の決定に絶対的な優越性を付与し、幅広い立法裁量権を認めれば、少数者集団の基本的人権が脅かされる危険があるだけでなく、法規範の正当

性への市民の信頼も揺らぐことになる。議会の公共性に対する信頼が失われたことによって、「法律」の正当性への信頼も揺らいだのである。

　本書第1部は、刑法の解釈方法を、罪刑法定主義の根底にある自由主義と民主主義の二つの要請に立ち返って反省するとともに、裁判官の判決活動に介入する主観的評価の正当性、さらにはその前提となる刑法規範そのものの正当性を議論する枠組みについて考えることを目的にしている。刑法の解釈にも何らかの客観性や科学性を求めるとするならば、社会に生起する諸問題の歴史的展開や、それに対し立法者が第一次的にどのような価値判断をしたか、それを受けて実務がどのように具体的な法の継続形成を行ったか、さらには正当性評価の最終的な審級である市民の全体意思はどのようなものであるかを視野に入れた、動的な論証理論の構築が目指されるべきであると考えている。

●第1章
刑法解釈における法規拘束性と正当性の諸問題

　裁判官の判決は事案の法規への論理的包摂である限りにおいて正統化されるという実証主義が法理論を支配していた時代には、「可能的語義の範囲」という公式は、刑法解釈の基本的枠組を提供してくれるものと素朴に考えられていたが、今日では、現代言語哲学の学問的継受がやっと始まったばかりというのに、日常言語の存在論的「曖昧さ」についての言語学的転回は、刑法学的解釈方法論の基礎を根こそぎ奪い去ってしまった。しかも、シューネマン（Bernd Schünemann）の言うように、民主的に直接正統化されない裁判官を持つあらゆる民主制においては、法規解釈の科学性についての問題は、ただ単に科学論的な方法のための方法のようなものではなく、第三権力の決断の、ひいては国家の具体的な権力分立体制の正統化可能性をそもそも主題化しているのである[1]。可能的語義公式の不毛さは暴露されてしまった。この公式を用いて、事例を法典に包摂することに自らの活動を制限すると称して、自らの正統性を主張してきた裁判官は、いまや、価値判断する実践主体として、自らの価値判断を正当化すべき立場に立たされたのである[2]。

　本章では、まず裁判官が「法規」に拘束されるとは、どのような意味で理解されなければならないかを、次いで、その法規の拘束を受けつつ裁判官が事案を構成要件に包摂する過程に入り込む主観的価値判断の問題を、最後に、その主観的価値判断を正当化する論証がどのような枠組の中で行われなければならないかを検討する。

第1節　刑法解釈における法規拘束性の諸問題

一　可能的語義公式の問題

　およそ成文法体系の国家における法理論は、まず何よりも、法律上の規範

と裁判官の判決という両極性の議論であると理解することができる[3]。実証主義の法理論は、裁判官の活動を可能的語義公式を用いて事例を法典に包摂することに制限することによって、二つの極を一元化してきた。刑法学の通説によれば、裁判官の活動は、成文の言葉の可能な意味の限界内にとどまっている場合にのみ正統化される。したがって、法実証主義及び刑法の類推禁止思想は、究極的には可能的語義公式の、法的評価の正統性基準としての合理性に依存しているということができる。

だが、かかる構想は、日常言語の存在論的「曖昧さ」という現実の前に挫折せざるを得ない、とカウフマン（Arthur Kaufmann）は言う。「法——特に刑法——のどこに、我々は、そのような明確な規定性を見つけることができようか。犯罪行為の輪郭が法律の中に現に確立されているような犯罪行為は文言上一つも存在してはいない」[4]。「解釈とは『可能な語義』まで及ぶとされる場合、これはすでに類推の中心点にいることにほかならないのである。なぜなら、この『可能な語義』は一義的なもの（Univokes）でも多義的なもの（Äquivokes）でもなくて、類推的なもの（Analoges）でしかありえないのである」[5]。このカウフマンの指摘は、意味論的規則が解釈を限界づける機能に対する素朴な信頼を打ち破るのに十分な効果があった。可能的語義自体が解釈のプロセスの中で構成されるのであり、解釈の中で構成されるものが同時に解釈の限界基準ではあり得ない。

かようなカウフマンをはじめとする論者の主張に対して、同じ言語学的視点から反論を試みているのがシューネマンである。「解釈と類推との間にあるとされる文言の限界など法発見が常に類推的構造を有するため実在しえない

---

[1] Schünemann, Die Gesetzesinterpretation im Schnittfeld von Sprachphilosophie, Staatsverfassung und juristischer Methodenlehre, in: Klug-Festschrift, 1983, S.173. 邦訳、増田豊・法律論叢57巻5号130頁。なお、裁判官の独立と正統性の問題については、樋口陽一「裁判の独立」講座・憲法学第6巻『権力の分立(2)』（日本評論社、1995年）42頁以下参照。

[2] 「包摂イデオロギー」の沿革と限界については、Hassemer, Rechtssystem und Kodifikation, --Die Bindung des Richters an das Gesetz, in: Einführung in Rechtsphilosophie und Rechtstheorie der Gegenwart (Hrsg. Kaufmann/Hassemer) 1977, S.72. 邦訳、竹下賢ほか『法理論の現在』（ミネルヴァ書房、1979年）82頁以下参照。

[3] Hassemer, a.a.O., S.72.

[4] A. Kaufmann, Analogie und "Natur der Sache", in: Rechtsphilosophie im Wandel, 1972, S.278. 宮沢浩一ほか訳『現代法哲学の諸問題』（慶応義塾大学法学研究会叢書、1968年）221頁。

[5] Kaufmann, ibid., S.276.

ものであるとする主張にあっては、日常言語が法獲得のプロセスにおいて『二重の機能』を果たしているものだということが看過されている。すなわち、まず第一に、立法者によって使用された法概念は解釈のプロセスにおいて日常言語の助けを借りて明確にされる。その際、日常言語は、純粋に奉仕的な（法的目的設定に依存する）機能を有する。第二に、しかし、日常生活上の言語表現形式が用いられているような事実的な事柄もまた日常言語によって記述される。この機能との関係では日常言語は法的な目的設定とは全く無関係であり、固有のコンヴェンション及び慣行に従うことになる。そこで、この（言語哲学的にみればいわゆる『対象言語』としての）機能において、日常言語は（言語哲学的にみればいわゆる『メタ言語』の中で行なわれる）法概念の目的論的解釈に対しまさに一定の制限を設定しうるものである」[6]。

　この反論が正当なものであるか否かは、言うまでもなく、「対象言語」としての日常言語が必要な明晰さを持っているかどうかにかかっている。論者は、日常言語の曖昧さ（Vagheit）に程度の差をつけることによってこれに応えようとしている。すなわち、肯定的なケース（positive Kandidaten）、否定的ケース（negative Kandidaten）、及び中立的ケース（neutrale Kandidaten）の区別である[7]。肯定的なケースとは、当該概念（例えば「猥褻な行為」）は曖昧であるが、当該対象（例えば性交）に適用可能であることは明らかな場合を言い、否定的なケースとは、同じく当該対象（例えば握手）に適用不可能であることは明らかな場合を言う。そして、中立的なケースとは適用可能か否かに疑義ある場合である。このような区別をした上で論者は、「可能な語義」の限界が無視されたか否かが問題になるのは前二者のケースについてであって、中立的なケースについては「可能な語義」の問題は起こらない、という。当該概念の適用可能性ないし不可能性が明白な場合にのみ「可能な語義」公式が作用すると言うのである。その上で、中立的なケースについては、最終的には「裁判官の決断」を通じて、肯定的ないし否定的な領域に配属されると言う[8]。

　しかし、これでは真に法的な問題ではすべて裁判官の決断によることにな

6　Schünemann, a.a.O., 181.
7　H-J. Koch, Das Postulat der Gesetzesbindung im Lichte sprachphilosophischer Überlegungen, in: ARSP. Bd. LXI/I, 1975, S.35.
8　増田豊「法発見論と類推禁止の原則」法律論叢53巻1・2号25頁。

ろう。また、そもそもかかる三区分が真に厳密なものといえるのは、肯定的・否定的・中立的なケースを規定するための間主観的に受け容れられた手続が存在する場合のみである。もちろん、そんなものは存在しない[9]。

結局、法文それ自体から得られる解釈の限界は、せいぜい国家から自由な活動領域を保障するために「市民に法を告知する」という観点から、通常の判断能力を有する一般人の理解が及ばないような「解釈」は許されないということだけであろう。「市民の予測可能性」を超える処罰の拡張は、それが「意味の拡張」によるのであろうと「類推」によるのであろうと、罪刑法定主義とくにその自由主義的要請に反する。そして、この予測可能性の要請は、市民が具体的場合に当該行為がその刑罰法規の適用を受けるかどうかの判別をできるということをもって充足されるのであるから、裁判官が行う解釈が法文の言葉の日常的な使用慣習から大きく離れたものであってはならないということを求めるであろう[10]。

しかし、市民の予測可能性を保障するというだけでは、憲法76条3項が要請する裁判官の活動の法規拘束性という要請に応えたことにはならない。

二　立法者の意思への拘束

以上のように法規拘束性を可能的語義という意味論的見地から理解するものの他に、これを立法者と裁判官がコミュニケーション関係に立つことだと理解する立場がある。

シュロート (Ulrich Schroth) によれば、すべての立法の基礎になっているのは、社会的に問題になった利益紛争に対する立法者による特殊な評価である。立法者の評価行為は、具体的命令に置き換えられて、法文の形をとる。しかし、立法活動によって下される決定の本質はあくまで特殊な社会的利益紛争の評価であって、刑法では、つねに、国家の要求する利益が、市民を保護する利益によって制限される。すべての刑法的立法活動において、この両利益の衡量が行われる。法発見は、法適用者がこの両利益の衡量をただ

9　Schroth, Theorie und Praxis subjektiver Auslegung im Strafrecht, 1983, S.97.
10　大谷實『刑法講義総論〔第四版補訂版〕』(成文堂、1996年)73頁以下、町野朔『刑法総論講義案Ⅰ〔第二版〕』(信山社、1995年)73頁以下参照。

自分自身でのみ行うときには、民主主義的正統性の欠如という重大な異議にさらされることになる。対立する諸利益間の優先選択は、まずもって選挙された議会の価値決定に委ねられるべきである。しかし、法実務における経験は、立法者の価値決定をしばしばさらに発展させる必要があり、場合によっては修正する必要もあることを示している。立法者の価値決定が現代の諸関係に合わせられる。シュロートによれば、立法者が価値決定を行う可能性を持たなければならないが、裁判官の価値決定を立法者の価値決定に制限してしまうことは、理論上も実務上も受け容れられない。立法者は一定の範囲内で法適用者を規定し、法適用者は一定の範囲内で立法者の価値決定から逸脱する。シュロートは、このような関係を立法者から法適用者への一方向のものとせず、立法者と法適用者のコミュニケーション関係へとさらに推し進めるべきであるとし、そのための条件を二つ挙げる。第一に、立法者と法適用者の関係をコミュニケーション関係とみるときは、裁判官の独立した価値決定は可視的なものにされなければならない。価値決定がはっきりしている場合にのみ、立法者はこれと対決することができ、これを再び修正することができるからである。第二に、立法者とのコミュニケーションが機能するためには、法適用者は、何故立法者の価値決定を受け入れ得ないのか、また何故この価値決定から逸脱することが正当だと信じたのかを示さねばならない。そして、かかる立法者の価値判断との対決は、立法者の価値決定が主観的解釈（subjektive Auslegung）によって明らかにされた場合にのみ可能なのである[11]。

そこで以上の構想にとって最も重要な問題は、裁判官がいつ、いかなる場合に立法者意思から逸脱し得るのか、つまり立法者意思の拘束力如何である。この点についてシュロートは、立法者意思からの逸脱がいかなる場合に正当であり、また不当であるかを決める確固とした規則は存在せず、結局は、諸経験類型の衡量によるしかないとしながらも、次のような比較的詳細な衡量基準を展開している[12]。

①立法者意思が不明確であるときは、その重要性は失われる。これはもともと主観的解釈が不可能な場合である。

11　Schroth, ibid., S.100f.
12　Schroth, ibid., S.102ff.

②立法者意思が複数の解釈仮説を許容するときは、それは重要でない。これもそもそも「逸脱」が問題にならない場合である。

③立法者意思は、それが法律の中に明確に表現されていればいるほど重要度を増す。立法者の価値決定が法律の中に直接表示されることは稀だが、表示されている場合は、それによって立法者は、法適用者を拘束しようとする意思をも表現しているのである。

④具体的問題に対する立法者意思は重要であり、これを逸脱し得るのは、その意思がそもそも憲法に違反するか、その法律が時代遅れになった場合のみである。

⑤新しい法律であるほど立法者意思は重要である。あまり時間を経ていない法律の場合には、価値判断構造の同一性が存すると思われるからである。

⑥上級裁判所の定着した判例があるときは、立法者意思は重要でない。このことは、少なくとも判例によって創られた解釈構成要件がすでに一定の時間を経ているときに、妥当する。立法者は、この間に介入する機会があったはずだからである。

⑦当該解釈実務の中に、本質問題（Sachproblem）をどのように決定するかについてコンセンサス獲得能力ある基準が見出せない場合には、立法者意思の重要度が増す。一般に、立法者意思は、本質問題に関して激しい見解の対立があるときに問題解決能力を発揮するのである。

⑧立法者意思は、教義学体系に反する解釈へ導くときは、その重要性を失う。これまで通用してきた教義学体系を廃棄して、新しい体系を打ち立てようとするものであることが明示されていない以上、立法者が教義学体系に反する振舞いをしようとしたと考えることはできないからである。したがって、例えば、教義学上一般に承認されている責任原則に反し、無過失でも処罰できるとの解釈へ至る立法者意思は重要でない、というべきであろう。

⑨立法者意思が不当な結論に導くことを理由に中和されるのは、法適用者以外の人々によっても、その結論の不当性が承認されることを期待し得るときのみである。しかし、立法者意思が不当な結論に導くことを理由として中和されるかどうかの問題にとって決定的に重要なのは、その不当な結論が一個別事例に過ぎないのか、それともしばしば生じるのかということである。一般的な価値決定は、つねに個別事例において不当な結論に至る可能性があ

る。歴史的立法者の意思によって支持される解釈仮説がしばしば不当な結論に導くときこそ、この意思の重要性は窮極的に中和されることになろう。

　これら諸基準をわが国における解釈問題に照らして検討してみよう。

　鳥獣保護法1条の4第3項等の「捕獲」の意義について、旧狩猟法以来、判例は一貫して、「捕獲」は現実に鳥獣を支配下に入れたか否かを問わず、鳥獣を自己の支配下に入れようとする一切の行為をいうとする解釈を採用してきており[13]、狩猟法を現行鳥獣保護法に改正する際に立法者がこれに介入しようとした形跡がない以上、この解釈を許容するのが立法者の意思であるとされる[14]。しかし、これは前記⑥の基準に照らせば、もともとの立法者意思がどうであろうと、定着した判例があり、立法者がこれを修正する意思を明示していない以上、もともとの立法者意思は重要でない、というに過ぎない。その意味で、立法者意思が捕獲行為説を支持していると断定することはできないのである。

　他方、捕獲行為説は、「鳥獣の保護繁殖」という立法目的を実現するためには、「保護繁殖を実質的に阻害するもの」にまで取締対象を拡張して解釈する必要があることも根拠としている。しかし、立法者意思が「鳥獣の保護繁殖」を立法目的としていることは明らかであるが、そのための「生活環境の保全」まで保護法益に含めようというのは、立法者意思の拡張、それも処罰を拡張する方向での拡張と言わなければならない[15]。このような市民の自由な活動領域を狭める方向に立法者意思を拡張あるいは類推する解釈は、民主的正統性を欠く。市民の自由を制限するには、立法者による明示の意思表示が必要なのである。

　それに対して、立法者意思が求めている処罰の範囲を、裁判官が被告人に有利な方向に縮減することは、立法者意思の範囲内で妥当な結論に至るという裁判官の職責に照らして、法規拘束性の要請に反するものではない[16]。た

---

[13] 大判大正11年5月29日刑集1巻329頁。大判昭和18年12月18日刑集22巻323頁。最決昭和53年2月3日刑集32巻1号23頁。最決昭和54年6月31日刑集33巻5号494頁。最判平成8年2月8日刑集50巻2号221頁。
[14] 町野朔「刑法の解釈」町野朔ほか編『考える刑法』(有斐閣、1986年)19頁以下参照。
[15] 保護法益に野生鳥獣を含めた環境保全を考慮するのは今後の鳥獣保護法の方向性を示唆するが、そのためには現行法の抜本的な見直しが必要であるという指摘がある(門田成人、平成八年度重要判例解説141頁)ことを想起すべきである。

だし、前記⑨の基準に照らせば、妥当な結論に至るために立法者意思を縮減する必要がある場合が存在するとしても、それによって直ちにその立法者意思が重要でないということになるわけではなく、立法者意思の拘束力を否定するためには、その立法者意思に従った解釈がたびたび不当な結論に至ることが充分に論証される必要がある。

　立法者の意思に従って法文を解釈すると、違憲の結論に至る可能性がある場合の立法者意思の拘束力については、もう少し立ち入った検討が必要であろう。

　①立法者が追求しようとした立法目的をそのまま法文の解釈に反映させたときは、「およそ処罰すべきでない行為まで処罰することになる」等の理由で違憲となり、それを回避するための限定解釈も不可能なとき（立法者が限定された内容の法を存立させようと意図したとは思えない場合[17]や、限定する論理がもはや解釈の作業を超え新たな立法作業の範疇に属すると考えられる場合[18]等）は、その法令自体を違憲とせざるを得ないことは言うまでもない。②立法者が追求しようとした立法目的それ自体は合憲だが、それを達成する手段として規定された具体的法命令が違憲の結論を回避できないという場合[19]も同様である。③立法者が追求しようとした立法目的をそのまま解釈に反映させれば、場合によっては適正処罰の限界を超えると考えられる事例が発生するとしても、その場合がむしろ例外で、原則としては処罰範囲の大部分が合憲的な枠の中にあると考えられる場合には、その立法者意思全体を違憲無

16　その意味で、①刑法197条の4の斡旋収賄罪が成立する要件について、立法者の意思が「公務員としての身分を有する限り、たとえ私的な関係を利用して斡旋する場合も本罪が成立する」ものであったのに対し、判例が「少なくとも公務員としての立場で斡旋することを必要とし、単なる私人としての行為は本罪を構成しない」としたもの（最決昭和43年10月15日刑集22巻10号901頁）や、②刑法96条の2の強制執行妨害罪が成立する要件について、立法者の意思は、債務が実際に存在するか否かにかかわらず、国家の作用としての強制執行の機能を保護することにあったと見られるのに対し、判例は「同条は究極するところ債権者の債権保護をその主眼とする規定である」とし、「同条の罪の成立するがためには現実に強制執行を受けるおそれのある客観的な状態の下において、強制執行を免れる目的をもって同条所定の行為を為すことを要する」としたもの（最判昭和35年6月24日刑集14巻8号1103頁）などは、法規拘束性の要請に抵触するものではない。

17　芦部信喜「法令の合憲解釈」小嶋和司編ジュリスト増刊『憲法の争点〔新版〕』（1985年）261頁参照。

18　福岡県青少年保護育成条例事件上告審判決（最大判昭和60年10月23日刑集39巻6号413頁）における谷口裁判官の反対意見参照。

19　尊属殺重罰規定違憲判決（最大判昭和48年4月4日刑集27巻3号265頁）参照。

効とするのではなく、規定内容を合憲の範囲に止めるように解釈することにより、できるだけ立法者意思を活かす方法がとられるべきである[20]。ただし、このような合憲限定解釈が市民の予測可能性を侵すような場合、すなわち、合憲限定解釈によって示された構成要件の内容が明確性の要請を充たし得ない場合、その合憲限定解釈は許されないのであり、当該法令自体を違憲無効とせざるを得ない[21]。その意味で、全農林警職法事件の最高裁判決が、「二重のしぼり」論を明確性の原則に反するとして退けておきながら、当該法令を違憲無効とせず、そのまま適用して被告人を有罪としたのは著しい背理と言わざるを得ない[22]。

　以上のような構想は、もちろん完全であるとは言えないとしても、法規拘束性を意味論的にのみ理解する立場よりは優れている。先に述べたように、法規拘束性を意味論的に解する場合、「可能な語義」公式によって処理されるのは肯定的ケースと否定的ケースのみであって、多くの中立的ケースでは法適用者は自由な目的追求を許されているのである。つまり、一見厳格に見える意味論的限界づけは、それが客観的解釈論と結びつくときは、実は相当に広い、ときには不適切なまでに広い裁量を裁判官に許すことになるのである。それに比して、立法者意思に原則的な拘束力を認め、例外的にそれからの逸脱を認めるコミュニケーション関係の構想は、より適切に裁判官の裁量範囲を縮減するものと言えよう。そして、真に法規拘束性を保障するものと言えるのではなかろうか[23]。

　しかし、裁判官活動に立法者意思による拘束を認めたとしても、その立法者意思の枠内において複数の解釈仮説が存在し得るのであり、そのうちどれを選択するかは依然として裁判官の評価行為に依存するのである。その限りで、また立法者意思から逸脱する場合にはなおさらに、正当化の論証が必要になる。

---

[20] 全農林警職法事件上告審判決（最大判昭和48年4月25日刑集27巻4号547頁）の5裁判官反対意見参照。
[21] 前掲注18判決の島谷裁判官の反対意見参照。
[22] 前掲注20判決の多数意見。
[23] 増田豊「ネオ・客観的解釈論についてのディアグノーゼ」法律論叢58巻3号117頁以下、同「主観的・歴史的解釈論の語用論的ヴァージョン」法律論叢58巻6号1頁以下参照。

第2節　構成要件への包摂をめぐる諸問題

一　問題の所在

　法理論は、法的価値判断の正統化問題を通じて法的実践に自己を投影していくが、それは同時に、裁判における判決の正当化プロセスに対する批判理論として自己を表現することである。民主的に直接正統化されることのない裁判官は、裁判において「理由」を示すことを要求される。この裁判の理由づけは、裁判官がいかなる心理的過程を経て一定の結論に至ったか（法発見プロセス）を説明するのではなく、何故にその判決が下されるべきか（正当化プロセス）を示すことである[24]。もちろん、法発見の過程で後に行われる正当化の基準が先取りされることはあり得ることであるし、正当化の局面では重要でない事柄が法発見の局面で何らかの役割を演ずることもあり得ることであろう。しかし、判決の法学的判断としての正統性を問題にしようとする限り、法発見のプロセスは重要ではなく、「理由」における正当性の論証にこそ第一義的な重要性が認められなければならない。しかも、裁判官による具体的事案への法規則の適用は概念的に形成された上位命題への論理的包摂に尽きるなどとは最早誰も主張することはできないのである[25]。確かに、裁判における正当性の論証は、一般的な合理性の論証とは異なり、法律や先例や教義学的命題によって「制度化」されており、裁判官は「現行法秩序の枠組みにおいて」合理的であることを論証すれば足りる[26]。しかし、真に法的な問題は、いわゆるニュートラルな領域に、つまり、裁判官の評価活動なしには包摂不能な領域において生じるのである。裁判官は、いまや価値判断する実践主体として、自らの価値判断に合理的「理由」を付すことを求められているのである。法理論の最終的課題は、法的評価の正当化プロセスを規律することである[27]。

　しかし、判決の正当化プロセスを規律するには、その前提としてまず、裁判官の評価が、事例を法規に包摂する過程のどの段階で、どのように介在す

---

[24] Robert Alexy, Thorie der juristischen Argumentation, Suhrkamp 1978, S.281. 中村治郎『裁判の客観性をめぐって』（有斐閣、1970年）79頁以下等。
[25] Karl Larenz, Methodenlehre der Rechtswissenschaft, 3.Aufl.1975, S.154.
[26] Alexy, a.a.O., S.269.

るのかを明らかにしなければならない。この分野では、法発見論、とりわけ法学的ヘルメノイティク（Juritische Hermeneutik）の功績は大きい。法学的ヘルメノイティクは、——哲学的起源は別として法学上は——一方でエンギッシュ（Karl Engisch）の「上位命題と生活事実関係の間の視線の往復（Hin-und Herwandern des Blickes zwischen Obersatz und Lebenssachverhalt）」[28]という有名なテーゼに触発された、包摂モデルに対する法学方法論の戦いと、他方で、抽象的な自然法の終焉の後にも実証主義に対抗して正当な法の定立可能性を問う具体的自然法（konkretes Naturrecht）の試みに見られる戦後法哲学の展開とを二つの起源として生まれたとされる[29]。しかし、法学的ヘルメノイティクの他の理論に対する優位性及び法理論における功績は、現代の言語学的成果を法学に導入した点に求められなければならない。とりわけ刑法学の分野では、言語のコンテクスト依存性の認識が、構成要件の概念的性格と法発見の類推的構造の分析に決定的な局面を開いた[30]。本節は、構成要件の概念的性格と事案の構成要件への包摂を言語学的成果を視野に入れつつ分析することを目的とする。

二　構成要件への包摂についての通説的見解とその問題点

　伝統的な刑法理論によれば、裁判官の行動は、事案を構成要件へ包摂することに限定することによって正統化される。「構成要件への包摂」は、当然に、構成要件とは何かということに依存している。さらに、構成要件が言語的構成体（sprachliches Gebilde）であることは議論の余地がない。にもかか

27　刑法学では、このような課題がこれまで必ずしも自覚されていたとは言えない。例えば西原春夫は、法解釈論争についての討論において次のように述べている。「刑法の場合には、法律効果に対応する法律要件が厳密に記述されている。……つまり、刑法の場合には、形式的、技術的な論理操作で解釈が片付く面が多い……」「刑法解釈には、罪刑法定主義の原理が不可避につきまとう、したがってさっきいったような法規の形式的、技術的な論理操作で片付けなければならないという面もある」「刑法学には、人によって違うけれども強固な体系の殿堂がある。その結果、それぞれの解釈原理は、その体系の末端で、いわば論理必然的な帰結として、自明のものとして示されることになる」討論「刑事法における法の解釈」ジュリスト増刊『法の解釈』1972年195頁以下。
28　Engisch, Logische Studien (Fn.41), S.15.
29　Hassemer, Juristische Hermeneutik, in: ARSP, vol 1986 LXXII/Heft 2. S.200ff.
30　Arthur Kaufmann, Analogie und "Natur der Sache", in: Rechtsphilosophie im Wandel, 1972, S.278.

わらず、従来の構成要件理解は、必ずしもこの点に注意を払っていたとは言いがたい。構成要件が言語的構成体であるということは、構成要件の解釈が言語のコンテクスト依存性の影響を受けることを意味する。ところが、通説的な構成要件理解は、構成要件の事実連関性（Wirklichkeitbezug）を無視した方法二元論に立って行われて来たのである。「我々は第一に構成要件そのものと、第二に構成要件にあたる事実（犯罪構成事実）と、第三に構成要件該当性（Tatbestandsmäßigkeit）の評価とを区別しなければならない。……構成要件は事実に対する評価の基準である。……ある社会的事象は、構成要件該当の判断を受けるとき、はじめて刑法的な意味の世界に立ち現れることになる」[31]。ここでは、二つのことが前提にされている。すなわち第一に、犯罪構成事実は完結した事実関係として前もって定められているという前提であり、第二は、事実関係をいかに評価すべきかの基準が構成要件の中にあらかじめ定められている（認識されていないとしても）という前提である。

　まず第一の前提については、ハッセマー（Winfried Hassemer）の次のような批判が当てはまろう。「このような見方は、完結した事実関係が前もって与えられていて、その後にようやくかかる事実関係の法的整序を検証するという課題を持つ上告審裁判官の見方である。こんなことは法実務のほんの小さな部分に過ぎない。かような見方においては、両当事者や弁護人の活動、そして後に法的に評価せられるべき事実関係を定立するという点にその本質がある、例えば捜査当局や事実審の裁判官の役割が考慮されていない」[32]。

　第二の前提については、論者は次のような補完を行っている。「あくまで成文法の規定の範囲内でなければならないが、その範囲内において、たとえば、犯罪構成要件の規定の解釈を固めて行く――犯罪定型を固めてい行く――のは、まさしく判例の任務である。……罪刑法定主義は犯罪の定型化を要請する。ところが法律の規定だけでは、いくら精密な表現を用いて犯罪の成立要件を記述しても、犯罪の定型は抽象的にしかきめられない。個々の具体的事案に即して裁判所が下す判断の集積によって、はじめて犯罪定型の具体的内容が形成されて行くのである」[33]。ここに見られる「成文法の規定の範囲内」と

31　団藤重光『刑法綱要（総論）〔改訂版〕』（創文社、1979年）108頁。
32　Hassemer, a.a.O., S.209.
33　団藤・前掲書46頁。

いう表現が何を意味するかは問題にしない[34]。重要なのは、構成要件の具体的内容が判例の集積という帰納的方法によって獲得されるとされている点である[35]。

　帰納的方法は、事実関係を前面に出させるという長所を持っている。構成要件の現実との連関性という点で、形式的―演繹的方法より、法学的ヘルメノイティクの要請に合致するものと言えよう。しかし、判例の集積によって構成要件の具体的内容、ひいては当該事案の決定を帰納的に導出するというのは、決して明晰な手続であるとはいえない。すでに構成要件へ包摂された事例群の中から、当該事案と完全に同一内容の事案が引き出されるのであれば問題はない。しかし、裁判官はつねに新しい事案と直面するのである。問題なのは、「この事実関係は、この構成要件の事例である」と主張する言明の真理性である。帰納的手続では、かかる言明の真理性は形式的な推論規則によって導出されるのではなく、すでに構成要件に該当するとされた事例群の中から当該事案に類似した事例の集合が根拠として選択される。帰納的手続では、解釈者は、仮説として設定された事案決定を蓋然的に正当な決定であると確証する根拠をできるだけ多く集めようとする[36]。類似する事案の数が多ければ多いほど、それだけ帰納的証明度は増す[37]。だが、帰納的手続の限

---

[34] Vgl., Kaufmann, a.a.O., S.276.
[35] 実は判例を集積するだけでは役に立たない。集積された判例を体系的に整序して、検索できるシステムが必要である。このシステムこそ法教義学(Rechtsdogmatik)である。アレクシーは、法教義学が諸事例を体系的に蓄積する装置であることを明らかにしている。彼は、法教義学の積極的機能として、安定化機能(stabilisierende Funktion)、進歩機能(Fortschrittsfunktion)、免除機能(Entlastungsfunktion)、技術的機能(technische Funktion)、制御機能(Kontrollfunktion)、索出的機能(heuristische Funktion)を挙げている。ここで重要なのは後三者である。技術的機能とは、法的概念、命題、制度などを構成することによって、法的諸基準をそれらの相互依存関係に即して統一的・体系的に記述できるようになり、その迅速な全体概観が可能となることであり、教義学は、このような情報提供によって、法的素材の教授・学習可能性や伝承能力を高めるのである。制御機能とは、教義学的命題相互の論理的両立可能性(狭義の体系的検証)と、多様な教義学的命題が基礎づけるさまざまな判断の一般的実践的な正当化可能性(広義の体系的検証)とが体系的に吟味できるようになり、それによって、個々の事例を、孤立的にではなく、過去及び将来の多数の事例を考慮に入れて裁判することが可能となるということである。索出的機能とは、そのたびごとに新たに始める者には思いつかない多数の解決モデル・区別・視点を教義学が内包していることによって、それがなければ不可能であったり視野の外に置かれたままであったりするような設問や解答をわからせ、教義学的体系が新たな観察や関連づけの実り豊かな出発点となっているということである(Alexy, a.a.O., S.326ff.)。
[36] Hassemer, Tatbestand und Typus-Untersuchungen zur strafrechtlichen Hermeneutik, 1968, S.61.
[37] Hassemer, ibid., S.52.

界は、以上のことの中にすでに現れている。

　まず、根拠として用いられるすでに包摂された諸事例も、必然的な正当性をもって確証されたものではなく、蓋然的なものであるに過ぎない[38]。しかし、帰納的アプローチは、かかる不確実性によって無効にされるわけではない。なぜなら、蓋然的にしか正当でない根拠でも、充分な数が揃えば、原則的に当面の仮説を支持し得るからである[39]。より根本的な問題は、決定されるべき事案とすでに決定された諸事例との類似性がいかにして確定されるかである。事案中の個別要素についての類似性を決定することは、さほど困難ではないと思われるが、事案全体の類似性が問題となる場合には、通常、部分的な同一性と同時に部分的な非同一性が存在するものである。事案と事案の類似性を確定するには、比較される両事案が事前に全体として把握されていることを前提とするのであるから、特定の事実関係要素についての類似性・同一性を確定しただけでは不充分である[40]。また、事実関係(Sachverhalt)は、それ自身で存在するわけではない。生活事象(Lebensvorgang)ないし出来事(Geschehen)が、それ自体の外にある基準にしたがって評価され、それによって事実関係に構成されるのである[41]。この外的基準については、帰納的手続は何も明らかにしない。さらに、事案決定の根拠として過去の類似した諸事例が列挙されるという考え方は、法が変動しないものであることを前提にしている。ところが法はつねに時代によって規定されると同時に、つねに新しく実現されるものである(法の歴史性〔Geschichtlichkeit des Rechts〕)[42]。

　以上のようにして、すでに行われた包摂の結果として生まれた判例の集積から、当該事案の決定を帰納的に導き出すことは、それほど明晰なプロセスではないし、それと同時に、現実との連関を十分に保障するものでもない。したがって、構成要件への包摂についての通説的な構想も十分なものとは言いがたいのである。

38　Hassemer, ibid., S.53. 判例に一定の拘束力を認めるとしても、独立した法源性は認められていない。判例の法源性については、Baratta, Über Juristenrecht, in: Dimensionen der Hermeneutik (Hrg. Hassemer) 1984, SS.57-75.(この紹介として楠本孝「アレッサンドロ・バラッタ『法曹法について』」警察研究57巻10号77頁以下)。
39　Hassemer, ibid., S.53.
40　Hassemer, ibid., S.56.
41　Hassemer, ibid., S.57f.「事実関係の構成」については後述五を参照。
42　Hassemer, ibid., S.57.

三　言語学的成果の継受

　我々は、構成要件の言語性からくる特質を検討する前に、継受された言語学的成果をまず確認しておかなければならない。その際、我々は、構成要件を解釈する者が通常行う作業の中にも、言語の性質についての配慮がすでに見られることを指摘することができる。例えば、刑法155条が解釈され、判決の対象になっている事例に適用されたとしよう。この場合、155条の示す構成要件が全体として視野に入れられていることもあろうが、通常は、その中の構成要件要素、例えば「行使の目的」や「文書」の解釈がされたのに過ぎないのである。そこで、「文書」なる構成要件要素を解釈する作業をさらに詳しく見ると、解釈者はその意味についての情報を、通常は辞書にではなく刑法155条についてのコンメンタールに求める。辞書は、「文書」という語が何を意味し得るかを教えても、「刑法155条における文書」が何を意味しているかを教えるものではなく、コンメンタールこそがそれをよく為すことができるからである。そしてこのことは、「文書」という構成要件要素が、刑法155条の構成要件の中に位置づけて理解されねばならないことを意味している。逆に、有印公文書偽造罪の構成要件は、「文書」なる構成要件要素の内容を確定しなければ理解し得ない。つまり、構成要件はその諸部分を介してのみ把握され得るし、さらにその諸部分もまた全体としての構成要件を介してのみ把握され得るのである[43]。理解の過程が何故にこのように循環をなすかは、言語の特質を調べれば一層明確になるはずである。

(1) 言葉と状況

　形式論理学の領域では、記号はつねに同じことを意味しているのでなければならない。しかし、日常言語の領域では事態はまったく異なる。言葉は異なる状況では異なることを意味し得るし、異なる内容を持ち得る。すべての言葉は、——形式化された学問用語は別にして——一定の状況の中で発話されるのであり、状況なしには完全に理解することはできない。辞書的な確定は、つねに条件付でのみ行い得る。発話状況を離れたところでは、ある言葉

---

[43]　Hassemer, ibid., S.14.

が意味し得ることを言明し得るに過ぎないのであり、その言葉が実際に何を意味しているかを言明することはできない。発話状況から離れることは、語義についての一義的言明を不可能にするのであり、「辞書的な」意味と「現実の」意味とは明確に区別して考察しなければならない。このように、語義の特殊化は発話状況に依存する。しかし、言葉が辞書的な非特殊的意義を持つこともまた事実であり、発話状況が言葉の選択や、この非特殊的語義に依存していることも確かである。我々は、まずこの点に関数的関係（funktionale Beziehung）を認めることができる[44]。

これは言語学の地平では、いわゆる語用論（Pragmatik）にあたる[45]。植松秀雄は、この語用論の構文論や意味論に対する優位性を強調するフィーヴェック（Theodor Viehweg）の見解を「構文論的—意味論的に定位された言語使用が『それがその内で機能する特別な使用状況、すなわち記号と記号使用者の関係』を度外視しているがために、フィーヴェックにとっては、それが調達する知的便宜は許されない単純化だと映るのである」と要約しつつ、自らも「法治国家的要請の特殊刑法的な発現たる罪刑法定主義の原則が、それの言語的位相においてレトリックな見地から問い返されてみる必要が十分にあると思う」として、語用論の優位性を主張するのである[46]。これは、我が国の刑法学者に支配的な「非レトリックな言語観」への偏りを批判したものとして意味がある。しかし、三つの言語次元のうちの一つが特に優位性を主張される理由はないと思われる。成文法国家において法文の構文論的—意味論的次元を過小に評価することはできないし、語用論的次元を相応に評価することが裁判官による法創造の要請と直ちに結びつくものでもない。むしろ、法律文言のコンテクスト依存性は、言うところの「聞き手関係」（＝聞き手による意味の作出過程）からではなく、解釈者がつねに立法者の発話状況に立ち返って法文の意味を反省することによってのみ把握されるものである。

44　Hassemer, ibid., S.67f.
45　言語学の統語論（Syntaktik）、意味論（Semantik）、語用論の三分法の法学との関連については、ハフト「法と言語」カウフマン／ハッセマー編『法理論の現在』（邦訳、ミネルヴァ書房、1979年）131頁以下参照。
46　植松秀雄「罪刑法定主義の言語的位相」法哲学年報（1980）『法と言語』87頁、98頁。

(2) 言葉と命題

　命題は言葉から成っている。言葉が命題を形成する。言葉の理解が命題を理解するための必要条件である。しかし、命題を命題たらしめ、有意味的で且つ理解可能な言語的構成体たらしめているものは、言葉の数や言葉の連続ではなく、むしろその連続の中の言葉の関係である。命題の中の言葉は、その言葉が他の言葉との間に立っている関係から見てはじめて特定の意味を持つことになる。命題の意味は、言葉の特殊な具体的意味に基づいているのであり、辞書的な意味に基づいているのではない。

　以上のように、命題の意義が具体的語義から成っているように、具体的語義は命題の意義から成る。これを部分的段階に分解してみれば、一見無限遡行（regressus in infinitum）のように見えるが、このような見方は正しくなく、語義理解からの命題理解も、命題理解からの語義理解も、同時性のカテゴリー（Kategorie der Gleichzeitigkeit）において行われるのである。すべての発話は、この同時性の前提の下に行われる[47]。

　これは、言語学上、構文論（Syntaktik）、連辞関係（rapport syntagmatique）と呼ばれる次元である。「話された（または書かれた）言葉は、時間的（または空間的に）線状の性質をもっており、その発話内に現われた個々の要素は、他の要素との対比関係におかれてはじめて差異化され意味をもつ」[48]。

(3) 言葉と語場

　言語の関数的構造を示す第三の次元は、語場（Wortfeld）の理論である。言葉は、命題との関数関係とは別に、概念的隣人（begriffliche Nachbare）からも具体的意味を受け取る。具体的状況において語られた言葉は、意味を命題の関係からのみ受け取るのではないし、命題が個々の語に生命を得させる唯一の現実であるわけでもなく、むしろここでは、第二の現実が共に作用しているのである。言語において伝承され、発話者や聞き手にとっては現在のものである全体――概念場（Begriffsfeld）の体系がこれである[49]。

　言語の厳密性の問題にとって、この認識もまた直接的な意義を有する。言

47　Hassemer, Tatbestand und Typus, S.70f.
48　丸山圭三郎『ソシュールの思想』（岩波書店、1981年）98頁。
49　Hassemer, Tatbestand und Typus, S.71f.

葉の限界は、つねに流動している。なぜなら言葉は場において生きているからである。言葉は絶え間ない意味の変転の支配下にある。語場の限界を確定する基準も、部分的にしか定式化可能でなく、同様に変わりやすいのである。おまけに、言葉の意義を共に決める同意語や反意語は明示されていないし、たいていは想起されてもいないのである。それにもかかわらず、言葉は語場なしには了解不能である。語場のすべての表現が潜在的にしろ現存するのでなければ、言葉はかすんでぼやけたものとなり、その意味は動揺してしまうであろう。少なくとも、発話された言葉の意味の限界は、発話者及び聞き手の意識の中にある概念的隣人が明確にされていればいるほど明瞭なものになる。したがって、言葉が語場から意味を手に入れるのと同様に、語場は個別の語が潜在的体系に組み入れられることによって構成されているのである。

　言語におけるこの次元は、それぞれにニュアンスの差があるにせよ、意味論(Semantik)、連合関係(rapport associatif)、範例関係(rapport paradigmatique)と呼ばれる次元である。つまり、「各要素と体系全体との関係で、その場に現われる資格は持ちながらもたまたま話者が別の要素をすでに選択してしまったためそのコンテクストからは排除される要素群との《潜在的》な関係である」[50]。

(4) 言語の恣意性と類推

　さて、以上の考察をもとにして、言語と現実との関係を論じるなら、言語活動の主体は、潜在的かつ同時的な連合関係と、顕在的かつ線状的な連辞関係においてしか辞項の差異化を行い得ず、それ故、他の辞項との関係を捨象した個別抽象体は意識の領域に達しない[51]。それどころか、我々の生活世界は、言語に先立って区分され、分類されているものではなく、言語による構造化を経て意識の俎上に載るのである。しかも、個々の辞項の持つ価値は、言語体系内に共存する他の辞項との関係からのみ決定されるのであり、言語外の現実(そもそもかようなものは意識されないが)から得られるのではない。このことを言語学者は言語の恣意性と呼んでいるが、それは、既成の事物の表現において見られる恣意性ではなく、「言語の形相次第で現実の連続体がい

50　丸山・前掲書99頁。
51　丸山・同上136頁。

かに非連続化されていくかという、その区切り方に見られる恣意性」であり、「その区切り方の尺度は、あくまでもその言語社会で恣意的に定められたものであり、自然法則にはのっとってはいない」ことを意味し、「言語事実がその間に起きるこれら二つの領域（言語の体系と言語外現実：筆者）が無定形であるばかりか、二つを結ぶ絆の選択、価値を生み出す二つの領域の合体は、完全に恣意的である」ことを意味する[52]。

　かかる言語学的成果を法学者が直接的に継受したとは考えがたいが、哲学的ヘルメノイティクを介して、法学的ヘルメノイティクにも影響を与えたことは推測できる。ハッセマーによれば、あるものについての概念は、つねに言語の内部にある概念でしかあり得ない。なぜならば、言葉の外では何も把握され得ないからである。概念的現実は、つねに言語的に把握された現実である[53]。この言明に先の言語の恣意性に関する認識を付加して敷衍すれば、次のように言えるだろう。我々は、現実の非連続体を言語によって区切り、非連続化した現実（概念的現実）として認識する。その際、どのように区切り非連続化するかは既存の言語体系に依存するとしても、この言語体系は何も必然的に定まったものではなく、あくまでその社会で恣意的に定められたものであり、つねに別の区切り方の可能性を残したものである。別の区切り方をすることによって、個々の辞項と言語体系内に共存する他の辞項との関係も変更され、我々の現実の認識が修正される。そして、ここに「解釈する」という活動の可能性が開かれることになる。

　このことは、いわゆる「意味の拡張（Sinnstreckung）」と「類推」との関係の理解にもかかわってくる。我々が言語によりどのようにして現実を把握するかといえば、一次的には我々が受け継いできた言語の使用慣習（Sprachbraüchen）に従う。しかし、意味の拡張をこれだけで説明することはできない。意味の拡張は、多かれ少なかれかような使用慣習から逸脱することを意味するからである。意味の拡張は、従前の使用規則によっては把握不能と思われてきた事柄を、同じ記号で把握することである。したがって、意味の拡張によって翻訳された意味を理解するためには、その語の「もともとの意味（ursprünglicher Sinn）」を認識していなければならないことは確かであるが、

52　丸山・同上145頁。
53　Hassemer, Tatbestand und Typus, S.74ff.

もともとの意味から拡張された意味への移行を可能にするには、両者の類似点(tertium comparations)が存在しなければならない。かような類似点を突き止めることこそ理解(Verstehen)の条件であり、解釈するという行為の核心である。そして、これは従来「類推(Analogie)」と呼ばれてきた思考作用と何ら異ならないのである[54]。

四　構成要件の言語性
(1)　構成要件と状況

状況との連関についての反省は、構成要件の理解にとっても構成的(konstituiv)である[55]。刑法の構成要件もまた、ある状況において、つまり社会的利害が対立し、これを立法的に解決するという状況において定立されたものであるからである。ところが通説は、このような立法者の発話状況は、規範の機能が、状況から抽象化され、状況を超えて存在するものであるという理由で、規範の理解にとって構成的でないとする。つまり、立法者の発話状況は重要ではなく、法律の「客観的意味」が重要なのだとされる。ところが、法律の客観的意味とは何か、それがどのようにして突き止められるのかは、いまだ明らかでない。それはつまるところ、「法律の意思(Wille des Gesetzes)」は、立法者の発話状況をヘルメノイティッシュに反省し、相対化

---

[54] その意味で、「意味の拡張」と「類推」とが論理形式として異なることを前提に、類推という論理形式をとることは刑罰法規の「不当な」拡張を招くから許されない、というのも根拠がない。従来、刑法学上、類推または類推解釈と言われるのは、「刑法の明文上規定せられている事実と明文上規定せられていない事実の間に外形的共通性と法の精神・原理・目的等の原理的共通性を発見し、その共通的要素を理由として、明文上規定せられている事実に関する刑法規範を明文上規定せられていない事実の上に推理・拡充することをいう」(木村亀二『刑法総論』〔有斐閣、1978年〕20頁)。ところが奇妙なことに通説は、「判例が過失によってガソリン・カーを顛覆した事案について第一二九条の適用を認めたのは正当であった(大判昭和一五年八月二二日刑集一九巻五四〇頁)。けだし、汽車・電車とガソリン・カーとがちがうのは動力の点だけで、動力の差異は第一二九条の適用になんら重要性をもたないからである。これに反して、バスになると、軌道の上を運転するのではないから、もはや第一二九条の予想するところではない」としている(団藤・上掲書53頁)。しかし、軌道の上を走るかどうかという共通点を捉えて、ガソリン・カーを汽車・電車と同等に扱おうとする思考は、まさに類推のそれにほかならない。平野龍一が、類推と拡張解釈の区別は明瞭ではないが、類推的思考を採用することは好ましくないという(平野『刑法総論Ⅰ』〔有斐閣、1972年〕77頁)のも拡張解釈と類推とが論理形式において異なることを前提にする限りで、根拠がないものといわなければならない。dagegen vgl. Hassemer, ibid., S. 165.
[55] Hassemer, Tatbestand und Typus, S.86f.

することによってはじめて確定され得る性質のものだからである。規範もまた言語構成体である以上、発話状況の諸条件に支配されている。それは、立法をめぐる経済的―社会的―政治的関係であるし、立法上の手続的局面でもある。立法の手続は、慎重な言葉の選択の過程であり、その言葉がいかに理解されるかを計算する過程である。それ故、客観化された意思としての法律もまた、歴史的立法者の発話状況から理解されねばならないのである。もしも客観的解釈論が、このような要請を無視して展開されるならば、解釈者の独断の支配下にある、それこそ「主観的な」解釈理論と言わなければならない。

ともあれ、構成要件の状況依存性の議論は、主観的解釈論（立法者意思説）と客観的解釈論（法律意思説）の対立を、テクスト理解の構造論を踏まえて再検討する可能性を開いたと言えよう[56]。

(2) 構成要件、構成要件要素、体系

すでに述べたように、命題と言葉との関係は、構成要件と構成要件要素との関係に対応する。そこで、我々は、テクストと命題や言葉との関係、体系と構成要件や構成要件要素の関係も対応させて考えることができる。テクストは命題や言葉から成り、言葉や命題もまたテクスト全体の意味によって規定される。同様に、各構成要件は法典内の別の構成要件との関係で共にその意味を規定しあっている。さらに、教唆の規定は共犯の規定の制約を受け、共犯の規定はさらに正犯の規定の制約を受ける。その逆もしかりである[57]。

構成要件と体系との連関に関する考察においては、いわゆる法律の欠缺（Gesetzeslücke）の問題について検討しておくことが必要である。この点につき、ハッセマーはまず、可罰的行為の領域と不可罰的行為の領域を分け、法律の欠缺は可罰的領域の中に点在する島のようなものだと考える。「法律の《欠缺》は可罰的行為によって四方八方から取り囲まれている」[58]。その上で、法律の欠缺と刑法上重要でない不可罰的領域を区別し、それぞれにまったく別の法的意味を付与するのである。つまり、法律の欠缺は、「原則として」可罰的行為の限界の内側にあるものであり、法律の欠缺にあたる行為は、「原則

56　Vgl., Schroth, Theorie und Praxis in der strafrechtliche Auslegung, Dunkker & Humbolt, 1983.
57　Hassemer, Tatbestand und Typus, S.87.
58　Hassemer, ibid., S.90.

として」法典の刑罰威嚇や行為記述によって共に思念されていたとするのである。「ここで『原則的に』というのは、刑法上の決定手続においてこの問題を検証する以前は、という意味であり、特定の規範をこの事実関係に適用しようとする以前は、という意味である」[59]。言い換えれば、電流窃盗を可罰的行為に包括することも考えられたが、ライヒスゲリヒトは具体的適用においてはそうしなかった。法律の欠缺にあたる行為は、体系的には可罰的とせられるけれども、構成要件的に不可罰とされるのだ、と言うのである。

　ここで注意すべきは、法律の欠缺を体系的統一の追及によって補充しようとすることは、ちょうど不完全なテクストの読み手がテクスト全体の傾向からテクスト作成者の意図を類推するように、立法者の意思を類推することに他ならないということである。法律の欠缺を体系的思考によって補填することは、立法者がどのように「同価値の」または「類似の」利益を評価したかを類推することによって行われる。この同価値性や類似性を判断する基準は法律自体には書かれていないのであるから、裁判官自身が、法律全体の目的や取締る事柄の本質といった抽象性の段階まで立ち戻って決定しなければならない。しかし、そのような抽象性の段階まで立ち戻らなければ可罰性の評価ができないというのは、最早市民の予測計算可能性を保障するものとは言えないし、場合によっては議会の「公開の討議」によって決定されたものとも言いがたい。このとき刑事裁判官は、一般のテクスト解読者とは決定的に異なる態度をとらなければならない。いわゆる類推の禁止が、刑法解釈方法論において意味があるとすれば、それは「可能的語義の範囲」を超えた意味の拡張を禁止することより、法律の欠缺を埋めるための立法者意思の類推を禁止することにある。刑事裁判官は、法律の欠缺があるときは、それを明示して無罪判決を書くことにより立法者の新たな活動、つまり法律の書き直しを促すことを任務としている。

---

[59]　Hassemer, ibid., S.91.

五　構成要件への包摂手続

(1)　規範の具体化と事実関係の構成

　先にも述べたように、規範と事実関係との相応化の問題に道を開いたのは、エンギッシュの「上位命題（すなわち法律規範）と生活事実関係との間の視線の往復」というテーゼであった。すなわち、規範と事実（伝統的な方法論では、事実の規範への演繹的包摂ということで片づけられていた）は、法発見プロセスにおいて徐々に互いに関係づけられねばならず、規範と事実は互いに具体化しつつ展開されるべきものであり、それ故互いに前提とし合っているという考え方である。このような考え方の下では、規範と事実関係は動態的に把握され、規範の適用は、事実関係に即して規範を具体化（Konkretisierung）することであり、事実関係の決定は、規範の助けによって事実関係を構成する（konstituieren）ことである。このことをハッセマーは、規範と事実関係とが、事実関係の決定ないし規範の適用という過程において相互に接近し合うという意味で「接近テーゼ（These der Annäherung）」と呼んでいる[60]。

　これをもう少し詳しく見ると、まず事実関係は、規範と独立に前もって定められているものではなく、むしろ法律を適用しようとする者が生産的に関与する構成的手続の帰結である。まず第一に、すべての事実関係を法的考察に入れることは無意味である。ここで重要なのは、法的意義を持ち得るような状況だけであって、この法的意義は法的規制についての表象なしには把握され得ないものである。第二に、——そしてこれはさらに重要であるが——事実関係は、つねに諸情報の選択と構造化の帰結である。外界の状況は、それぞれの行為状況において、極めて数が多く複雑なので、その状況がその全体性において知覚され得るということはない。言語の力を借りて、我々は連続した現実を非連続な構造として認識する。外界の状況は、一つの全体へと、つまり意味を有する一つの形態（Gestalt）へと統括されるのである。さて、外界におけるある出来事は、いずれの場合にも選択と構造化の過程を経て生活事実関係に、さらに後に法的事実関係になる。しかし、この段階の選択と構造化は、何が意味あるものとして中心的であるべきで、何が意味のないもの

60　Hassemer, ibid., S.99.

として周縁的であるべきかについての知識なしには考えられないのである。ハッセマーは、この選択と構造化の諸原理こそ、事実関係を構成するためにその事実関係が即応させられるべき規範であるという[61]。

かかる構想の下では、構成要件と事実関係との間には純粋に論理的で直線的な関係は存在しない。ハッセマーは、この関係を直線でも円形でもなく、螺旋形（Spirale）になぞらえた[62]。法は、具体的現実では、法律と事実関係の解釈が一致するところの、かかる螺旋の高くねじ上げられた終結として理解される[63]。

(2) 先行理解

以上、我々は、事実関係の構成要件への包摂という従来、形式的、論理的、演繹的、あるいは定型的というような形容詞をつけられて、裁判官の主観的な評価活動とはあたかも無縁であるかのように装われてきた活動が、いかに解釈主体の評価に依存し、覆われ、それどころか評価活動なしにはやっていけない性質のものであるかを見てきた。これらは、刑法学にとっては望ましくないものであるとしても、程度の差はあれ、現存するものであることを認めないわけにはいかないだろう。その意味で、最後に挙げる先行理解の問題は、法発見過程の恣意性に関する決定的モメントである。

理解の過程に必然的に伴い、それどころか理解の必須条件として挙げられるのが先行理解（Vorverständnis）である。先行理解は、二つの次元からなる。第一は、一身的な意味期待としての個人的な先行理解であり、個人の生活史に基礎づけられた意味期待である。人間は、対象を自分の目で、自分自身の生活してきた経験に基づいて見ているのであり、個人的な先行理解の助けによって対象を選択し、構成するのである。第二は、歴史的「作用関係」の所産としての先行理解であり、個人的なものでも自発的なものでもなくて、客観的であり永続的に定立されるものである。言語を解釈し、社会を分析する認識主体は、彼自身がその言語体系や社会体系に属し、その一成員として体系に拘束されながら解釈し、分析するのである。

61　Hassemer, Juristische Hermeneutik, ARSP, S.215.
62　Hassemer, Tatbestand und Typus, S.107.
63　Baratta, a.a.O., 60.

以上のような性質を持つ先行理解は、従来、先入見、偏見として、刑事裁判手続では徹底的に排除されるべきものとされてきた。ところがヘルメノイティクは、これと真正面から取り組むよう主張し、それどころか法発見プロセスの解明において欠かすことのできない考察対象と位置づけたのである。ハッセマーは次のように言う。「裁判官に偏見のない法解釈を義務づけ、裁判官に先行理解を避けることを要求することは、素朴で危険であろう。裁判官がそういうことを為し得ないが故に、何故なら裁判官は社会と歴史の外に立つことができないが故に、このような勧奨は実際には覆い隠したり沈黙したりするという裁判官の戦術に手を貸すことになってしまう。一般的ヘルメノイティクもまた、ヘルメノイティク的な循環を回避しようとする試みを皮肉ったし、その循環から逃げ出すのではなくて、むしろ正しい方法でその中に入っていくことを勧めた。裁判実務にとってこのことは、次のことだけを意味する。すなわち、裁判実務は、先行理解を発見し、先行理解を、このような方法でコミュニケーション可能でコントロール可能なものにしていくこと、及び手続における反省と論証の完全性を義務付けられているのである」[64]。

六　小括

　以上、構成要件への包摂の際に、法発見過程へ入り込む主観的評価のさまざまな側面を見てきた。最初にも述べたように、我々は裁判官の法発見プロセスへ直接介入してこれを統制することはできない。そこで我々は、判決の「理由」において述べられるべき正当化の論証に目を向け、これを規律することによって間接的に法発見プロセスを統制しようとする。したがって、「理由」中のいわゆる「一般的理由づけ命題」も、——それをも「判例」として取り扱うべきか否かは別として——判決の正当性の論証という裁判官が国民に対して負っている義務の上から見れば、重要な役割を演ずるものといわなければならないのである[65]。

---

[64] Hassemer, Juristische Hermeneutik, ARSP, S.217.
[65] 中野次雄編『判例とその読み方』(有斐閣、1986年) 55頁以下参照。

第3節　刑法解釈の正当性の諸問題

　しかし、刑法の運用もまた評価なしにはやっていけないということから、かような評価を必要とする範囲で法適用者の主観的な道徳的確信が法の正当化プロセスに介入する余地があると結論づけるのは誤りである。我々は、解釈主体の先行理解が法発見に介入することは認めなければならない。しかし、個人的な道徳的確信が発見された法を正当化するとは認められない。我々は、存在論的な法発見プロセスに介入してこれを統制することはできないが、発見された法が正当化されるプロセスには理性的諸規準を定立することによって介入し、これを統制することはできる。現代の法学方法論の課題は、法的評価の正当化プロセスを規律する諸規準を定立することである。

一　法解釈論争

　裁判官による法の解釈・適用に際して介入する主観的価値判断の問題を我が国において取り上げたのは法解釈論争であった。法解釈論争では、「法解釈は価値判断を含む実践である」というテーゼを出発点として、その価値判断が主観的か客観的かをめぐって論争が展開されたわけだが、この客観性はしばしば科学性と同一視され、しかもその科学概念は法律学外の、とりわけ経験科学としての社会学のそれを借用してきたものであった[66]。つまり、経験科学の諸基準でもって法的価値判断の主観性を批判するという方向を辿ったのである。川島武宜は、個々の解釈主体の価値判断は彼の拠って立つ社会集団の価値体系に依存し、これを反映するとの仮説をもとに、「価値判断するという行為は、判断主体にとっては、価値の優先選択(preference)を媒介するところの、高度に主観的な行動であるが、価値判断の内容は、共通の社会的価値によって動機づけられる人々の範囲の大きさだけの客観性を持つ──社会の中の一定範囲の人々の間に通用する──と言うことができる。したがって、この意味での、法的価値判断の客観性の程度は、判断の基礎となっている価

---

[66]　田中成明『現代法理論』(有斐閣、1984年)249頁以下。

値体系を支持する人々の数に対応する」とした[67]。それ故、川島にとって、複数の解釈仮説の中のいずれが「正しい」かは、結局はどの価値体系の立場から判断するかということにかかってくるのであり、その意味で解釈の「正しさ」は相対的な意味しか持ち得ないのである。「科学としての法律学」が語り得ることは、法的価値判断がどのような社会的価値に依拠するか、社会の発展法則に基づいてどの価値体系が将来支配的なものとなるか等々の経験的事実によって検証し得ることがらについてのみであり、結局、先例的裁判の判断枠組み（frame of reference）を分析し、将来の裁判の予見を行うことに限定されるのである。

　このように川島の見解では、法の解釈がどの価値体系を選択するかに依存していることから、これまでの法的議論の中核をなしてきた法的決定の正当性の論証は、行い得ないか、または「説得の技術」に過ぎず、この説得の技術は法律学者よりも実務家（裁判官）のほうが優れているという理由で、法律学の役割から排除されるのである。しかし、そうだとすると、判決による社会的紛争の規制の正当性については、少なくとも多くの事例において、事実上存在している規範的確信やある職業集団の判断が、かかる紛争規制のそれ以上正当化されない、またはされ得ない基礎を形成することになり[68]、裁判官集団の先行理解が正当化プロセスの規制を受けることなく、判断内容を決定してしまうことになるだろう。確かに、価値判断に基づく実践活動を経験科学的な真理性基準で処理することはできないかもしれない。しかし、実践活動にもそれにふさわしい真理性・正当性の基準は存在し得るのである。

二　実践的論証の理論

(1)　真理のコンセンサス理論

　実践活動には、それに見合う真理基準（合理性基準）が提唱されている。従来、我々の思考を支配してきた真理基準は、ある言明（命題）が真であると言えるのは、その言明内容と事実が一致する場合であるというもの

---

[67]　川島武宜『科学としての法律学』（弘文堂、1964年）20頁。
[68]　Alexy, Theorie der juristischen Argumentation, 1978, S.24. 亀本洋「法的議論における実践理性の役割と限界(1)(2)」判例タイムズ550号48頁、552号62頁参照。

である。これを真理の対応説(Korrespondenztheorie)という。これに対して、実践活動の合理性を測るために近時主張されている真理基準は、合意説(Konsenstheorie)と呼ばれる。合意説の代表的論者であるハーバーマス(Jürgen Habermas)は、真理について次のように述べている。「私がある対象に賓辞を与えることが許されるのは、私との対話に参加し得る他のすべての人々も同じ対象に同じ賓辞を与えるであろう場合にであり、またその場合のみである。私は、正しい言明と誤った言明とを区別するために、私が対話を受け容れ得るすべての他人の判断と関係する(その際、——反事実的だが——私は、私の生活史が人間世界の歴史と共通であるとき、私が見つけることのできるすべての対話参加者を含める)。諸言明の真理性のための条件は、他のすべての人の潜在的な同意(potentielle Zustimmung)である」[69]。

　真理のコンセンサス理論は、いわゆる言語行為論に基づいている。我々は、ある事実や規範を言語を用いて言明するのであるが、かかる「言明」は、少なくとも社会的視点を捨象しない限り、孤立した発話主体の活動として捉えることはできない。言明は、発話能力を具えた少なくとも二人の主体の間の対人関係において理解されねばならないのである。コミュニケーション的意図をもってなされる言明は、言明することによって他者に何らかの作用を及ぼすことが企図されているのであり、このような言明は、一つの行為、つまり言語行為(Sprechakt)として理解されねばならない。言語行為は、あることが述べられることによって遂行される行為であると定義される[70]。さらに、コミュニケーション的意図でなされる言語行為の他者への作用は、他者への「強制」によってではなく、「相互了解」を通じて行われるのであり、他者に無批判な服従を要求するのではなく、発話内容が他者にとっても妥当していることを承認させることによって行われる。かようなコミュニケーション的相互関係の下で言明を理解するならば、それは単に言明内容の伝達にとどまるものではなく、少なくとも真理性を具えた言明として発話されるときには、言明内容が真理であることに同意し承認することが要求されているのである。したがって、主体間に相互的な真理は、言語行為の妥当性要求が他者に承認さ

---

69 Habermas, Wahrheitstheorien, in: Wirklichkeit und Reflexion. Festschrift für Walter Schulz, 1973, S.219.
70 Alexy, a.a.O., S.77.

れるか否かにかかっている。そして、強制によらない他者への妥当性の承認要求は、一般には後に述べる「討議」を通じて行われる「正当化」によって達成される。結局、真理のコンセンサス理論によれば、伝統的な考え方とは逆に、主張の正当化が主張内容の真理性に依存しているのではなく、主張内容の真理性が主張の正当化に依存しているのである[71]。ある言明が真であるのは、その言明を主張する言語行為の妥当性要求（Geltungsanspruch）が正当化されるときである。

かかる合意説の真理基準に依拠することによって、規範的言明についても真偽を判定することが可能になる。ある規範的言明が真であるのは、その規範的言明を主張する言語行為の妥当性要求がコンセンサスを獲得するときである。討議を通じて合意が獲得されるときである[72]。

(2) 討議の理論

しかし、我々は、真理の合意説についてさらに詳細に検討するならば、すべての者の潜在的同意という真理基準には、二つの困難があることに気づくのである。第一は、すべての者がコミュニケーションに参加することは不可能であるから、その同意が現実に獲得されることはあり得ないということ、第二に、もしすべての者の同意が成立したとしても、それが強制や錯誤の結果であることもあるのであるから、それを直ちに真理基準とすることはできないということである。そこで、ハーバーマスが提唱するのは、根拠付けられた合意（begründeter Konsens）という真理基準である[73]。直ちに、この根拠付けられた合意とは何か、これをいかにして獲得するのかが問題となろう。

---

71 Alexy, a.a.O., S.186.
72 そして、かような合意説の考え方は、刑法解釈学者の経験にも沿ったものであると言われる。阿部純二によれば、「法解釈は主観的なものだといわれながら学説の間で絶えず討論が行なわれ、相互の批判によって全体としての進歩発展が見られるという現象をどう理解すべきかが私の年来の疑問であったが、合意説はこうした事態をうまく説明していると思われる」とされ、さらに「（相互の間で討議が行なわれることによって正しさが一般的に承認された結論は高度の客観性を持つとの）考えは、ハーバーマス等の合意説にヒントを得たことは確かであるが、それを離れても、法解釈の世界を裁判官や学者や、場合によっては立法者や行政官が討議に参加する一大フォーラムと考えた場合、右のようなプロセスは現に行なわれているところである。何か任意の解釈問題、たとえば電子コピーの偽造は公文書偽造にあたるかといった問題について、問題が提起され、論争の輪がひろがり、やがて徐々に一点に収斂されていく過程を見てとることは容易であろう」というのである（「法の解釈論その後」判例タイムズ540号2頁）。
73 Habermas, a.a.O., S.239f.

この問題に答える理論枠組こそ討議(Diskurs)の理論である。

　討議理論の内容に入る前に、「根拠付けられた」合意を論ずる枠組みとして、何故に討議の理論が定立される必要があるのかについて論じなければならない。何故なら、従来、ある言明を根拠づけようとする場合には、通常「推論」という方法がとられてきたからである。そこで我々はまず、推論の論理構造と、それが規範的言明の根拠づけに用いられる際の論拠の合理性について検討してみる。

　推論は、一般に次のような論理構造を持つとされる。ある主張(claim)は、根拠となる事実言明であるデータ(data)と、このデータから主張への移行を可能にする規則たる理由(warrant)とによって正当化されるが、理由はさらに裏づけ(backing)によって支えられる。つまり裏づけは、理由に権威と通用性を付与する。これを図式化すれば次のようになる(第1図)[74]。

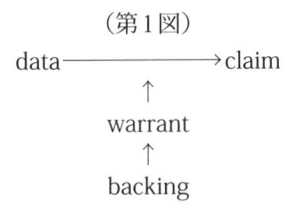

(第1図)

```
data ─────────→ claim
        ↑
     warrant
        ↑
     backing
```

　しかし、かかる推論の構造を規範的言明の根拠づけに用いたらどうなるであろうか。これをアレクシー(Robert Alexy)の例で示すと、「Aは悪い行為をした」という規範的言明Nに対し、「Aは嘘をついた」という根拠Gを挙げる者は、「嘘をつくことは悪い」という規則Rを前提とする。GとRによるNの根拠付けを疑問に思う者は、GまたはRを攻撃することになる。もしRが攻撃されたとすれば、R自体が根拠づけられることを必要とする。これがためには、例えば「嘘をつくとこは回避可能な苦痛の原因になる」という命題G'を挙げ得るが、ここでも、「回避可能な苦痛を引き起こすことは悪い」という規則R'が前提されていて、R'が攻撃されれば、さらにG"が必要になる。これを図式化すれば、次のようになる(第2図)[75]。

74　Alexy, a.a.O., S.114f.
75　Alexy, a.a.O., S.222f.

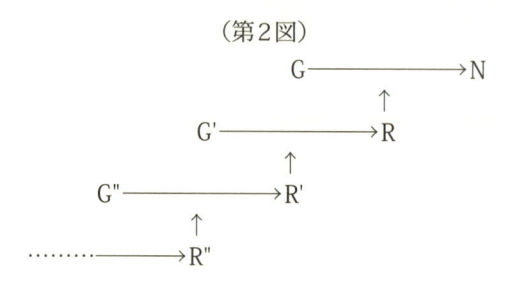

(第2図)

```
                    G ─────────→ N
                    ↑
            G' ─────────→ R
            ↑
    G" ─────────→ R'
    ↑
…………─────────→ R"
```

　このようにして、推論による根拠づけの試みは、アルバート（Hans Albert）がミュンヒハウゼン－トリレンマ（Münchhausen-Trilemma）と呼んだ事態に陥ることになる。つまり、かかる根拠づけの試みは、①無限遡行（infiniter Regreß）、②論理的循環、③どこかの時点での中断、のいずれかに帰着することになるのである[76]。

　したがって、我々は独我論的・モノローグ的な「推論」による代わりに、やはり、間主観的・コミュニケーション的な「討議」へ移行しなければならない。無限遡行を回避するため、討議の理論は、言明の正当化を、言明の他の言明による根拠づけに求める代わりに、根拠付けようとする行動の合理性と、かかる合理的な行動によって支えられた理想的な発話状況での当該言明のコンセンサス獲得能力に求める[77]。

　討議理論の課題は、討議を理性的なものとする規則を発見することである。アレクシーは、この課題を一般的実践的討議（allgemeiner praktischer Diskurs）と法的討議（juristischer Diskurs）の二段階に分けて論じている[78]。田中成明の適切な表現を借用して示すと、第一段階は、理想的な合意（根拠づけられた合意）の形成のための理想的な討議状況を構成する仮設的な一般的諸規則を、法的討議とその領域を確定する制度的枠組に対しても一定の到達目標と規制原理を提供し得るようなかたちで提示することである。第二段階は、法的討議ができるだけ一般的実践的討議の理想的規則に適合した状況で営まれるように、法的討議の共通前提に即して討議の諸条件を適切に「制度化」することである[79]。

76　アルバート（萩原能久訳）『批判的理性論考』（御茶の水書房、1985年）17頁以下。
77　Alexy, a.a.O., S.223.
78　アレクシーは、法的討議を一般的実践的討議の特殊事例（Sonderfall）としている（a.a.O., S.263.）。
79　田中成明・前掲書270頁。

(3) 理想的発話状況

理性的な合意の形成のための「理想的」な討議状況というとき、その最も徹底したモデルをハーバーマスの理想的発話状況（ideale Sprechsituation）の構想に求めることができる[80]。

理想的発話状況とは、コミュニケーションが外部的な偶然の発展によって妨げられないのみならず、コミュニケーションの構造自体から生じる強制によっても妨げられない状況を言う。そして、コミュニケーションがどんな強制も生み出さないのは、すべての討議参加者に、言語行為を選択し、遂行する機会の均整のとれた分配がなされている場合のみである。

このような理想的発話状況の構想に対しては、非現実的であるとの批判が直ちに出されよう。ハーバーマスはこの批判に対して、理想的発話状況の反事実的性格（kontrafaktischer Charakter）という理論でもって対抗する。それによれば、理想的発話状況は、経験的現象でもなければ単なる構造でもなく、討議において不可避的に相互に行われる「想定（Unterstellung）」である[81]。コミュニケーションを遂行する場合に、我々は、反事実的に、理想的発話状況が単にフィクションではなく、あたかも現実であるかのごとくに振舞っているのである。それ故、理想的発話状況は、コミュニケーションの過程で実際に作用しているフィクションである。さらに、理想的発話状況が理性的合意（根拠づけられた合意）の形成のために果たす批判的機能が重要である。理想的発話状況は、討議を通じて形成される理性的な合意と単なる仮象的な合意とを原理的に区別する際に、これを満たさなければ理性的とは言えないという批判的尺度としても機能するのである。我々は、理想的発話状況という「将来において実現されるべき生活形式」を討議の中で先取りすることによって、現在のさまざまな制約の下に成立した事実上の合意を批判的に検討することができるのである[82]。

80　Alexy, a.a.O., S.155ff.
81　Habermas, a.a.O., S.258.
82　岩倉正博「法的議論」長尾龍一／田中成明編『現代法哲学Ⅰ』（東大出版会、1983年）157頁以下参照。

(4) 一般的実践的討議の理論

　以上のようなハーバーマスの理想的発話状況の理論を核として、アレクシーの一般的実践的討議の理論は展開されている。アレクシーは、討議を理性的なものとするためのさまざまな規則を提示しているが、ここでそれらを一つ一つ取り上げて検討することはできない。我々は、アレクシーが諸規則を引き出してくる原理を取り上げて検討することにする。

　①普遍的語用論（Universalpragmatik）に基づく諸規則──どんな意思疎通過程においても一般的かつ不可避的に想定される諸前提を追構成するという原理から引き出される諸規則である。「発話者は矛盾を許されない」、「発話者は、自ら信じることのみを主張することが許される」、「ある対象aにある賓辞Fを当てはめた発話者は、あらゆる重要な点でaと同じである他のすべての対象に対しても、賓辞Fを当てはめる覚悟がなければならない」、「異なる発話者が、同じ表現を別の意味で用いることは許されない」。これらの規則は、その妥当性が、真理性ないし正当性が問題となるすべての言語的コミュニケーションを可能にする条件であるという意味で、基本規則（Grundregel）と呼ばれる[83]。

　②普遍化可能性原理（Prinzip der Universalisierbarkeit）に基づく諸規則──当該言明の真理性や正当性が承認されるのは、討議において普遍的な承認を得ることができるような言明だけであるという原理から引き出される諸規則である。その意味で、普遍的語用論から引き出される第三の規則は、普遍化可能性原理の前提でもある。我々は、「aは赤い」と記述的言明を主張する場合、aとすべての重要な点で同じである他の対象についても、「それは赤い」と主張するように義務づけられている。これは、aという対象に「赤い」という属性を賦課する記述的表現の普遍化可能性である。同様に、「aはよい」という評価的表現についても普遍化可能性を論じることができる。何故なら、「aはよい」という評価的表現にあっても、aの属性についての記述的意味を含んでいるのであり、その限りで評価的表現も普遍化可能であるからである。aが一定の属性を持っているという事実が、aをよいと評価するための理由になっているのである。かくして、我々は「aはよい」という評価的言明を主張する場合、aと

---

[83] Alexy, a.a.O., S.234.

すべての重要な点で同じである（同じ属性を有する）すべての対象に対して「それはよい」というように義務づけられている[84]。言明は、「一定の属性」をどの程度詳細に規定するかによってさまざまな段階の「一般性」を持つことになるが、それはこの原理の妥当性を否定するものではない。例えば、「ジェノサイドの存在は否定すべきでない」という言明と「ナチスが行なったジェノサイドの存在は否定すべきでない」という言明を比較すれば、否定すべきでない対象が限定されているだけ後者の規制する範囲は狭いが、ナチスのジェノサイドの存在を否定する者すべてを非難するという点において一般性を有し、普遍化可能性を有する。

　規範的言明が普遍化可能性原理を満たさなければならないとするならば、その言明の妥当性を承認するか否かはすべての人々の利害関心と係わることになる。したがって、「発話できる者は誰でも討議に参加してよい」、「各人は、あらゆる主張を疑ってよい」、「各人はあらゆる主張を討議に持ち込んでよい」、「各人は、自己の態度、願望及び欲求を表明してよい」、「いかなる発話者も、討議の内外を支配している強制によって、上の諸規則により確保されるべき自己の権利を主張することを妨げられない」。これらの規則をアレクシーは、討議の理性性にとって最も重要な条件を規定する規則だとして、理性規則（Vernunftregel）と呼んでいる[85]。

　普遍化可能性原理を満たさねばならない規範的言明は、理性規則の妥当する理想的な発話状況の下で討議せられ、その規則が十分に生かされると仮定した場合、それが正当だとして合意を獲得し得るのは、それが一般化可能な利害を含んだものである場合のみである。一般化可能な利害を含まない言明は、理想的発話状況では合意を得られない。つまり、規範的言明は、それに含まれている評価もまた普遍化可能であることが、その正当性の条件である。

　先の例で言えば、「ナチスが行なったジェノサイドの存在は否定すべきでない」という言明は、「ジェノサイドの存在は否定すべきでない」という言明より規制内容は狭いが、どちらの言明がより普遍化可能な利害を含んでいるかといえば、一概には言えない。ナチスのジェノサイドに限定しない言明が、あらゆる大量殺戮は軽視されてはならないという普遍化可能な利害の主張を含

---

[84] ヘア（山内友三郎訳）『自由と理性』（理想社、1980年）24頁以下。
[85] Alexy, a.a.O., S.240.

んでいるのに対し、ナチスのジェノサイドに限定する言明は、「ナチスのジェノサイド」は他の大量殺戮とも比較することのできない特異な犯罪だという主張を含んでいる。これも普遍化可能な利害の主張である。どちらの主張が、より普遍化可能な利害を反映しているかの判断は、ドイツとその他の国とでは異なり得るし、ドイツにおいても時代の変化によって異なり得る。1994年のドイツは、「ナチスのジェノサイド」の存在を否定する表現に限定する選択をしたが、同じ年のスイスは、限定しない選択をしたのである[86]。

こうして、我々は、規範的言明については、普遍化可能性原理を評価自体にまで拡張して理解することになる。アレクシーの論述の中では、かかる意味での普遍化可能性原理は、さまざまな規則となって表されている。「各人は、自分の主張する規範的言明で前提されている各個人の利害充足のための規則の帰結を、自分がその当事者と同じ状況にいるという仮説的な場合にも、承認することができなければならない」[87]。あるいは、「各個人の利害充足のためのあらゆる規則の帰結は、すべての人が承認することができるものでなければならない」[88]。

③慣性原理（Prinzip der Trägheit）——先に示した理性規則「各人は、あらゆる主張を疑ってよい」は、誰に対してもすべての主張を問題にすることを許す。「それゆえ彼は、自動的に次から次へと『なぜ？』と問う子供のように、すべての発話者を窮地に追い込むことが可能である。さらに、彼が他の討議参加者の述べることのすべてを一括して疑わしいとみなすこともあり得る」[89]。この困難を回避するため、アレクシーは、ペレルマン（Chaim Perelmann）の慣性原理を討議理論に導入する。慣性原理とは、「一度受け容れられた見解は、充分な根拠なしには放棄されてはならない」[90]ことを意味し、論証負担規則（Argumentationslastregel）たる性格を有するものである。

この原理から引き出される討議規則としては、「ある人を他の人と異なる取扱いをしたい者は、それを理由づける義務を負う」——これは普遍化可能性原

86　この問題については、第2部第1章第2節及び第2節の補遺参照。
87　Alexy, a.a.O., S.251. ヘアの普遍化可能性原理を示す。
88　Alexy, a.a.O., S.252. ハーバーマスの普遍化可能性原理。
89　Alexy, a.a.O., S.242.
90　Alexy, a.a.O., S.243. なお、ペレルマン（江口三角訳）『法律家の論理』（木鐸社、1986年）222頁以下参照。

理をも含んでいる。——さらに、「ある論拠を挙げた者は、反論があった場合にのみ、さらなる論拠を挙げる義務を有する」[91]等が挙げられている。

　しかし、私は、アレクシーが一般的実践的討議理論の中でこの慣性原理を重要視していることには疑問がある。というのは、慣性原理を導入することは、その限りで理想的発話状況に制限を加えることを意味しており、先に述べた理想的発話状況の批判的機能を制限することになるからである。シューネマンが正しく指摘するように[92]、アレクシーの論証負担の規則は、歴史的現実に優位を与えることになる。これは、ハーバーマスの「イデオロギー批判」という意図を根こそぎ奪い取ってしまうことになる。理論的にも、慣性原理は現実的な必要のために理想的討議を「制度化」するという意味を持つのであるから、この討議の制度化に関係する法的討議の理論で取り扱われるべきであって、一般的実践的討議の理論で取り扱うべきではないと思われる。

(5)　一般的実践的討議の限界と法的規則の必要性

　次に一般的実践的討議の限界と法的規則の必要性について、アレクシーの見解を見る。

　上述の原理や規則に従うことは、確かに、実践的問題においてコンセンサスへ至る蓋然性を高めはするが、しかしそれらは、どの問題においてもコンセンサスが獲得せられ得ることの保証を与えるものではないし、獲得されたコンセンサスが窮極的であり議論の余地がないことの保証を与えるものでもない。その原因として、アレクシーが挙げるのは、第一に、理想的発話状況を規定する理性規則は、近似的にしか実現可能でないこと、第二に、すべての論証段階が確定されているわけではないこと、第三に、各討議参加者が討議を、歴史的に与えられた、それ故変遷する規範的表象に結びつけざるを得ないこと、である[93]。

　しかし、一般的実践的討議の限界は、まさにその理性的性格にあるといわなければならない。一般的実践的討議では、強制的に解決を出す可能性は制限される。また、一般的実践的討議では、合意は決して窮極的合意ではなく、

91　Alexy, a.a.O., S.243f.
92　Schünemann, a.a.O., S174.
93　Alexy, a.a.O., S.255f.

つねに討議可能性を残しているものと考えねばならない。しかし、何らかの仕方で決定を下さねばならない実際上の必要性が存在する。それ故、アレクシーによれば、代表制原理と多数決原理に依拠する議会制の立法者によって定立される法的規則が必要であり、必要である限りにおいて法的規則を定立することは理性的である。「一般的実践的討議の限界が法的規則の必然性を根拠づけている」とされるのである[94]。

　しかし、こう言ったからといって、規範的言明の正当性が、立法者の決断主義的な行為に依拠するものと考えるのではない。その必要性の故に法的規則を定立することは理性的とされるが、だからといって、その法的規則それ自体も直ちに理性的であるとされるのではないのである。法的規則それ自体の理性性を問題にすることはもちろん可能であるし、その場合、当該法的規則の理性性の根拠づけは、一般的実践的討議によるのである。アレクシーによれば、法的討議においても正当性要求が出されるが、この正当性要求は一般的実践的討議の正当性要求とは異なり、当該規範的言明が直ちに理性的であるか否かと関連するのではなく、単に当該言明が、「現行法秩序の枠組みの中で」理性的に根拠づけられ得るということと関連しているにすぎないのである[95]。したがって、現行法秩序そのものを形成している法的規則や規範的言明を基礎づけることは、法的討議の領分ではなく、一般的実践的討議の領分に属する。かようにして、法的言明についても、一般的実践的討議なしには窮極的に根拠付けることはできないのである。

　いわゆる市民的不服従は、現行法秩序の中では正当化されない実践的活動である。しかし、市民的不服従運動は、現行法秩序の存立そのものは前提としつつも、現行法秩序の枠組みを形成している個別の法規の正当性に対する異議申立であり、これを広く一般的実践的討議にかけるべきであるという理性的要求である。市民的不服従に対して寛容な理性的態度をとることのできる国家こそ真の民主主義国家であると言えるように、現行法秩序によって制度化された法的討議の枠を超える一般的実践的討議によって法的規則そのものの正当性を検討する可能性に対して開かれた国家こそ、真に法の支配が貫徹した国家であると言えるのである[96]。

---

[94] Alexy, a.a.O., S.257.
[95] Alexy, a.a.O., S.269.

三　法的討議の理論

　現行法秩序の枠組みの中で当該規範的言明の正当性を討議するのが法的討議であるが、法的討議の対象として最も重要なものが、法適用者である裁判官によって行われた規範的言明としての判決であることは言うまでもない。判決の正当性に関する法的討議については、裁判官による判決の正当化過程の解析と、その正当化の展開過程で援用された諸前提の合理性の検討が必要になる。

(1)　内的正当化

　裁判官の法的評価を正当化するためには、まず、その評価が事例を法規に包摂する過程のどの段階で介在するのかを明らかにしなければならない。この問題にとって有用なのが内的正当化（interne Rechtfertigung）の論証形式である。

　内的正当化の最も単純な形式は、次のような構造を持つ[97]。

　　　①(x)(Tx→ORx)
　　　②Ta
　　　③ORa　①②

この形式は、法的判断の根拠づけには、少なくとも一つの普遍的規範（上の①）が挙げられなければならないことを示している。しかし、通常の事案では、より複雑な構造と複数の普遍的規範を必要とする。アレクシーの用いた例に従って説明する[98]。

　認定された事実は、aが自分の妻を、彼女が眠っている間に殴殺し、このaの行為を正当化したり、責任を阻却するような特別の事情は存在しないというものである。裁判官がここで検討しなければならないことは、ドイツ刑法211条1項（謀殺罪）によって示されている規範が適用可能か否か、である。この規範の論理形式も、

　　　①(x)(Tx→ORx)

である。構成要件Tの内容は、211条2項において9個の構成要件要素（M^1_1〜

96　市民的不服従については、第2部第2章第2節参照。
97　Alexy, a.a.O., S.274.
98　Alexy, a.a.O., S.276ff.

M^1_9)によって定義されている[99]。つまり、211条2項の形式は、

$$②(x)(M^1_1 x \vee M^1_2 x \vee \cdots\cdots M^1_9 x \longleftrightarrow Tx)$$

であり、①と②から、

$$③(x)(M^1_1 x \vee M^1_2 x \vee \cdots\cdots M^1_9 x \rightarrow ORx)$$

が得られる。M^1_5が意味するのは、「背信的に人を殺した」ということであり、③からいまや、

$$④(x)(M^1_5 x \rightarrow ORx)$$

を得る。裁判所によって用いられている定義によると、「背信的に人を殺した」といえるのは「殺害への犠牲者の無知や無防備を意識的に利用する者」(M^2_5)である[100]。それ故、

$$⑤(x)(M^2_5 x \longleftrightarrow M^1_5 x)$$

M^2_5は、「何の攻撃もないと見誤り、攻撃の防御のために限られた可能性しか持たない者を殺した場合」(M^3_5)には、当然に存在している[101]。それゆえ、

$$⑥(x)(M^3_5 x \longleftrightarrow M^2_5 x)$$

眠っている者にはその身の安全を保障する特別の事情は存在しないのであるから、いまや明らかに、眠っている妻を殺したという認定事実(S)は、M^3_5に該当する。それゆえ、

$$⑦(x)(Sx \rightarrow M^3_5 x)$$

前提として、

⑧Sa（被告人aはSを行った）

ゆえに①～⑧から、

⑨ORa（被告人aは、法律効果Rで処罰されるべきである）

以上のようにして、引用例では9段階の展開段階（Entfaltungsschritt）で論証を終えたわけであるが、一般的には、内的正当化の論証形式は以下のごとくである。

$$①(x)(Tx \rightarrow ORx)$$

$$②(x)(M^1 x \rightarrow Tx)$$

---

[99] M^1_1からM^1_9までの内容は、M^1_1＝「殺人嗜好から」、M^1_2＝「性欲の満足のために」、M^1_3＝「物欲から」、M^1_4＝「その他の下劣な動機から」、M^1_5＝「背信的に」、M^1_6＝「残酷に」、M^1_7＝「公共に危険を生ずべき方法を用いて」、M^1_8＝「他の犯罪行為を可能にし」、M^1_9＝「他の犯罪行為を隠蔽するため」。
[100] BGHSt 23, 119 (120); BGHSt 9, 385(390).
[101] BGHSt 23, 119 (120).

③ $(x)(M^2x \to M^1x)$

　　　　⋮

④ $(x)(Sx \to M^nx)$

⑤ Sa

⑥ ORa　①〜⑤

　ここで問題になるのは、$(x)(Sx \to M^nx)$に至るまでにどのくらいの展開段階が必要なのかであるが、アレクシーは、表現が当該事件に当てはまることが最早争いがないような表現に到達する程度の展開段階が必要であるとしている[102]。

　また注意を要するのは、以上の内的正当化の形式は、決定者が実際にどのような考慮を経て決定に至ったかを示す「発見の過程」を表しているのではなく、具体的な決定がどのような論証形式でもって正当化されたかという「正当化の過程」を表しているということである。一般に裁判官は、ある判決が何故下されるべきか（正当化の過程）を示すのであって、どのようにしてそのような判決を下すに至ったか（発見の過程）を説明するのではない。その意味で、内的正当化の構想は、裁判官による判決の正当化過程と一致しているといえるのである[103]。

(2) 展開過程で援用された諸前提の正当性の論証

　しかし、内的正当化は、法的判断全体の合理性を保証するものではない。法的判断全体の合理性は、内的正当化の展開過程における諸前提自体が合理的であることにも当然依存しているからである。

　この場合、特に注意しなければならないのは、アレクシーが、正当化されるべき言明や規則が持つ効果を先取りすることによるフィードバック型の論証形式を承認していることである。一般的実践的論証における論証形式には二つの型がある。第一は、一般的規則Rとそれが予定する事実Tの存在を前提に、ある具体的な規範命題Nを正当化する場合であり、第二は、一般的規則Rと結論である具体的な規範命題Nから得られる効果Fが肯定的に承認されることを前提として、その具体的規範命題Nを正当化する場合である[104]。

---

[102] Alexy, a.a.O., S.280.
[103] Alexy, a.a.O., S.281f.

$$\frac{T}{R} \quad \frac{F}{R}$$
$$\frac{R}{N} \quad \frac{R}{N}$$

同様に、一般的規則R自体をより高次の規則R'によって正当化する場合にも二形式ある[105]。次の図式で、F_RはRの効果を示す。

$$\frac{F_R}{R'} \quad \frac{T'}{R'}$$
$$\frac{R'}{R} \quad \frac{R'}{R}$$

長谷川晃は、かかる論証形式を用いて電気窃盗事件に関する大審院判決[106]を分析して見せている[107]。I:電気は所有物である。R_1:刑法の解釈原理の独自性。R_2:窃盗罪の基本的要素である窃取行為の対象たりうるものはここで言う「所有物」となりうるという目的論。R_3:「物」というより広い語の通常の用法。以上の規則のうちR_1については、それ以上の正当化を要せず、R_2については、高次の原則R'_2:ある構成要件要素の意味が不明確な場合は最も基本的な要素の意味に適合するようにそれを規定すべし。R_3についても高次の原則R'_3:ある構成要件要素の意味が不明確な場合は語の通常の用法に従うべし。G_1、F_{R^2}、G_3、G'_2、G'_3は、それぞれの規則が予定する事態。

$$\begin{array}{ccc} R'_3 & R'_2 & \\ G'_3 & G'_2 & \\ \hline R_3 & R_2 & R_1 \\ G_3 & F_{R^2} & G_1 \\ \hline & I & \end{array}$$

この分析にはG_1、F_{R^2}、G_3、G'_2、G'_3の内容が示されていないので、――特にF_{R^2}――不明確な部分があるが、判決がどのような一般的規則を用いて論証しようとしたかは明確にしている。しかし、それは判決の論証が十分に説得力があるかどうかとは別の問題である。なかでも、論証に援用された一般的規則R_2とR'_3は、もちろん一定の普遍化可能性を持つ規則であるが、刑法学説

---

104 Alexy, a.a.O., S.245f.
105 Alexy, a.a.O., S.247.
106 大判明36年5月21日刑録9輯14巻874頁。
107 長谷川晃「法的正当化の構成と客観性についての一試論(I)(1)」北大法学論集35巻(6号210頁)898頁。

による厳しい批判にさらされている。まず、R_2については「行為定型」だけで客体の範囲を決めるのは、刑法の解釈方法として適当でないとの平野龍一の周知の批判がある[108]。また、R'_3を正当化規則として一般に承認するときは、前述のように、多かれ少なかれすべての刑法上の文言が曖昧さを有していることから、裁判官に相当に広い裁量を認めることになろう。現に、ドイツのライヒスゲリヒトは、大審院とは逆の結論に至っている。したがって、規範的命題Iは、いまだ充分に根拠づけられたものとは言えない。最近の有体物説の復興は、通説の論拠の不十分さから見て当然の成り行きであり、財物概念をめぐる法的討議は当分続くことになろう。

(3) 効果を先取りする論証形式の問題点

この論証の中で援用されているR_2「窃盗罪の基本的要素である窃取行為の対象となりうるものはここでいう『所有物』となる」という目的論は、これを採用したときの効果を先取りすることによって説得力を持つ正当化規則である。この規則から引き出されるいわゆる管理可能性説は、窃取行為の対象となり得るものをすべて「財物」概念に包摂することができるという「効果」によって正当性を主張しているのである。しかし、この「効果を先取りすることによる正当性の論証」は、アレクシーが言うように一般の法学的論証にとっては通常の論証形式であるが、刑法の適用においてこれを用いるときにも無条件に有効な論証形式と言えるかは、疑問である。刑法の分野では、法の目的とする効果を最大に引き出す解釈が最良の解釈であるとは言えない。刑法において効果を先取りする解釈を行うことは、国民の処罰欲求に迎合する解釈、特に行政刑法の分野では取締り目的を達成することのできる解釈を採用することに繋がりやすい。外国人登録法の登録証不携帯罪を「法律の特別の規定」がないのに過失による不携帯にまで拡張しようとする解釈は、そうしなければ取締り目的を達成できないという「効果を先取りする」思考から導き出されたものである[109]。しかし、刑法の分野では権力の自己抑制、市民の自由擁護という要請が常に働いているというべきであり、その分だけ「効果を先取りする論証」の正当性要求は減殺されると考えなければならない。

---

[108] 平野龍一「電気は財物か」ジュリスト刑法判例百選I総論(1978年)9頁。
[109] この問題については、第2部第2章第3節参照。

● 第2章

被告人に不利益に変更された判例の遡及禁止

第1節　岩教組同盟罷業事件第二次上告審判決における遡及禁止の問題

一　法廷意見

　最高裁判所第二小法廷は、96年11月18日、岩教組同盟罷業事件第二次上告審判決において、「行為当時の最高裁判所の判例の示す法解釈に従えば無罪となるべき行為を処罰することが憲法三九条に違反する旨をいう点は、そのような行為であっても、これを処罰することが憲法の右規定に違反しないことは、当裁判所の判例（最高裁昭和二三年(れ)第二一二四号同二五年四月二六日大法廷判決・刑集四巻四号七〇〇頁、最高裁昭和二九年(あ)第一〇五六号同三三年五月二八日大法廷判決・刑集一二巻八号一七一八頁、最高裁昭和四七年(あ)第一八九六号同四九年五月二九日大法廷判決・刑集二八巻四号一一四頁）の趣旨に徴して明らか」であると判示し、地方公務員法上の争議行為の「あおりの企て」について被告人を有罪とした原判決を支持した[1]。

　本判決が引用する三つの先例のうち、まず昭和25年の大法廷判決は、犯行当時認められていた上告理由を事後的に制限した刑訴応急措置法の規定を用いて審判して事例で、たとえ行為時の手続法よりも不利益であるとしても、手続に関する法律の変更には憲法39条は適用されないとしたものであり、次の昭和33年の大法廷判決は、共同被告人の供述はそれだけでは完全な独立の証拠能力を有しないという判例を変更して、共犯者の自白は憲法38条3項にいう「本人の自白」には当たらず、補強証拠を要しないとしたものであり、さらに昭和49年の大法廷判決は、酒酔い運転の罪と業務上過失致死罪との罪数関係を観念的競合としていた判例を変更して併合罪としたものである。こ

れらは、確かに被告人の行為当時に妥当していた法ないし判例よりも被告人に不利な法ないし判例を適用したものではあるが、いずれも行為時に適法であった行為を事後に解釈を変更して不適法な行為とした事案ではない。したがって、いずれも本件事案を処理するのに適した先例となり得るものではなかったのである[2]。また本件は、当事者の主張に基づいて、憲法の解釈について最高裁判所が初めて判断する事例だったのであるから[3]、大法廷に送付して審判すべきものであった（裁判所法10条1号）。最高裁は、「行為時の判例によれば無罪となるべき行為を判例を変更して処罰することは憲法39条に反する」との上告趣意に正面から向き合うことなく、実質的な理由を付さずに被告人の上告を棄却したのに等しい。

二　河合伸一裁判官補足意見

　法廷意見が、その判断の基礎となるべき憲法39条の解釈や判例に対する国民の信頼の保護如何の問題についてまったく沈黙したままであるのに対して、河合伸一裁判官の補足意見は、これに一つの答えを与えようとしている。すなわち「判例、ことに最高裁判所が示した法解釈は、下級審裁判所に対し事実上の強い拘束力を及ぼしているのであり、国民も、それを前提として自己の

---

[1]　最判平8・11・18刑集50巻10号745頁、判例時報1587号148頁、判例タイムズ926号153頁。本件は、1974年（昭和49年）4月11日に行われた日教組の全国規模の全一日ストライキに際し、当時岩手県教職員組合の委員長であった被告人が、地方公務員法上の争議行為のあおり及びあおりの企て（61条4号、37条1項）を行ったとして起訴されたものである。第一次第一審盛岡地裁は、被告人を無罪とし、同第二審仙台高裁もこれを維持した。しかし第一次上告審は、原判決を破棄し、仙台高裁に差し戻した（最判平元・12・18刑集43巻13号1223頁）。第二次控訴審（仙台高判平5・5・27）は、あおり行為については無罪としたものの、あおりの企てについては有罪の判決を下したので、被告人は「処罰範囲を拡張する方向で判例を遡及的に変更するのは、憲法39条に違反する」などと主張して上告したのである。周知のとおり、公務員の争議行為のあおりやあおりの企ての処罰に関しては、まずいわゆる「都教組事件」上告審判決（最大判昭44・4・2刑集23巻5号305頁）及び「全司法仙台事件」上告審判決（最大判昭44・4・2刑集23巻5号685頁）によって、地方公務員法、国家公務員法の両分野において、「争議行為自体が違法性の強いものであること」を前提とし、かつ「争議行為に通常随伴して行われる行為」は処罰しないとする、いわゆる「二重のしぼり」論が判例となっていた。その後最高裁は、いわゆる「全農林警職法事件」判決（最大判昭48・4・25刑集27巻4号547頁）によって、国家公務員法に関して「二重のしぼり」論を否定し、「全司法仙台事件」判決を明示的に変更したが、地方公務員法に関する「都教組事件」判決については、明示的には変更されていなかった。本件所為は、この時点で行われたものである。「都教組事件」判決の解釈が明示的に変更されたのは、その後のいわゆる「岩教組学力テスト事件」判決（最大判昭51・5・21刑集30巻5号1178頁）においてである。

行動を定めることが多いと思われる。この現実に照らすと、最高裁判所の判例を信頼し、適法であると信じて行為した者を、事情の如何を問わず全て処罰するとすることには問題があると言わざるを得ない。しかし、そこで問題にすべきは、所論のいうような行為後の判例の『遡及的適用』の許否ではなく、行為時の判例に対する国民の信頼の保護如何である。私は、判例を信頼し、それゆえに自己の行為が適法であると信じたことに相当な理由のある者については、犯罪を行う意思、すなわち、故意を欠くと解する余地があると考える」というのである。

　ここでは、最高裁判例に従って自己の行為が適法であると信じて行為した場合を違法性の錯誤の問題とし[4]、個々の事案ごとに、自己の行為が適法であると信じたことに相当な理由があるかどうかを判断すべきである、とされている。そして本件では、被告人が行為に及んだ当時、地方公務員法の分野では都教組事件に関する判決が最高裁の判例となっていたが、国家公務員法の分野では全農林警職法事件に関する判決が出され、「都教組事件判例の基本的な法理は明確に否定されて、同判例もいずれ変更されることが予想される状況にあったのであり、しかも、記録によれば、被告人は、このような事情を知ることができる状況にあり、かつ知った上であえて行為に及んだものと認められるのである」から、被告人に故意が欠けていたと認める余地はない、という。

---

[2]　村井敏邦「判例変更と遡及処罰の禁止」ジュリスト平成八年度重要判例解説143頁参照。
[3]　もちろん、このことは過去に被告人に不利益な判例変更の許否の問題を争点とすべき事例がなかったということを意味しない。小暮得雄は、「疑問がないわけではない」としながらも最高裁による被告人に不利益な判例変更の一例として、郵便集配人を公務員ではないとした大審院判例を明示的に変更して、「郵便集配人がその職務を執行するに当たってこれに対して暴行を加えた被告人の所為は、刑法九五条の公務執行妨害罪を構成する」とした最判昭35・3・1刑集14巻3号209頁を挙げている(「刑事判例の規範的効力」北大法学論集17巻4号107頁以下)。福田平は、恩給年金証書を担保に差し入れて借金をした被告人が債権者を騙して証書を取り戻した行為を詐欺罪に当たらないとした大審院判例を明示的に変更して、国鉄公傷年金証書を担保に差し入れて借金をした被告人が債権者の妻を騙して証書を取り戻した行為につき詐欺罪の成立を認めた最判昭34・8・28刑集13巻10号2906頁を、被告人に不利益に判例を変更して遡及処罰した例として挙げている(福田・大塚『刑法総論I』〔有斐閣大学双書、1979年〕47頁以下)。
[4]　河合裁判官によれば、違法性の錯誤は故意を阻却しないという従来の判例は、少なくともこの問題の範囲では再検討されるべきであり、「そうすることによって、個々の事案に応じた適切な処理も可能になる」という。

三　本章の課題

　法廷意見も河合補足意見も、憲法39条が保障する遡及処罰禁止が、どのような内容を持つ法理であるかについては、まったく触れていない。遡及禁止と国民の信頼の保護とがどのような関係にあるのかも明らかにされていない。そこで本章ではまず、遡及禁止法理の基礎となるべき政治思想と国民の信頼保護の思想との関係を、近代的遡及禁止法理の特質という観点から確認することにしたい。

　次に、河合補足意見が信頼保護の問題を責任の観点から解決しようとしていることが問題になろう。判例に対する「国民の信頼」の保護の問題と判例法についての個々の「行為者の予測可能性」の問題とは同じ問題であろうか。「国民の信頼」の保護は、一般に法治国家原理の内容とされるが、それは同時に責任原理の内容ともなるのであろうか。さらに、市民には将来最高裁判所がどのような解釈を採用するかについて予測し、先取りして自己の行為をコントロールする義務があるのであろうか。また、これらの問題を考えるに当たって、判例の法源性に関する議論が、直接結論を左右するものであろうか[5]。これらの諸問題を視野に入れつつ、被告人に不利益に変更された判例の遡及の可否について、最高裁判例、とりわけ河合補足意見の問題点を検討したい。

　行為の可罰性の限界が議会の定める法律によって一義的に確定されていると仮定した場合には、どのような行為を犯罪とするかは国民の代表である議会のみが決定しうるという民主主義の要請と、法の枠内で行動している限り処罰されることはないという自由主義の要請は調和のとれたものになっているといえる。しかし、実際には、法律の定める可罰性の限界は、多かれ少なかれ曖昧さを持ち、裁判官による個別の事案ごとの評価活動なしには当該行為の可罰性の決定はできず、その結果として市民の予測計算可能性の保障も完全なものではあり得ない。これは、実定法秩序が現実社会の利害状況の変化に対応することを求められる以上、不可避のことである。しかし、刑法の

---

[5]　わが国の学説は、一般に、判例の法源性に関する議論における結論の差異が、被告人に不利益に変更された判例の遡及の可否を決することを前提としているようである（金沢文雄「罪刑法定主義の現代的課題」現代刑法講座第1巻〔1977年〕95頁以下参照）。しかし、村井敏邦「判例変更と罪刑法定主義」一橋論叢第71巻1号50頁は、判例の法源性から議論を展開することを疑問としている。

分野ではつねに、国家の要求する利益は市民を保護する利益によって制限されるはずである。最高裁判所が自ら「法律の定める可罰性の限界」を確定する判断をしておきながら、事後的にその限界線を市民の自由にとって不利益な方向に引き直すことは、権力の恣意によって可罰性の限界が拡張されるという意味では、市民にとって事後法の場合と何ら変わらない。それとも、裁判所は法を生み出すことはできないという原理は、裁判所の示した可罰性の限界が、その事案限りのことであって、将来の別の類似事案でも同様の判断が下されることを期待させるものではあっても、保障するものではない、ということまで包含するのだろうか。法律という一定の枠の中で可罰性の限界は変動する可能性があり、期待が裏切られる危険の負担は、常に市民の側ですべきだというのだろうか。こうして、被告人に不利益に変更された判例の遡及適用を認めるか否かの問題もまた、裁判官の評価活動と国家の権力分立体制の正統性そのものを主題化しているのである。

第2節　近代的遡及禁止法理について

遡及処罰の禁止は罪刑法定原則の中核をなす法理であるが、実行の時に適法であった行為を新たな法律によって遡及的に処罰すること（rückwirkende Pönalisierung）が正義に反するとの認識は、近代のはるか以前から人類の精神史の中に存在した。戦前及び戦後間もない時期までの諸文献は、遡及禁止の法理もまた、類推禁止などの罪刑法定原則の内容をなす他の諸法理と同様に、近代的法治国家原理に起源を有するものとしているものが多かった[6]。これは、18世紀末以来、遡及禁止の法理がつねに罪刑法定原則の一部として扱われてきたという事実の強い印象によって、諸論者が、とりわけビンディング（Karl Binding）に従って[7]、遡及禁止の系譜を罪刑法定原則の系譜と同視したことによるとされる。このような状況に根本的な変革をもたらしたのは、フランス革命以前の遡及禁止法理の歴史的展開に関するシェッケル（Gerhard Schöckel）の研究[8]と、これを好意的に受け継ぎながら重要な部分でこれを修

6　Lange, DRZ 1948, S.156; Kiesselbach, MDR 1947, S.3; Graveson, MDR 1947, S.279.
7　Binding, Handbuch des Strafrechts, 1885 (Neudruck 1991) S.17ff.

正したシュライバー（Hans-Ludwig Schreiber）の研究[9]であった。

一　シェッケルによる啓蒙以前の遡及禁止論研究

　シェッケルによれば、精神史上最初に遡及処罰の禁止が罪刑法定原則の内容をなす他の法理と結びつけられたのは啓蒙によってであり、そのような形式を得た最初の法的定式化がなされたのは、1789年のフランス人権宣言の第8条においてである。しかし、遡及処罰が許されないとする法理自体の系譜は、これより1000年以上も遡ることができ、遅くとも帝政期のローマに起源を見出すことができるという。もちろん、この啓蒙以前に成立した遡及禁止法理の根拠は、個人主義的な自由の理念ではない。シェッケルによれば、その根拠は、単に刑法の実定性に、つまり「法外的な無価値表象が、法創設機関によって権威づけられた命令に意識的に置き換えられること」に求められる。すなわち、法を創造する審級（立法機関）の存在が承認され、この審級によって創設される実定法（制定法＝lex constitutiva）は、「本質的及び機能的に」遡及し得ないものと意識されていた。ここで留意すべきは、この実定法の概念についても、近代的な意味でのそれとは本質的な相違点があるということである。というのは、啓蒙以前の遡及禁止の法理は、実定的な、規範構成的な（normkonstituierend）刑罰法規と、何らかのかたちで社会に存在した規範を単に布告する（normdeklarierend）に過ぎない法規とを区別し、遡及処罰禁止の適用領域は前者の法規に限られるのが通例だったのである。これがシェッケルが描き出したローマ帝政期から中世における遡及禁止論である。

　しかし、遡及禁止の起源を啓蒙以前の精神史の中に求めるシェッケルも、この啓蒙以前の展開が精神史上、遡及禁止の近代的展開段階へ何ら橋渡しするものではないことを認めている。「この新しい展開段階は、精神史上、完全に新しいものであり、啓蒙期に行われた政治的世界像の変革の一部をなすものであり、この変革によって、遡及禁止は政治的公準となり、市民と国家と

---

[8] Schöckel, Die Entwicklung des strafrechtlichen Rückwirkungsverbots bis zur Französischen Revolution, 1968.
[9] Schreiber, Gesetz und Richter. Zur geschichtlichen Entwicklung des Satzes nullum crimen, nulla poena sine lege, 1976.

の間の法的分担を規制するものとなり、それによって遡及禁止は歴史上初めて権利の問題となったのである。遡及禁止の根拠づけのためにそれまでに引き出された諸観点は、この新しい思想にあって見捨てられ、古いものと新しいものが併存する短い過渡期の後、結局完全に消え失せた」[10]。そして、シェッケルの研究の最も重要な点は、遡及禁止の系譜を啓蒙以前に遡ることにより、啓蒙以降の遡及禁止法理の近代的特徴を浮き彫りにしたことである。

　近代における遡及禁止は、固有の倫理的かつ政治的価値の担い手としての個人は法的安定性を求めるとの思想、すなわち政治的自由の思想を基礎としているが、シェッケルによれば、啓蒙期において、遡及禁止との明確な結びつきをもって表された自由の概念は、ロック及びモンテスキューの理論に依拠している。もちろん、この結びつき自体は彼等の理論を起源とするものではないが、価値それ自体としての個人の発見へと導いた個人主義的精神潮流に、とりわけ新しい自然法理論を通して、近代的、法治国家的表現を与えたのは彼等の理論である、と言う。

二　シェッケルによる近代的遡及禁止論の特徴づけ

　ロックやモンテスキュー以前にもすでにホッブス（1588〜1679）が遡及処罰の禁止、刑罰の遡及的加重の禁止を主張していたことはよく知られている。カール・シュミット（Carl Schmitt）は、ホッブスが遡及問題について、自由主義的法治国家の父と讃えられ事後法を最も厳しく批判したロックと、同様の立場に立つものと評していた[11]。しかし、シェッケルによれば、この見解は正しくない。ホッブスにとって、国家の法は、国家の目的に沿って臣民を強制し動機づける国家の命令であり、法律と国家の命令とは原則的に同一視された。それ故、確かに、法律の構成的機能はホッブスの念頭にあった。しかし、「ホッブスはあまりにも自然法論者であり、あまりにも時代の子であった」。自然法の諸命題の補充的拘束力を否定するのに必要な刑法の包括的な法典化はなされておらず、ホッブス自身、市民法に欠缺があるときには自然法の諸命題に従うべきであると強調している。彼の法理論のこのような基本的

10　Schöckel, a.a.O., S.63.
11　シュミット（長尾龍一訳）『リヴァイアサン』（福村出版、1972年）111頁参照。

傾向から、到達し得た結論は、実定法上の規範構成的な処罰化の遡及は禁止するが、自然法に反する行為の規範構成的でない処罰化の遡及は許すとの結論にほかならなかった[12]。その意味で、ホッブスの遡及禁止論は、ローマ帝政期から中世において展開された理論の域を出ておらず、未だ近代的な特質を備えたものではなかった[13]。

それに対してロック（1632〜1704）は、特に強調して、自然法に反する行為の領域においても、自然法の諸命題に直接的な拘束力を認めることに反対している[14]。さらにロックの自然法論の革命的意義は、個人が国家から自由な領域で自己を発展させる権利を承認したことにある。国家は、諸個人が自然的自由の相応な一部を差し出すことにより成立し、個人に対し命令的な刑罰法規を設定することにより他の個人の生存と発展を妨げる行為を禁じ、その義務規範を遵守することを刑罰による威嚇とその執行によって強制する。しかし、個人の人格的価値はその国家自体によって脅かされる危険のほうがより大きいわけであるから、この危険を回避するために、刑罰法規の効力の及ばない「国家から自由な発展領域」内での個人の行為については、国家はこれを妨げたり刑罰を科したりすることはできないものとし、さらにこの自由領域を変更するときには、国家はそれを個人に明示し、適当な周知期間を置いてこれを認識させることによって、個人が自らの行為をそれに合わせて調

---

[12] Schöckel, a.a.O., S.35ff. ホッブス『リヴァイアサン』における以下のような遡及禁止の主張は、このような意味においてのみ理解されなければならない。「事実がおこなわれたあとでつくられた法は、それを犯罪となしえない。なぜなら、その事実が自然の法に反するものであれば、その事実のまえにその法があったのであり、実定法は、それがつくられるまえには知られえず、したがって義務的でありえないからである」（水田洋訳『リヴァイアサン（二）』〔岩波文庫、1964年〕205頁）。
[13] Lange, a.a.O., S.156. も、ホッブスを遡及禁止の厳しい反対者である、と評価している。
[14] Schöckel, a.a.O., S.65.Note 4. また、「是非曲直を裁判し、臣民の権利を判決するには、公布された恒常的な法と、公知の授権された裁判官とによらなければならない。自然法は不文のものであり、ただ人の精神の中以外にはどこにもそれを見出すことができないものであるから、感情又は利害によってそれを誤って引用したり適用したりするものも、定まった裁判官のないところでは、その誤りをそれほど容易には悟ることができない。それ故それはそのもとに住む人々の権利を確定し、所有を保障すべきであるのに、その役に立たないのである。……自然状態において人の所有の秩序を紊るこれらの不都合を避けるために、人は社会を構成する。これによって全社会の合成力で彼らの所有を保障擁護し、また各人が自分のものを知ることができるようにこれを拘束する恒常的な法をもつようにするのである。この目的のために、人は彼等の取結んだ社会に一切のその自然の権力を譲渡し、そうして共同体はその適当と信ずるものの手に立法権を委ねるのである。そこには、彼らは宣言された法によって支配されるであろう、そうでなければ彼らの平和、静寧及び所有は、自然状態におけると同様の不安定に止まることになるだろう、という信念がある」（ロック〔鵜飼信成訳〕『市民政府論』〔岩波文庫、1968年〕139頁）。なお、次の注に引用する部分も参照。

整し、自己に内在する価値に対する侵害を回避することができるようにしなければならない。個人を他の法仲間の侵害から守るべく規定される刑罰法規は、国家からの侵害に対しても相応の保護機能を果たし、ひいては、個人が、自己に帰属するところの「刑罰法規から自由な発展領域」の内部においては、国家権力から自由に、彼に備わった人間としての価値の発展と充足に没頭することを可能にするのである[15]。シェッケルは、ここに近代的遡及禁止論の起源を見た[16]。

　モンテスキュー（1689～1755）の理論が遡及禁止論に対して果たした役割を強調するのが、シェッケルの研究の特徴である。当時、ビンディングが、モンテスキュー流の権力分立論と遡及禁止法理とは相容れないという理由で、モンテスキューは刑罰法規の遡及を禁止していなかったと論じていたことから[17]、多くの論者が同じように考えていた[18]。それに対して、シェッケルによれば、確かにモンテスキューは「精神の静穏（tranquillite d'esprit）」を保障するために、刑罰法規はその外形についてどのように形成されねばならないかを研究することで満足し、これに関連して解釈禁止や類推禁止並びに刑罰根拠としての慣習法の禁止などを明確な定式化をもって展開し、さらには自然法の直接的な拘束性を否定したものの、刑罰法規の遡及禁止については直接言

---

[15] このことをロックは、次のような言葉で表現している。「たとえどんな形態を国家がとろうとも、支配権は、宣言承認された法によって支配すべきで、臨機の命令、不明瞭な決定によるべきでないのである。もし民衆の総力によって武装した一人または数人が、彼らの突然の考え、または放埒な、その瞬間までは明らかでなかった意志の無法無制限の命令にほしいままに人々を服従させたとしたらどうだろう。もしその行為を指導是認するなんらの標準も定立されていないというのであれば、人類は自然状態におけるよりはるかに悪い状態におかれることになるに相違ない。一切の政府の権力は、ただ社会の福祉のためにのみあるのだから、それは恣意放縦であるべきではなく、したがって確定し公布された法によって行使されねばならないのである。それによって人民が自分の義務を知り、かつ法の範囲内においては安全無事であらんがためであり、同時にまた支配者もある限界内に止められるためである」（前掲書141頁）。
[16] Schöckel, a.a.O., S.65. これに対して、ヘニングスは、ロックが自然法論にこだわったことを理由に、ロックの場合は遡及禁止の問題は未決定のままであった、彼の理論の全傾向は疑いなく遡及禁止に符合するが、内容的に矛盾がないわけではない、との見解を主張している（Hennings, Entstehungsgeschichte des nulla poena sine lege, 1934, S.47.）。
[17] Binding, a.a.O., S.25; S.231 Note 4. ビンディングの見解では、彼が刑法上の「均衡理論（Balancirtheorie）」と並んで罪刑法定主義の第二のいわゆる「国家法上の」根源とみなしているモンテスキュー流の権力分立論は、無制限の遡及に導くという。なぜなら、法律は単に裁判官にとっての拘束的規範に過ぎず、裁判官のあらゆる裁量を除去しようとするものとされているので、裁判官は常に新しい命令に拘束されねばならず、二つの法律から適用すべきものを選択することは許されないからである、とされた。
[18] Vgl. Schreiber, a.a.O., S.32.

及していない。しかし、「精神の静穏」[19]を保障するという思想を首尾一貫したものとするためには、刑罰法規につきすべての遡及効を否定し、国家に処罰する権利を認めるのは、国家が行為の以前に個人に対し刑罰威嚇を与えている場合に限るのでなければならない。すなわち、現存する刑罰法規の不明確性が国民の自由を危うくするというのであれば、行為の当時存在していない、したがって絶対に認識不可能な法律を遡及適用することは、どれだけ大きな危険があることであろうか。こうして、シェッケルはモンテスキューを、遡及禁止論の近代化に貢献した啓蒙思想家の列に加えている。こうした考え方は、シュライバーにも受け継がれ[20]、今日では一般的なものとなっていると言えよう。

それどころかシェッケルによれば、モンテスキューが個人主義的自由イデーの実質的内容について語ったことは、近代的遡及禁止理論をさらに進化させるものであった。シェッケルは、近代的な個人主義的自由イデーの実質的内容は、「客観的―状況的なもの（Objektiv-Zuständlichen）」に尽きるものではなく、各人が安全のなかで持つ信頼から生じる「精神の静穏」、すなわち固有の価値の担い手としての個人が国家に対してその充足を要求するところの「国家に対する無条件の安全の感覚」に奉仕するものである、と考えた。近代的自由イデーの中核をなすこの信頼は、各人が行為の前に、その行為が可罰的であるかどうか及びどの程度の刑罰を科されるかについて確実に予見できるときにのみ存在しうる。国家が遡及的にその評価を変更するならば、国家はその規範が破られることはないという信頼を裏切り、それによって政治的自由を破壊することになる。

シェッケルによれば、このようにロックとモンテスキューにおいてその最も明確な結実を見ることのできる、個人の「国家から自由な領域」ないし「精神の静穏」を保障するためには刑罰権は公に告知された法律に厳格に拘束され

---

[19] モンテスキューは「精神の静穏」についてこう述べている。「公民における政治的自由とは、各人が自己の安全についてもつ確信から生じる精神の静穏である。そして、この自由を得るためには、公民が他の公民を恐れることのありえないような政体にしなければならない。……裁判権力が立法権力や執行権力と分離されていなければ、自由はやはり存在しない。もしこの権力が立法権力と結合されれば、公民の生命と自由に関する権力は恣意的となろう。なぜなら、裁判役が立法者となるからである。もしこの権力が執行権力と結合されれば、裁判役は圧制者の力をもちうるであろう」（野田良之ほか訳『法の精神（上）』〔岩波文庫、1989年〕291頁以下）。
[20] Schreiber, a.a.O., S.57ff.

ねばならないという思想が、遡及禁止論の精神的基礎を変革しただけでなく、遡及的な刑罰の加重を禁止し、遡及処罰の禁止を自然法に反する行為にまで拡張するという啓蒙期に行われた遡及禁止問題の決定的変化の根拠となった[21]。

今日の多くの学説及び判例が、法に服する者にとっての法の事前の認識可能性及び計算可能性を内容とする「市民の信頼の保護（Vertrauensschutz des Bürgers）」から遡及禁止を引き出すことができるとしているのは、このシェッケルの所説に従ったものといえる[22]。

三　シュライバーによるシェッケル批判

シュライバーの遡及禁止法理の系譜に関する論述は、シェッケルの研究を概ね受け入れ、多くの部分で結論を同じくしているが、啓蒙によって果たされた遡及禁止論の転換に関する評価においては、結論を異にしている。シェッケルが、啓蒙による近代的遡及禁止論の特質は遡及禁止の根拠を市民の主観的な信頼の保護に求めたことにあるとした点に、シュライバーは異議を唱えるのである。

シュライバーによれば、啓蒙以前の遡及禁止論の特質は、遡及禁止の根拠を「責任の観点」から根拠づけることにあった。すなわち、シェッケルがいうように啓蒙以前の遡及禁止論が、単にすでに存在していた規範を布告するに過ぎない法律の遡及を認め、規範構成的な法律の遡及だけを禁止する理由は、行為者に刑罰を科すには、禁止規範が予め存在し、それを行為者が認識していた又は認識可能であったことを前提としているからである。ここで遡及禁止を支配しているのは、明らかに責任思想、就中禁止の錯誤の考え方である。行為者の責任を肯定するために、行為者が神の法又は自然法のなかに禁止を

21　Schöckel, a.a.O., S.66. しかし、シュライバーによれば、計算可能性の局面が、自然法に違反する行為も遡及禁止に算入することを決して引き起こしたわけではない。何故なら、国家が反倫理的ないし社会侵害的行為を処罰することも計算可能であり、予見可能であるからである。そして、いずれにせよ、国家が遡及しないであろうという事情によって可能な信頼が法的に保護するに値するかどうかは疑わしい。その他、書かれていない一般的原理や慣習も、まったく事前に認識可能であり、かつ計算可能であり得る（Schreiber, a.a.O., S.60.）。
22　Schreiber, a.a.O., S.59; vgl, derselbe, ZStW 80, S.350; Ebenso das BVerfGE 25, 295=NJW 69, 1059.

知り又は知ることができた、ということで充分である場合には、遡及禁止を規範構成的な法律の領域に制限することは当然のことであった。そして、ホッブスもまた、事後に作られた法律は行為を決して犯罪にすることはできないとの命題に、直接に、「行為が自然法に反するときには、行為の前に法律は存在したのである」ということを付け加え、さらに、自然法に関する錯誤は免責しない、純粋な市民法の場合だけ、錯誤は、充分に布告されていないが故に免責されるとし、結局、遡及処罰は自然法に反する行為の場合は許され、純粋の国家法に反する行為の場合だけ許されないというのであって、遡及問題を基本的に責任の観点及び錯誤の観点で解決していたのである[23]。

シュライバーのシェッケルに対する批判は、遡及禁止の根拠を市民の主観的な信頼の保護に求めることは、啓蒙以前の責任の観点からの解決と同じ平面にあるのであり、これによって啓蒙による近代的遡及禁止論の本質と見ることは誤りだということにある。シュライバーによれば、事前の計算可能性という心理的局面は、遡及禁止を従前の状況を越えて発展させた真に決定的なものではない。心理的局面は、確かに重要でないことはないが、しかしそれは二次的なものに過ぎず、シェッケルが、遡及禁止は不可避的に法的安定性と結びついているという命題の「判で押したような」繰り返しを嫌って、究極の「理由」として市民の信頼の保護を挙げたとき、彼が見誤った基礎的な原理からの帰結なのである。この心理的局面は、責任の観点に支配された従前の解決を決定的に越えるものではなかった。「刑法上の負責を責任ある結果に制限することは、行為者がその行為の可罰性を知らなかった乃至は知り得なかった場合には刑罰を排除するとき、第一に信頼の保護を意味する」からである[24]。

こうしてシュライバーは、遡及禁止法理を、事前の計算可能性と結びついた市民の主観的な信頼の保護という観点から根拠づけることは、事前に禁止規範を認識していた又は認識し得たことを非難の前提とする責任の観点からの根拠づけの延長上にあり、そこに「近代への飛躍」を見出すことは誤りだ、というのである。

23　Schreiber, Gesetz und Richter, S.41f. ホッブス（水田訳）・前掲書、第二七章参照。
24　Schreiber, a.a.O., S.60.

四　シュライバーによる近代的遡及禁止論の特徴づけ

　シュライバーによれば、遡及禁止は、ロック及びモンテスキューにあっては、本質的に心理主義的な計算可能性思想より幅の広い思想的基盤を持っている。心理的にのみ考察する方法が見誤っているのは、政治的自由が、ロックにとってもモンテスキューにとっても、第一次的に客観的—状況的なものから、より詳しく言えば、それに合わせてあらゆるものが確固とした、恣意を排除する理性的な法律によって整序されるところの国家の体制（Verfassung）から結果として生じるということである。この法律の支配は、人に対する人の恣意的な支配から自由を保障する。まさにシェッケルによって彼の見解のために引用された箇所で、ロックは信頼の局面だけに限定していないし、引用された文（「これによって、一方では人民が彼の義務を知り、法律の限界内で安全にかつ保護されて生活することができる」）に引き続いてこう述べている。「……他方では、支配者も彼等に当然帰せられるべき限界に服する。彼等の手中にある権力によって、人民が認めていないし、喜んで認めようとはしない方法及び目的でこれを用いようとすることのないようにである」[25]。これによって、この箇所でも、客観的側面、すなわち、恣意を防止するという関心の下に国家権力を法律に拘束することが明らかにされている、という[26]。

　シュライバーが、近代的遡及禁止論の成立の契機とみなしたのは、近代的な「法律」概念の成立であった。近代的な法律概念に属するのは、個別の事例のための処分規定と対比される一般性である。個別性やすでに確定していることから離れた、この一般的、抽象的規則としての性格から、論理必然性をもって、遡及効の排除は、個人的な計算可能性の局面とはまったく独立しても引き出される、と言う[27]。すなわちシュライバーは、遡及禁止の根拠を客観的な法的安定性の要請に求めるのであり、啓蒙期の法律理論の中に決定的に新しいものを見出すことができるとするのである。

　しかし、シュライバーは、信頼保護思想そのものを放棄しようというので

25　ロック（鵜飼訳）・前掲書141、142頁参照。なお、注15参照。
26　Schreiber, a.a.O., S.59.
27　Schreiber, a.a.O., S.59ff.

はない。「諸個人にとってのすべての法律効果の余すところのない予見可能性は実現され得ないし、存在する予見がつねに保護に値するわけではないとしても、刑罰権の計算可能性や事前の測定可能性は、依然として法治国家の本質的要請である。信頼思想は、変転する恣意とくっきりとした対照をなし、それによって人々が恣意的な刑罰による干渉を受けることはないという信頼を持ちうる状況を創設する法の例外のない確定という意味で、もっと客観的に把握されなければならない」と言うのに過ぎない。ここでの「予見可能性」とは、単に個別の行為者にとっての認識可能性を意味するだけでなく、それに関わるすべての者にとっての法的評価の計測可能性及び計算可能性を意味するのである。そしてこのことから出発して、シュライバーは、遡及禁止の根拠を、「法治国家的な恣意禁止」に求めるのである[28]。

第3節　被告人に不利益に変更された判例の遡及適用に関する判例と学説

　被告人に不利益に変更された判例の遡及効については、ドイツでは、戦後間もない時期にはこれを肯定するのが通説だったが、1960年に憲法学者のデューリヒ（Günter Dürig）と刑法学者のバウマン（Jürgen Baumann）が異論を唱えて先駆者となり、次第に広く議論されるようになった[29]。

一　ドイツの判例

　しかし議論が本格化する契機となったのは1966年12月9日のBGH決定[30]であった。BGHの判例は、10年以上にわたって刑法315条C、316条の絶対的な運転不能状態を、血中アルコール濃度1.5‰としてきたが、本決定は、地方裁判所が判例の変更を求めてBGHに提示決定[31]したのを受けて、従前の判

28　Schreiber, a.a.O., S.215ff.
29　Dürig, in: Maunz/Dürig, Grundgesetz, 1960, §103 Rn. 112 mit Fn.2; Baumann, Allg. Teil, 1. Aufl., 1960, S.98. なお、70年代初頭までの学説判例については、村井敏邦・前掲論文41頁以下参照。
30　BGHSt. 21, 157.
31　§121 Abs. 2. GVG.

例を被告人に不利益に変更し、絶対的運転不能状態の認定には1.3‰で十分であるとしたのである[32]。そこで、この判例変更以前に、血中アルコール濃度1.3‰以上1.5‰以下で運転した者に対しても、この引き下げられた新基準を適用すべきか否かが問題になり、理由は異なるものの各上級裁判所はいずれも遡及適用を肯定した。そのうちの一つは、血中アルコール濃度は単なる証明資料に過ぎず、それを変更したからといって遡及禁止の問題は生じないということを理由とする[33]。それに対して、1967年10月5日のカールスルーエ上級地方裁判所判決[34]の示した理由は注目すべきものであった。すなわち、区裁判所の原判決が「1.3‰という限界は前記のBGH決定によってはじめて設定されたものであり、法治国家的理由から、この1.3‰基準は、この判決がプレスにおいて布告された時点から、つまり1966年12月10日からはじめてその法的効力を有する」とし、被告人を無罪としたのに対して、カールスルーエ上級地方裁判所は、1.5‰というこれまでの基準は、その妥当性について10年も前から活発な議論の対象とされてきており、さらに、以前のBGHの決定によりすでに判例変更の兆候も見られたことから、「数年来、すべての自動車運転者にとって1.5‰の基準が決して覆すことのできないものではないし、即座に引き下げられることもあり得ることは、単に可能性の域ではなく、むしろすでに蓋然性の域にあることが認識可能であった。それ故、それにもかかわらず1.3‰の血中アルコール濃度で運転した者は、彼にとってずっと以前から認識可能であった重大な危険を引き受けたのである」として、原判決を破棄した。そして、最高裁判所の判例の変更が行為者の故意や違法性の意識に影響を与えることはあり得るとして、錯誤論による救済の可能性だけを認めたのである。

このような判例の態度をいち早く批判したのがナウケ（Wolfgang Naucke）であった。まずカールスルーエ上級地方裁判所判決に対する評釈を書いて、可罰性と不可罰性の基準は、いまや法律や確定した解釈にではなく、裁判所、とりわけBGHの実務的理性にのみ依拠することになってしまったとし、判例

---

[32] 従前の判例及び本決定の争点の詳細については、寺崎嘉博「遡及処罰禁止原則における判例変更の法的機能」Law School, No.36、128頁参照。
[33] OLG Frankfurt, NJW 1969, 1634.
[34] OLG Karlsruhe, NJW 1967, 2167.

変更を予見できたことを理由として遡及処罰禁止条項の適用を否定したのは「不明確なプラグマティズム」であると批判した[35]。それに続く論稿では、血中アルコール濃度基準に関する判例の変更が実体法に関する判例変更であり、それ故基本法103条2項の適用対象であることを証明しようとした[36]。ナウケに続いて判例を批判する論稿も増加した[37]。

しかし、その後も連邦通常裁判所は、1981年にモーターバイク運転者の絶対的運転不能状態の基準を引き下げて遡及適用し[38]、1986年には自転車運転者の血中濃度の限界を初めて設定し遡及的に適用した[39]。そして、1990年6月28日の決定では、自動車運転手の絶対的運転不能状態に関する基準をさらに1.1‰にまで引き下げ、遡及適用した[40]。こうして、ドイツの判例は、絶対的運転不能状態に関する血中アルコール濃度の基準に関して、被告人に不利益に引き下げられた新基準の遡及を認めており、この限りで不利益に変更された判例の遡及禁止を否定しており、責任の観点（禁止の錯誤）での救済を残すに過ぎない。基本法103条2項及び刑法2条の遡及禁止の適用ないし準用はされていない。

二　遡及禁止の実定法上の根拠

ドイツ基本法103条2項[41]は、行為の可罰性が、行為が行われる前に「法律により（gesetzlich）」確定されていることを求めているので、通説によれば、同条項により示された遡及禁止原則を、判例に直接適用することはできない[42]。判例はこの「法律により」という概念に含まれないからである。

そこで、被告人に不利益な判例変更の遡及禁止を憲法から根拠づけるには、一般的な法治国家原理と並んで、基本法103条2項の類推適用のみが残され

35　Naucke, NJW 1968, 759.
36　Naucke, NJW 1968, 2321.
37　Gross, GA 1971, 13.
38　BGHSt. 30, 251.
39　BGHSt. 34, 133. もちろん、これは不利益変更された判例の遡及適用の問題ではない。
40　BGHSt. 37, 89. 本件に関する憲法訴願に対して、連邦憲法裁判所は、絶対的運転不能状態の限界を遡及的に引き下げる判例の変更は、法的評価の変更に基づくものではなく、科学的認識の更新に基づくものであるという観点から、これを退けている（BVerfG NStZ 1990, 537.）。
41　その法文は「行為は、それが行われる以前にその可罰性が法律により定められていたときに限り、これを処罰することができる」というものであり、ドイツ刑法1条と同一文言である。

ており、遡及禁止を求めるとすれば、類推適用の必要性を論証しなければならない。そしてこの類推適用の必要性の根拠として挙げられるのは、「自己の行為の不可罰性を信頼した被告人にとって、この信頼が裏切られるのが、刑罰法規の遡及によってか、定着した判例の遡及的変更によってかはどうでもよいことである。判例変更によって有罪とされた被告人は、基本法103条2項の実効性を信用しなくなるだろう」[43]というものである。すなわち、市民の信頼の保護という観点から見れば、法律による遡及処罰と判例変更による遡及処罰を区別する理由はなく、むしろ基本法の実効性への信頼の保護のためには両者の類似性を認めて基本法103条2項を類推適用しなければならない、というのである。

それに対して日本国憲法39条は、「実行の時に適法であった行為」という文言を用いており、実定法秩序の一部を形成する裁判官法への直接適用の余地を残す表現となっている[44]。

三　学説

被告人に不利益に変更された判例の遡及効をめぐる学説の対立は、ドイツでは主として市民の信頼の保護の問題として[45]、日本では主として判例の法

---

[42] 基本法103条2項の直接適用を主張するものもないではない。第一に、明確性の原則の観点から、判例による矛盾した解釈が可能な法律は、十分に具体化された規則の要件を満たすか疑わしいという。第二に、定着した判例は慣習法的妥当性を有するとの前提の下、犯罪構成要件の規制領域は慣習法の規範により制限されており、被告人に不利益に判例から逸脱することは罪刑法定主義に反するという。慣習法は、権限ある立法者によってのみ失効せしうるからである。しかし、被告人に不利益な判例変更の遡及の問題を明確性の要請に対する違反と認めることにより解決することは、単に判例の遡及的変更を許さないだけでなく、法律規範の刑事裁判による具体化すべてを許さないことに帰着しよう。また定着した判例を慣習法に組み込むことは、判例変更の遡及を禁止するだけでなく、判例変更そのものを禁止することになる。これには、結果として法体系の硬直化を招くとの批判が当てはまる(Vgl. Neumann, ZStW 103 (1991) Heft 2, S.334ff.)。
[43] Dürig, in: Maunz/Dürig, a.a.O., §103 Abs.2 Rn.112 mit Fn.2.
[44] 村井敏邦・前掲論文50頁参照。
[45] ただし、シュライバーは、通説や連邦憲法裁判所が、遡及禁止の意味を市民の信頼を保護するという点にのみ見ていることに対して、「この見解はあまりにも狭いように思われる。それは一つの局面しか見ていない。遡及禁止は、今日まで積み重ねられた多くの根拠を持っている」として、単純な信頼保護の論拠に反対している。結論としては、「判例は、現行法の具体的形態を法律に基づいて展開し、決定するのであるから、合法性の原理は、判例についても立法についてと同様に制限に服せしめる」として、遡及禁止論に与する(Schreiber, JZ 1973, 715.)。

源性の問題として議論されている[46]。日本の論者のなかには、「判例を法源でないと解すれば、判例に対しては遡及禁止の原理がはたらかない」と判例の法源性の問題と遡及の許否の問題を直結させ、「判例を法源と解するか否かの議論の実益は、まさにこの問題点のみにあるといって過言ではない」とするものさえある[47]。

　わが国の論者は、被告人に不利益な判例変更の遡及を禁止するために、判例の法源性を認めなければならないと言うが、それは一方で、裁判官による法創造という罪刑法定主義上の疑義を生むだけでなく、他方では、判例変更それ自体の禁止という論者自身が想定していない結論に導くのではなかろうか。ところが、判例の法源性を認める学説でも、その拘束力を法律と同様に解するものはないし、裁判所自身による判例の変更の可能性も否定するわけではない[48]。さらに、ドイツのような提示制度を持たない日本では、下級審の裁判官が最高裁判所の定着した判例から逸脱した決定を下すことも禁じるものではないと思われる。だとすれば、判例の法源性を認めながら、裁判官によるそれからの逸脱を認めるのである。これはいかなる趣旨によるものであろうか。実は、被告人に不利益な判例変更の遡及禁止の問題は、これまでの判例から逸脱することができるかどうかの問題ではなく、それを遡及して行うことができるかどうかの問題であるから、判例の法源性とは直接関係のない問題である。遡及禁止の要請は、第一に判例に対する市民の信頼の保護の観点で問題になるのであり、市民の判例への信頼が保護に値するか否かは、

---

[46] 判例の法源性を否定して遡及を肯定する見解は、「判例の立法的性格を否定することはできない」としながらも「判例はあくまでも法の枠内でその解釈として実践されるもの」として、判例を憲法39条の遡及禁止の対象とすることに反対する（町野朔『刑法総論講義案〔第二版〕』〔信山社、1995年〕48頁）。それに対して、判例の法源性を肯定して遡及を禁止する見解は、「判例は、……成文法の規定の範囲内でその規定の意味内容を確定するから、事実上、間接的法源性をもつ」とし、国民の予測可能性と法的安定性の保障の観点から、「判例の不遡及的変更」を求める（内藤謙『刑法総論講義（上）』〔有斐閣、1983年〕31頁）。両者は、判例が実定法秩序の中で持つ機能については共通の認識に立ちながら、その法源性を認めるか否かでは結論を異にしており、その理由は明確でない。結局は、国民の信頼の保護にどれだけの重要性を認めるかの相違であろう。
[47] 西原春夫「刑事裁判における判例の意義」中野還暦祝賀『刑事裁判の課題』（1972年）310頁。西原は、結論においては、「端的に判例を法源とし、これに遡及禁止の原則を認める見解の方が、むしろ現代の実情に合致している」として、法源性を肯定しての遡及禁止論に立つ。
[48] もっとも、「国民の基本的人権を縮減する方向での判例変更は、裁判所かぎりで人権を奪うに等しいものであるから、原則として許されない」（浦部法穂「最高裁判所の判例」奥平康弘＝杉原泰雄編『憲法学(6)』57頁）とする見解があることに注意。

判例の法源性としての属性とは関係なく、一定の判決が裁判法の体系[49]に従って第三者に対しても方向づけの機能（Orientierungsfunktion）を有することや、個々人が事実上その行為を判例によって定式化されている規則に合わせて整えることを強制されている、ということからも引き出され得る。その限りで、判例の法源としての性格に関する問いに対する答えが、遡及禁止の問題を決するわけではないのである[50]。

(1) 遡及肯定説

被告人に不利益に変更された判例の遡及適用を肯定する学説の論拠は、概ね次のようなものである。

①裁判官は、何が可罰的で何が許されているかを何人に対しても決定する一般的な法命題を定立する必要はない。むしろ裁判官は、どの範囲で法律が個別事例に適用されるかを決定するのに過ぎない。将来の行為のための基準を形成するのは法律のみであって、判決ではない。個別事例の事後的（retrospektiv）決定こそ司法の本来の課題である。したがって遡及は判例の本質に属するので、判例変更には遡及処罰の禁止の原則の適用はない、というものである[51]。

しかし、判決の対象となっている事例が、法規からの形式的な推論のみによって処理できるものでないことは、今日一般に承認されているところであるし、この法律により決定されていない領域についても裁判官の活動は必然的に何らかの規則に従ってなされるべきである。規則と無関係な決定は恣意的なものといわなければならない。この法規からの形式推論によって解決できない領域において裁判官の活動を拘束する規則も、その適用領域にあるすべての事例に対して拘束力を有するのであり、その限りで裁判所の判決は単に個別事例に決定を下すだけでなく、むしろ同時に将来の事例のための規則を設定するのである。判例の変更では、裁判官がこれまで従ってきた規則を他の規則によって代替することが問題となっているのである。とりわけ、事

49　わが国では、裁判所法10条3号、ドイツでは、§§121 Abs. 2, 136 Abs.1 GVG.
50　Neumann, a.a.O., S.340.
51　Stree, Deliktsfolgen und Grundgesetz, 1960, S.80ff; Tröndle, LK, 10.Aufl., §2 Rn.18; derselbe, Festschrift für Dreher, 1977, S.134.

実問題を争わない上告審での決定は、過去の個別事例のみならず将来の事例をもその規制領域とする一般的規則を定式化しているといえる。それ故、「過去に向けられた個別事例の事後的決定（判例）と将来を展望した規則設定（立法）との間の世間でいわれているところの対立を根拠に、被告人に不利益な判例変更の遡及禁止を否定することはできないといわなければならない」[52]。

②裁判官が新しい解釈を示し、これを具体的事件に適用する場合には、実は新しいというよりも、正しい解釈（もし思いついていたなら、ずっと以前から採用されていたに違いない解釈）を提示するという確信に支配されている[53]。裁判所による新たな法規則の定式化は、規則形成活動ではなく、むしろすでに存在していた法律規範の正しい認識に過ぎないのではないかということである。「裁判官は、従来の判例から逸脱することによって、新しい法を設定したのではなく、具体的事例を通して実定法のなかの正しい法を発見したのである」[54]とされる。この見解によれば、判例の変更は、法的な規則体系の存立に関する変更ではなく、この規則体系の認識に関する変更に過ぎないことになる。それ故、「裁判所が法のより洗練された認識に至る可能性を、基本法103条2項の適用によって制限すべきではない」[55]というのである。

しかし、特定の解釈が唯一の正しい解釈であるとの裁判官の主観的確信と判例変更に際して遡及が許されることとの間に論理的なつながりは認めがたい。信頼の保護の観点の下では、裁判官の正当性に関する確信は取るに足りないものである[56]。法のより洗練された認識に至る可能性は、判例の変更によって達成されるのであり、それを遡及することの許否の問題とは次元を異にする。

③遡及を禁止すると判例の硬直化が起こるという指摘もある[57]。判例のダイナミックな機能を強調するものであり、司法の課題は、社会の変遷に判例の変更によって対応することにあるとされる。判例は、規範と生活事実関係との絶え間ない相互作用に基づき従前の法認識を絶えず修正する義務を負っ

52　Neumann, a.a.O., S.338.
53　Bockelmann, Niederschriften Gr.Strafrechtskommission Bd.3, S.289.
54　Tröndle, in: LK, §2 Rn.18.
55　Otto, Grundkurs, Allg. Teil, 5. Aufl. 1996, S.20.
56　Neumann, a.a.O., S.342.
57　Mayer-Ladewig, MDR 1962, S.44.

ている、と言う[58]。

　しかし、判例の硬直化は、判例変更それ自体を禁止するかあるいは著しく困難にする場合には、重大な危険と言えるまでに際立つであろうが、遡及を禁止することによっては、新たな判例の適用に取るに足りない時間的遅滞が生じるに過ぎない[59]。

　④判例は当該決定を法律によって根拠づけるという課題を負っているが、遡及禁止により判例の（部分的な）自己拘束を認めることは、判例の法律への拘束を緩めることにつながり、ひいては根拠づけの強制（Begründungszwang）をだんだんと弱めることになりかねない、と言う[60]。

　しかし、このヤコブス（Günther Jakobs）の懸念は、無理にでも先例を見つけて依拠することを好み[61]、判決を法律によって根拠づけようとする意欲を欠くわが国の最高裁判所には、残念ながらまったく当てはまらない。それは措くとしても、遡及禁止が根拠づけ強制を必然的に弛緩させるとは考えにくく、だとすれば、これを根拠に市民の法治国家的利益を制限することは許されないであろう。

　⑤通説的見解では、行為時の判例に基づいて自己の行為を適法であると信じて行為した者の救済は、禁止の錯誤に関する理論を用いることで足りるとされてきた。行為者が、行為の時、自己の行為が判例により一致して適法であるとされていることを知っていた場合には、避けられない禁止の錯誤があるのであるから、行為者は無罪である。判例を知らなかった場合については意見が分かれている。この場合でも禁止の錯誤を避けられなかったとする見解が優勢である。責任非難にとって不可欠な、情報の欠如と錯誤との間の因果性が欠けているからとされる[62]。

　しかし、被告人が行為をした当時の判例がその行為を適法としていたのであれば、被告人には錯誤はなかったのである[63]。錯誤のない行為に錯誤論を

58　Burmeister, Vertrauensschutz im Prozeßrecht, 1979, S.30.
59　Neumann, a.a.O., S.342ff.
60　Jakobs, Allg. Teil, 2. Aufl. 1991, 4/81.
61　村井敏邦・前掲判例解説参照。「判例の拘束力が事実上のものにすぎぬといわれている日本の裁判官の方が、実は、先例拘束法理のもとにあるアメリカ合衆国の裁判官よりも大きな規制力をうけているのではないか」という指摘すらある（樋口陽一「裁判の独立」講座・憲法学6巻『権力の分立（2）』（日本評論社、1995年）47頁）。
62　Schönke/Schröder/Cramer, 25. Aufl., §17, Rn. 20; vgl. Schreiber, JZ 1973, 714.

適用することはできない。ここで問題になっているのは、行為者の情報の欠如（Informationsdefizit）ではなく、規範体系の規則の欠如（Regelungsdefizit）なのである[64]。

(2) 遡及禁止説

遡及禁止説は、次の二つのことを前提としている。第一に、明確性の要請が支配する場合にも、法律は必然的に不完全であり、それ自体では、可罰性の限界の究極の線引きはできない。実定法秩序は、抽象性と一般性を有する法律を個別の事例において具体化する判例なしには成り立たない。それ故、実定法秩序を法律とともに形成している判例が、法治国家的拘束及び制限という点で法律と同じ制限を負っていないとすれば、法治国家は簡単に弱体化するであろう、という認識である[65]。第二に、司法の課題が閉じられた過去の事件の決定に尽きる、具体的な個別事件の決定の中にのみ法は存在すると仮定するときには、一般に遡及禁止ということを考えることはできない。遡及制限は、個別事件の決定を越えて定式化可能な一般的規則の存在を前提としており、判例についても、立法のような規則の設定（Regelsetzung）ではなくても、将来の事案のための何らかの規則の形成（Regelbildung）を行っている、という認識である[66]。これら二つの認識を前提として、市民の信頼保護のために、あるいは法治国家的な恣意禁止のために判例の遡及を禁止するということが正当化される。

①遡及禁止の問題は、国家の市民に対する介入を阻止することにあり、法治国家原理の中核としての市民の信頼保護の観点から根拠づけられる。しかし、この信頼保護原理を、個人の主観的な予測計算可能性の保障として理解する場合には、重大な異論及び制限が引き出される。

市民の判例への信頼ということを、心理主義的に理解したならば、第一に、遡及禁止は行為者が実際に判例の存続を信頼していた場合にのみ受け入れられることになる。これは、証明の困難さから不安定なものとなるだけでなく、

63　村井敏邦・前掲判例解説参照。
64　Neumann, a.a.O., S.333.
65　Dürig, a.a.O., Art, 103, Rn.112 mit Fn.2; Schreiber, JZ 1973, 714.
66　Schreiber, JZ 1973, 716; Neumann, a.a.O., S.337ff.

責任の観点からの解決すなわち禁止の錯誤による解決と大差ないものといえよう。第二に、信頼の概念を心理主義的に解釈した場合には、その信頼が保護に値するか否かも問題になろう。そして、この場合、まさに河合補足意見が言うような、判例変更の可能性が高いこと、そのような事情を被告人が行為の当時にも知り得たことを理由として、たとえ被告人が判例の存続を信頼していたとしてもそれは保護に値しない、との結論を回避し得ない[67]。

②しかし、法治国家の原理としての信頼保護の原理は、このように個人の主観的信頼の保護に尽きるものではない。何故なら、前記のように遡及禁止の問題は、単に個人の予測計算可能性の保護を問題としているだけでなく、国家の活動を法に拘束することによって、恣意的な支配を防止し、法的な安定性を保障しようとするものでもある。これは、国家機関の活動制限の問題であり、立法府であれ司法部であれ国家機関が、刑法規範の遡及によって、これまで不可罰とされていた行為を遡って犯罪化する権限を有するかの問題である。したがって、このような観点から信頼保護原理を定式化するならば、もはや特定の行為の不可罰性に対する個人の主観的信頼は問題ではなく、法共同体の「これまで不可罰であった行為を遡って犯罪化することを排除する国家のフェアネスへの一般的信頼」こそが保護の対象である[68]。

このように解すれば、判例変更の告知は、実際に当該判例が変更されるまで存在しないことになる[69]。判例によって定式化されている法命題は、それが裁判法の規定によって「存続保護」を受けている以上は、判例変更の権限を有する審級によって実際に変更されない限り、市民に有効に告知されたとは言えない。行為者が将来の判例変更を確実なものと予測しており、変更後の具体的内容まで予測し得たとしても、彼は自己の行為をそれに合わせて調整する義務を負わない。

③遡及禁止の適用範囲については、上告審の判例に限るか下級審の判例も

---

[67] Vgl. Grünwald, ZStW 76, S.12f.
[68] Neumann, a.a.O., S.349; Hassemer, Einführung in die Grundlagen des Strafrechts, 2. Aufl. 1990, S.260; Jung, Festschrift für Wassermann, 1985, S.875, 884; Schreiber, Gesetz und Richter, S.213ff.
[69] Neumann, a.a.O., S.351f. 血中濃度の限界を1.1‰にまで引き下げるBGHの決定は、裁判所の副長官の「これまでの1.3‰の限界値にたいする信頼を揺さぶり、引き下げがあり得ることを注意させる」ことを目的とした文献の公表により準備されていた(Salger, DRiZ 1990, 16, 20.)。それでも、上告審判例の遡及的変更は認められない、という。

含めるかの問題と、上告審に限定するとして一致したものであることを要するか否かの問題がある。

　第一の問題については、ドイツ及び日本では、裁判法によって、法体系それ自体が、上告審によって定式化された法規則が将来の事案決定についても法的意義を有することを承認し、それによってこの法規則を法秩序の構成要素として評価しているからこそ、この規則には、裁判システム内部の規制に止まらない、法を共有する者にとって行為を指導する機能をも認められる[70]。その意味で、上告審の判例には市民の信頼の対象となる標識としての意義が認められるが、下級審のそれにはこのような意義は認められないであろう。したがって、遡及禁止の適用対象となるのは、上告審判例のみであると言える。最高裁判所判例がなく、下級審の判例を信頼して行為した者については、その信頼の事実の有無と要保護性を検討して、違法性の錯誤による救済を考慮すれば足りよう[71]。

　第二の問題については、ドイツ及び日本とも、判例変更の手続において、判例の一致度を問題としていない以上、一致度は遡及禁止の適用範囲に影響しないと言わなければならない[72]。

(3) 残された訴訟法上の問題

　被告人に不利益に変更された判例の遡及を認めないとすれば、判例変更を将来に向かって宣言し、当該事案には適用しないという、いわゆる「判例の不遡及的変更」の方法を採らざるを得ない。しかし、これには、現行訴訟法上そのような審理・判決形式が可能なのかという問題がある。そしてこれらの問題は未だ現実的な解決法が見出されていないように思われる。

　まず、ドイツでも日本でも、検察官は無罪になるとわかっていてわざわざ判例変更のためだけに起訴することは予定されていない。最高裁判所の段階に、具体的事件とは無関係に、独立した訴権を検察官に付与すべきであるとの提案もあるが[73]、審級秩序を破ることは好ましくないし、具体的事件を離

70　Neumann, a.a.O., S.350.
71　Neumann, a.a.O., S.351. 村井敏邦・前掲論文49頁。
72　村井敏邦・前掲論文49頁。それに対して、Schreiber, JZ 1973, 718.
73　Haffke, Das Rückwirkungsverbot des Art.103 II GG bei Änderung der Rechtsprechung zum materiellen Recht, 1970, S.144; S.224f.

れた訴訟は、ドイツはともかく日本では不可能と言わざるを得ない。特定の行為者に対する中立的手続による「変更の警告」を得るための訴権を検察官に与えて、例えば地裁から手続を始める、行為者はその負担を甘受すべきであるとの提案もある[74]。

　また、判例変更の効力を将来に向かってのみ発生させるような判決の形式は、司法の権能を越えるものではないかという問題もある。将来効判決の形式を避けて新解釈を傍論的判断として提示することでも十分であるとか[75]、刑罰権の行使が国民の信頼を損なう場合には、免訴の言渡しをすべきとの提案もある[76]。

　現行訴訟法上の基本原則と一致し得ない以上、判例の不遡及的変更の方法は採用し得ず、ひいては判例変更の遡及を禁止することはできないとの主張もあるが[77]、手続技術上の困難性が法治国家原理の制限を正当化できるはずがないとの批判は、やはり正しいと言わざるを得ないだろう[78]。被告人に不利に変更された判例の遡及を認めないとすれば、被告人の行為は無罪であり、現行刑事訴訟法がそのための特別の手続を定めていない以上、通常の手続に従って審理を行い（被告人は、その間の最低限の負担を甘受せざるを得ない）、無罪の判決の中に傍論的判断としてででも、従来の判例が変更されたことを明示すれば足りると解される。

74　Schreiber, JZ 1973, 718.
75　村井敏邦・前掲論文48頁以下参照。
76　鋤本豊博「地方公務員法違反の争議行為の可罰性（下）」北大法学論集44巻6号510頁。
77　Tröndle, in: Festschrift für Dreher, 1977, S.127ff.
78　Müller-Dietz, in: Festschrift für Maurach, 1972, S.41, 48. 奈良俊夫・吉田宣之「判例変更と『裁判官による遡及処罰』の可能性」法学新報81巻7号155頁以下参照。

第2部　刑法解釈の実践

はじめに

　第1部において我々は、「刑法の解釈」を、社会における具体的な利害対立の法的解決に向けて行われる、立法者と法適用者、さらにはすべての社会成員によるコミュニケーションの過程であると規定した。アレクシーの法学的論証理論の構想は、従来立法者や裁判官、弁護士や官僚の世界に限定され、それで完結するものと考えられがちであった法的討議が、そこで前提とされた法規則それ自体の正当性を問うことによって、広く市民に開かれた一般的実践的討議による検証を経たのでなければ、決して窮極の正当性を主張できないものであることを明らかにした。しかし、それにもかかわらず、法的討議のみならず一般的実践的討議においても、その中心的な討議対象は、立法者による評価活動であり、裁判官による評価活動である。これらの評価活動の結果として生じる規範的言明が、強制力を伴う実定法体系の構成要素になるという属性（「実定性」）を有する以上、それは当然のことである。したがって、第1部において論じた刑法解釈の方法を実践に移すには、社会的に強い関心事となっている利害対立についての立法者と裁判官の評価活動を取り上げ、それを実定法秩序によって制度化された枠組みにおいて正当化されるか否かという視点からだけでなく、広く一般市民の実践的討議に耐え得るものかどうかという視点からも検討することが必要になる。

　以上のような視角からすれば、試金石としての「社会的に強い関心事となっている利害対立」としては、現行法秩序の枠組みを脅かしかねない社会的—政治的な利害対立を取り上げることが適当であろう。そのような意味で、私は、ドイツにおける極右運動の反憲法的言論に対する刑事規制の問題と、わが国における外国人登録法の諸問題を取り上げるのが適当であると考えた。前者は、刑法が社会的少数者の保護にどのような機能を果たすべきかについて検証する素材でもあり、後者は、刑法が社会的少数者をどのように弾圧しているかについて検証する素材でもある。

● 第1章

ドイツにおける極右運動による反憲法的言論に対する刑事規制をめぐる諸問題

　ドイツでは、極右運動[1]による反憲法的言論から少数者集団の「人間の尊厳」や人格権を保護するために、あるいは端的に「自由で民主的な基本秩序」を防衛するために刑法を用いている。刑法86条及び86条aは、憲法に違反する組織の宣伝手段の頒布及びその標識の使用を処罰し、130条は住民の一部に対する憎悪を挑発するなどの民衆煽動を処罰し、185条の侮辱罪は、個人や法人のみならず、少数者集団に向けられた差別的表現にも適用されている。我々は、このうち130条の民衆煽動罪と185条の侮辱罪が極右の反憲法的言論にどのように適用されているかを、いわゆる「アウシュヴィッツの嘘」発言と外国人排斥言論の問題を中心に検討するが、その前に、これら反憲法的言論、特に民衆煽動罪に関する裁判の量刑実務において、刑の延期が認められず実刑判決が下される場合が多くなっていることに注目すべきである。これは、刑の延期を認めるか否かの規準として、予後の問題とともに、「法秩序の防衛」が自由刑の執行を要求しているか否かという規準が定立されていることと関連している。我々は、まず、この「法秩序の防衛」という概念がドイツ刑法典の中に導入されてくる経過と、実務においてこの一般的・抽象的概念がどのように受容されていったかを概観することにする。

第1節　「法秩序の防衛」概念の成立と展開

一　はじめに

　すべての立法の基礎になっているのは、社会に生起する利益紛争に対する立法者の特殊な評価である。この立法者の評価行為は、具体的命令内容に置

き換えられて法適用者に引き渡されるが、法適用者は、具体的命令内容の解釈に際して立法者の価値決定に拘束される。立法者の意思に反する法の解釈は、民主主義的正統性の欠如という重大な異議にさらされることになろう[2]。

しかしその一方で、すべての立法は、対立する利害を主張する諸政党の妥協の産物でもある。とりわけ、支配階級の価値体系を担う政党にとって、この妥協は法に公共性の仮面を付与するための不可欠の手続であり、公共性の仮面は市民社会における法一般を規定するものである。「要するに法は階級的本質のゆえに、まさに公共的ないし超階級的な価値体系を担わざるをえないのである」[3]。しかも、立法者の意思が国家の意思として規範的な拘束力を有するためには、社会の全成員にとって普遍的な性格を持つ「一つの意思」として示されねばならない。それ故、立法者の評価はしばしば曖昧なものにならざるを得ず、具体的命令内容への置き換えに際しては、一般的抽象的な概念を用いて、ただ決定の存在だけを示すということにならざるを得ない。こうして、法という具体的命令を引き受けた司法部による法の解釈と立法者意思の継続的展開を可能にする基礎が与えられることになるのである。

しかし、このことは、法治国の理念にとっていささか困難な問題を提起することになる。そもそも、民主的に直接正統化されない裁判官を持つあらゆる民主制においては、司法部による法の解釈の構造分析は、国家の具体的な権力分立体制の正統化可能性そのものを主題化することになる。法理論的には、立法者による評価活動と裁判官の判決という二つの極は、裁判官の活動を立法者意思に包摂することにより一元化されるべきである。しかし、現実に生起する現象は、それほど単純ではない。立法者が具体的法内容の確定を司法部に委ね、立法者の活動が司法部の活動を待ってはじめて法治国家の要請に適うものになるという、正統性の法理論からは転倒した現象も起こるのである。

---

[1] 「極右運動」の概念規定に定まったものはないが、一般にファシズムより包括的な概念と理解されている。ここでは、差し当たり「民族主義的保守主義の立場から、人権を基礎とした民主主義的憲法秩序に敵対する運動」と規定しておく。憲法擁護庁は、過激右翼（Rechtsradikalismus）と極右（Rechtsextremismus）を区別し、前者は憲法体制の枠内にあるもの、後者はこれを越えるものと定義している（仲井斌『現代ドイツの試練』〔岩波書店、1994年〕253頁以下参照）。
[2] Schroth, Theorie und Praxis subjektiver Auslegung im Strafrecht, 1983, S.84ff.
[3] 沼田稲次郎「労働法における法解釈の問題」季刊法律学20号53頁。

第1章　ドイツにおける極右運動による反憲法的言論に対する刑事規制をめぐる諸問題

　本節の目的は、ドイツ刑法典において、「法秩序の防衛」という一般的抽象的概念が、立法府における如何なる評価と決定に基づいて成立し、司法部の解釈・運用によってどのように補完され展開されたかを観察することである。その際肝要なことは、概念の立法史を政党の活動を介して観察することである。従来の視角においては、我々の観察対象（西ドイツの刑法改正作業）へのアプローチは、刑法学者とりわけ対案グループの諸学者を介して行われてきた。これ自体、法学的世界観の表出とも言える。しかし、我々の視座からは、議会での審議の過程を政党を通して見なければならない。立法へ向けて階級内部の諸利害の対立を調整し、階級全体として「一つの意思」を形成し、議会においては、対立政党との妥協によって立法府としての「一つの意思」つまり立法者意思を形成するのに最も重要な役割を果たすのは政党だからである[4]。

二　概念の立法史

　「法秩序の防衛」という概念が西ドイツ刑法典の中に最初に現れたのは、第一次刑法改正法においてであり、1970年4月1日に刑法典14条1項、23条3項として施行された。後に、75年1月1日の新刑法総則の施行とともに現行刑法典の位置に変更された（その際、第二次刑法改正法によって成立した59条1項が付け加わる）。すなわち、刑法47条は、短期自由刑を回避し罰金刑を選択するという原則の例外を認める規準として、また刑法56条は、予後が良好の場合1年以下の自由刑の執行を保護観察のために延期するという原則の例外の規準として、そして刑法59条は、180日分以下の日数罰金の刑の言渡しを留保できない規準の一つとして、「法秩序の防衛」という概念を用いている。このうち、保護観察のための刑の延期制度について言えば、「原則」としてまず刑法56条の1項は、「1年以下の自由刑を言い渡す場合において、有罪の言い渡しを受けた者が有罪判決を警告として役立たしめ、将来、刑の執行の作用がなくても、もはやいかなる犯罪行為をも犯さないであろうと期待しうるときには、保護観察のために刑の執行を延期する。その際に、特に、有罪の言い渡しを受けた者の人格、その前歴、行為の事情、行為後のその者

4　藤田勇『法と経済の一般理論』（日本評論社、1974年）99頁。

の態度、その生活関係及びその者に対し延期により期待しうる効果を顧慮するものとする」とし、同第2項は、「裁判所は、特別な事情が行為及び有罪判決を受けた者の人格に存するときには、第1項の要件の下で、2年以下の比較的重い自由刑の執行を保護観察のために延期することができる」として、予後が良好である限り2年以下の自由刑まで保護観察のために執行を延期できるとする原則を打ち立てたその一方で、同第3項は、「6月以上の自由刑を言い渡す場合において、法秩序の防衛が執行を必要とするときは、執行は延期されない」という例外条項を設けた。すなわち、6月未満の自由刑は、予後が良好である限り常にその執行を延期されるが、6月以上の自由刑については、予後が良好であっても「法秩序の防衛が執行を必要とするときは」執行は延期されないのである。

　刑法典の3カ所に見られる「法秩序の防衛」概念のうち、まず59条のそれは、刑事訴訟法153条aによる手続の中止が優先するので、稀にしか適用されておらず、ここでは観察の外に置くことにする。次に、刑法47条と56条のそれを統一的概念として取り扱ってよいかどうかが問題となる。マイヴァルト (Manfred Maiwald) は、両者が同じ意義を有するというのが判例・学説の一致した見解であるとしているが[5]、シュレーダー (Horst Schröder) によれば、判例は47条の場合が56条の場合より寛大である傾向を示していると言う[6]。この点は、後に判例の論理の解明の際に明らかにされるであろう。しかし、当面、概念の立法史を観察するに際しては、両者を統一的概念として支障はないと思われる。

(1) 西ドイツ刑法改正作業の概略

　まず西ドイツにおける刑法改正作業の一部を、我々の観察対象に関連する範囲で振り返っておこう。62年政府草案が第4立法期間の連邦議会に上程された (実質審議は63年3月から) とき、議会の構成は、CDU/CSU：242、SPD：190、FDP：67であり (計499)、CDU/CSUとFDPの連立で第4次アデナウアー内閣 (63年10月17日よりエアハルト内閣) であった。与党CDU/CSUが62年草案を支持したのは言うまでもないが、野党SPDの修正提案 (自由刑の単一

5　Maiwald, GA 1983, 49.
6　Schröder, JZ 1971, 241.

化、短期自由刑〔6月以下〕の廃止、刑の延期制度の拡充等）は、受け入れられなかった。連立与党FDPは、62年草案を原則支持していた。しかし、情勢は、第5回総選挙によって一変する。CDU/CSUは、245と議席をわずかに伸ばしたものの、連立与党であったFDPは、49と大幅に議席を失い、野党SPDは202と議席を伸ばした（計496）。CDU/CSUとFDPとの連立で第2次エアハルト内閣が成立したものの、1966年10月27日、FDPは1967年度予算案を承服せず、4人の閣僚を内閣から引き上げて連立政権を離脱した。エアハルトを継いだキージンガーは、連立の可能性を求めてFDPと交渉したが、二大政党間の均衡の中でキャスティングボードを握ろうとするFDPの前に交渉に失敗し、結局1966年12月1日、SPDとの間に大連立政権を成立させた。その結果、『62年草案』は政府提案ではなく議員提出法案として第5立法期間の連邦議会に上程されることになった。他方、野党となったFDPは、66年刑法総則『対案』を連邦議会に上程して対立した。CDU/CSUは、連立与党となったSPDの主張、及びそれに類似した『対案』の提案に対して柔軟な態度を示すこととなった。連邦議会は両草案を刑法改正特別委員会に送付した。その構成は、CDU/CSU：6、SPD：6、FDP：1であった。刑法改正特別委員会は、第一次刑法改正法案、第二次刑法改正法案を作成し、連邦議会と連邦参議院は、両法案をわずかな表現上の修正を加えただけで可決した[7]。

(2) 『62年草案』と『対案』

次に短期自由刑、刑の延期制度についての62年草案と対案との違いを見ておこう。

62年草案は、軽懲役の最下限を1月と設定し（46条）、拘留の最下限を1週とした（47条）。自由刑の罰金刑による代替については、「罰金刑が行為者に警告を与え、かつ彼の責任も、犯罪の実行を阻止する刑罰の任務も自由刑を必要としないときは」、3月以下の自由刑に替えて90日以下の日数罰金刑が科される、とした（53条）。刑の延期の上限は、9月以下の軽懲役と拘留とされた（71条）。自由刑の最下限が下方へ設定され、それに対応して比較的低い自由刑のみが延期され得るようになっており、考え得るすべての事例に対処す

---

[7] Vgl. Naucke u. a., Verteidigung der Rechtsordnung, 1971.

ることが求められている。これに対し対案は、自由刑を単一化した上で、自由刑の最下限を6月に設定した（36条）。2年までの自由刑を罰金刑により代替可能とし（50条）、刑の延期の限度は2年以下の自由刑とされた（40条）。自由刑の最下限を上方へ設定し、それに応じて延期され得る自由刑も高く設定されている。そして、例外を認めていない。その結果、当然に自由刑が必要と認められる場合にも自由刑を回避することになる。これは、刑罰体系に生じる欠缺を甘受しても、短期自由刑の弊害を排除しようとするものである。

　62年草案の起草者も短期自由刑の弊害に鑑み、軽懲役の最下限を1月にではなく6月ないしそれ以上に設定すべきという要請も、それ自体不当なものと考えていたわけではなく、ただ、自由刑の最下限を6月に設定すると、自由刑の体系の中に「耐え難い欠缺」が生じることを恐れたものである[8]。それゆえ、委員会審議の主たる傾向は、この二つの立場の間に第三の可能性を追求することにあった。すなわち、自由刑の最下限を比較的高く設定し、それとともに延期可能な自由刑の限度も高く設定するが、その反面、起こり得る刑罰体系の欠缺に備えて例外を規定する規則を設定することである。

(3) 刑法改正特別委員会での審議

　委員会において、短期自由刑の廃止を支持したのは少数派に過ぎなかった。しかし、多数派も当時の実務があまりにも広範囲にわたって短期自由刑を科し、執行しているとの意見であった[9]。短期自由刑の弊害にもかかわらず、これを完全に廃止することに反対する理由としては、第一に代替刑が充分に整備されていないこと、第二に外国でも全廃ではなく抑制の傾向にあることが挙げられた。そこで委員会の審議の目的は、短期自由刑の回避・刑の延期制度の拡充という原則の例外を特定の状況下で根拠づけ得るような、かつ裁判官にとって使用可能な定式化を行うことであった。その際、具体的にどのような行為者グループにとって短期自由刑が合目的的であるかという議論は行われなかった。ナウケ（Wolfgang Naucke）によれば、これが「ポイントの切り違え」だったのである[10]。

8　Bundestags-Drucksache, 4. Wahlperiode, 650/168.
9　Bundestags-Drucksache, 5. Wahlperiode, 4094/5ru.
10　Naucke, a.a.O., S.24.

さまざまな一般的・抽象的概念による定式化の試みが行われた。旧刑法は、『公共の利益（öffentliche Interesse）』が刑罰の執行を求めているときは、保護観察のための刑の延期を指示してはならないとしていた（旧刑法23条3項1文）。この規定のために刑の延期制度が充分に機能していないのだと考えられ、この種の一般性を持った概念は適切でないという点で委員会の意見は一致していた。次に考慮に上ったのは、オーストリア刑法草案の『法秩序にとって不都合でない（ohne Nachteile für die Rechtsordnung）』という概念である（48条1項）。この定式化は、『公共の利益』によるそれと類似しているとして拒絶された。62年草案の『犯罪を防止する刑罰の任務（Aufgabe der Strafe, Straftaten entgegenzuwirken）』（53条、72条）という定式も、実践的でなく、『公共の利益』より優れているとは言えないとして退けられた。

特別委員会は、スウェーデン刑法の『国民の法的忠誠の確保（Wahrung der Rechtstreue der Bevölkerung）』（第27章第1節第2項）という定式については比較的綿密な検討を加えている。一方では、『法秩序にとって不都合でない』という定式より表現力があるという肯定的な評価をしながら、他方ではロマンチックな概念であり、それゆえ不適切であるとされ（ギューデ〔Güde〕）、強い主観的要素を含んでおり（ドレアー〔Dreher〕）、それ故精密化しにくい（シュトルム〔Strum〕）、とされた。飲酒運転の事例では、歩行者は刑の延期に反対し、運転者はその行為が泥棒より悪いと言うのか、と考えるであろうと。こうして、ドイツ刑法にスウェーデン流の概念が組み込まれることは見送られることになったが、この概念が後の立法、解釈実務に大きな影響を与えたことは明らかである[11]。

最終的に特別委員会が行き着いた定式は、『法秩序の確証（Bewährung der Rechtsordnung）』という概念であった。これは、59年草案について刑法大委員会（Großen Strafrechts-Kommission）が提案したものであった。ドレアーはすでに66年の段階で、この概念が『法的忠誠の確保』や『公共の利益』といった概念と同様に不明確であるとしている。また、小さな犯罪の量刑を取り扱うにしては、あまりに大きく、あまりにももったいぶった言葉であるとか、「確証」という語は多義的であり、法秩序はそもそも確証し得るのかといった疑問

11　Naucke, a.a.O., S.25.

が出された（ホルストコッテ〔Horstkotte〕）。それに対してCDU/CSUを代表するギューデは、裁判所は『法秩序の確証』概念を恣意的に解釈してはならない、この概念を『公共の利益』概念に比べて狭く解するようにしなければならないとの注文をつけつつも、『法秩序の確証』は『公共の利益』より客観化されたものであるとの評価を下した[12]。

　委員会は、満足のいく定式化にはついに辿り着けなかった。FDPはあくまで削除を主張し、CDU/CSUは断固支持し、SPDは重大な疑念を持ちつつも維持の方向であった。満足のいく定式化が得られなくとも、短期自由刑を全廃することはできず、原則─例外─関係を創設することはやむを得ないものとみなされていた。概念の具体的内容は判例に委ね、プラグマティッシュな解決を期待する空気であった。ただ唯一の成果としては、『法秩序の確証』概念が短期自由刑を科すことを一般予防的根拠から可能にしたので、これにより贖罪応報思想との結びつきを懸念されていた62年草案における「責任」への言及が不要とみなされ、削除されるに至ったことが挙げられる。

(4)　連邦議会での審議

　原則─例外─関係の創設は、最小限条項（Ultima-ratio-Klausel）を用いて、有害な短期自由刑を存続させ、保護観察のための刑の延期の拡張を抑制する結果になる。刑事施設の過剰拘禁を解消して行刑の軽減を行い、短期受刑者に対する刑務所内の有害な影響を防止するというFDP＝対案の政策目的に対し、連邦議会の多数派は次のような論拠で反駁した。①短期自由刑の全廃と刑の延期制度を例外条項を設けずに拡張することは、刑罰体系に欠缺を生じさせ、実務の順応能力を超えるものである。それに対して、原則─例外─関係は、法益保護と再社会化要請の実態に即した衡量を可能にする。②特定の行為者群には、短期自由刑は必要である。罰金刑に麻痺した「特定の行為者」に対して最終手段を持たないとき、法秩序は弱体化する。

　だが、「特定の行為者群」とはどのような行為者群を言うのかは審議されることはなかった。「例外」の内容は、実務による事案処理の集積に委ねられることになった。審議に臨む際のこのような連立与党の態度は、FDPによる刑

12　Naucke, a.a.O., S.26.

罰目的明定化の提案に対する態度にも表れる。FDPは、対案2条1項の刑罰及び保安処分の目的及び限界（法益保護と再社会化）を新刑法典に明定するよう提案したが、連立会派は、刑罰目的は数年で変わり得るものとして拒絶した。FDPは、自由主義刑法を肯定する者にとって、刑罰目的は見通せる限りの将来にわたって不変であり得る。変遷するのは保護されるべき法益の内容及び法益それ自体であると反論したが、連立会派は、学説における流動性や、「多元的社会においては刑罰目的の明定につき禁欲的でなければならない。それが多元的社会における改正作業を遂行する唯一の道である」（カフカ〔Kaffka〕）として[13]、やはり判例・学説の進展に委ねる方針がとられたのである。

さて、刑法改正特別委員会は、『法秩序の確証』という定式を連邦議会に提示したが、連邦議会では、あるいは起こり得る疑念を予防するために、ギューデとミュラー・エンメルト（Müller-Emmert）を中心とするCDU/CSUとSPDの連邦議員団が、『確証（Bewährung）』という表現に替えて『防衛（Verteidigung）』という表現を用いることを提案した。この提案は、連邦議会の多数により受け入れられた。『法秩序の確証』という文言を削除するというFDPの提案は拒否された。FDPは、『法秩序の防衛』概念に対しても、それが『公共の利益』概念と変わるところはないし、保護観察のための刑の延期制度の趣旨と「法秩序の防衛」とは矛盾すること、さらに法秩序の防衛は刑法全体の目的であるとの批判を行ったが、受け入れられなかった。

(5) 立法史の小括

立法史は、「法秩序の防衛」概念が議会内各会派の妥協の産物であることを示している。これは、連立会派・政府の代表者によって繰り返し強調されたことでもある。とりわけ注目すべきは、SPDの態度である。SPDは、短期自由刑の回避、刑の延期制度の拡張という「原則」を勝ち取ることで満足してしまった[14]。

SPDは、ゴーデスベルク綱領採択（1959年11月13日から15日）以降、「建設的野党」として、あるいは連立与党として、「国民政党」としての議会活動を行った。とりわけ「大連立は社会民主党にはかり知れない利益をもたらした。

13　Naucke, a.a.O., S.45.
14　Worm, SPD und Strafrechtsreform, 1968. S.115.

それは、『万年野党』の統治能力を連邦レベルで初めて大衆に知らせる絶好の機会であった。……ゴーデスベルク綱領の採択以後、原則的問題はもはや論じられなくなった。新しい綱領は、引用されることはあっても解釈されることはなかった。しかも、政治的成果を収めることが、しばしば最優先させられた。それゆえ、こうした経過を見てきた人々は、社会民主党がかつての最高時のキリスト教民主同盟に似てきている、と皮肉った」[15]とされる。我々の観察対象と関連する治安政策の面では、1968年春の非常事態法の可決が重要である。「多くの社会民主党員と支持者がキリスト教民主同盟との連合に対して当初抱いていた不快感は、しだいに消えつつあった」が、これを機に「俄然新たな不満が沸き起こった」。実際、SPD連邦議員団内の少数派は、非常事態法に対して原則的に反対し、審議過程でかなりの影響力を行使し、結局反対票を投じた。しかし、この法律が社会民主党の大多数の支持を得て可決されたことは事実であり、その後は党内の憤激も急速に収まり、もはや政治的意味を持たなくなった[16]。このようにしてSPDは、CDU/CSUとの間に経済・社会政策においてのみならず、治安政策においても「大胆な」妥協をすることに慣れてしまっていたのである。

　立法府は、原則―例外―関係を創設したものの、例外を画する概念に積極的に内容を与えることを避けた。多元的社会においては、望ましい方向への展開を導くために多数決による価値決定が行われねばならないとも言われるが[17]、現実には逡巡と妥協があったに過ぎない。しかし、新たな価値の選択を行わなかったこと自体が、一つの価値体系（まさに「法秩序の防衛」）の選択であったことも事実である。概念内容への言及がなされなかったことは、それ自体司法への信頼という評価を含むものである。刑法典の総則部分はそれほど厳密に規定されている必要はないのか否かは、理論問題ではなく、司法への評価を含む一つの実践問題である。総則の規定は、学説や判例の展開に充分な余地を残しておくべきで、あまりにも狭い枠の設定を行うことは、刑罰及び処分の個別化を困難にすると言われる。一般に、実質的正義の追求は、一般条項の導入を必要とするとも言える。しかし、刑罰及び処分の量定とい

15　ミラー（河野裕康訳）『戦後ドイツ社会民主党史』（ありえす書房、1987年）57頁。
16　ミラー・同上書55頁。
17　Naucke, a.a.O., S.45.

う領域における裁判所の決定のために比較的大きな枠の設定が必要であることは認めるとしても、基本法103条2項の公準から言って、限界となる枠の設定、一定の定式化にきっかけを与えるような事例群の提示は、最小限なされなければならなかったであろう。FDPが提案した刑罰目的の明定がなされていれば、概念内容の解釈に実質的な規準を得ることができたであろうが、それもなされなかった。唯一解釈の手がかりとなるのは、「法秩序の防衛」概念の導入によって、62年草案の「責任」に言及した箇所が削除された点だけである。しかも、後に見るように、この「法秩序の防衛」と「責任」との関係さえ、解釈に際して一つの紛糾の種となったのである。

三　概念の展開

(1)　BGHSt24, 40.の論証

　1969年に「法秩序の防衛」概念が導入された直後の学会の反応は概ね懐疑的であり、さまざまな論者によって批判の対象とされた[18]。この事態を収拾するための司法の努力の成果がBGHSt24, 40.（1970年12月8日判決）である[19]。

　BGHの論証は、使用可能な論拠を探し出すことから始まる。言葉の解釈は不可能である。立法史から直接意味内容を引き出すのも不可能である。結局、使用可能な論拠として引き出されてきたのは、「刑法改正が基礎としている刑事政策上の全体的構想」なるものであった。そして、この「全体的構想」の内容として次の二つの前提が引き出される。すなわち、①短期自由刑の科刑及び中期自由刑の執行は原則として放棄されるべきであり、「法秩序の防衛」概念は、その放棄が不可能である例外的事例の限界づけのために設けられたものである。②刑罰は、責任を償うことをそれ自体の目的とするのではなく、刑罰が同時に刑法の予防目的の実現のために必要な手段であると証明される場合にのみ正当化される。

　BGHは、以上の前提から、「法秩序の防衛」概念を擁護する様々な論拠を引

18　Vgl. Naucke, a.a.O.; Schröder, a.a.O.; Schwalm, JZ 1970, 490; Koch, NJW 1970, 842; Lenckner, JurA 1971, 342.
19　堀内捷三「刑罰目的としての『法秩序の防衛』の意義」判例によるドイツ刑法（良書普及会、1987年）241頁以下。

き出してくる。まず、「法秩序の防衛」概念を用いることによって、この概念に包摂されない様々な視点を量刑実務から排除することが可能になると言う。すなわち、①贖罪、応報の視点の排斥、②被害者の利害と関心の視点の排斥を可能にし、さらに、③立法作業において「責任」に対する言及が意識的に排除されたことから、責任の重さは、それだけでは刑の延期の拒否を正当化できないこと、④「法秩序の防衛」という表現は、「あらゆる刑罰目的の包括的評価」を排するという意味で、「公共の利益」概念とは区別されることを明らかにしている、と。

次に、「法秩序の防衛」概念に対するBGHによる積極的意義づけがなされる。すなわち、「法秩序の防衛」概念の内容を確定するに際しては、行為者によりなされた不法に対して法を主張し、それによって法秩序の不可侵性を法共同体に向かって示し、同時に将来の同様な潜在的行為者の法侵害を予防すること（個別的一般予防）が、刑法の使命に属するということから出発しなければならない。しかし、この観点は、「国民の法的忠誠の確保」という概念により補充され、同時に限界づけられる。この概念こそ、その限定機能において、刑の延期の拒否に関する決定的基準である。法の主張、潜在的行為者への威嚇という目的は、自由刑を科したことで充たされ、原則として刑の執行を必要としない。自由刑の執行は、「国民の法的忠誠」が危殆化される場合にのみ要求されるのである。こうして、BGHの論証に従えば、第47条の「法秩序の防衛」概念と、第56条のそれとが別の意味内容を持った概念になることは明らかである。

BGHは、続いて上の積極的意義づけを支える論拠として、次のような論理を展開する。有利な社会的予後にもかかわらず、刑の延期を拒否できるか否かの決定（「国民の法的忠誠」を危殆化するか否かの決定）には、行為及び行為者を特徴づけるあらゆる事情の全体的評価が必要である。その際、被告人により侵害された構成要件の重大さではなく、判断の対象となる個別行為の特殊性が重要である。そして、「特別な諸事情」を示すもののカタログが提示される。特別な行為結果、行為の態度から明らかになる顕著な犯罪的強度、執拗な法を軽視する態度、通常でない無頓着さによる法益の侵害、すでに行為遂行の際に見られる刑の延期に対する自信に満ちた憶測、特に挑戦的な当該規範の軽視、短期間での行為の繰り返し、保護観察期間中の累犯、関連前科。

結局、具体的事例ではこのカタログに示された諸事情を総合的に評価し、「法秩序の防衛」が自由刑の執行を求めているかが決せられることになる。

(2) シュレーダーの批判

BGHによる「法秩序の防衛」概念擁護の論証に対する批判としては、シュレーダーの批判が注目される[20]。彼はまず、責任との関連について、次のように言う。国民にとって、重い責任を負っている行為者が軽い刑を科されただけで法廷を去っていくことは理解しがたいことである。この国民の反応を尊重する限り、重い責任に見合った刑罰が科され、執行されねばならない。とすれば、「法秩序の防衛」概念導入によって、短期自由刑を科し、中期自由刑の執行をするか否かの考慮から排斥されたはずの行為者の責任が、遠回しに再び裁判官の論証の中に帰ってくることになる。さらに、刑の延期を拒否するために可能な論拠として挙げられた事情のカタログは、従来判例が贖罪欲求の枠組みで考慮してきた事情であり、贖罪の思想を考慮してはならないというテーゼと、贖罪欲求を根拠づける諸要素の列挙との間に内的矛盾が存すると批判する。

他方、シュレーダーは、旧刑法の「公共の利益」概念との比較で、「法秩序の防衛」概念には原則―例外―関係を明確にすることにより「あらゆる刑罰目的の包括的評価」を排する効用があるとのBGHの解釈には同調している。シュレーダーによれば、新しい原則―例外―関係は、従来の問題設定を質的に変更するものではないが、量的に変更するものではあったと評価できる、と言う。従来、すべての刑罰目的が原則的に同等とされていたものが、特別予防に優先的地位が与えられたと言うのである。しかし、このような評価を、今日の西ドイツにおける再社会化思想の後退、一般予防論の隆盛を見て、なお維持できるかは検討を要するであろう。

(3) 改正前後の短期自由刑、刑の延期の推移に関する統計

統計が示すところによれば[21]、改正前には、毎年一つの都市の人口(68年で

---

20 Schröder, a.a.O..
21 カイザー(山中敬一訳)『犯罪学』(成文堂、1987年)170頁参照。なお、クヴェンゼル(諸澤英道訳)「短期自由刑」バウマン編(西原・宮澤監訳)『西独刑法改正論争』(成文堂、1981年)161頁以下も参照。

は、118,826人）が短期間刑務所に送られていたのに対して、改正後は、大幅に減少していること（70年では、32,728人）がわかる。その分だけ刑罰体系全体に占める罰金刑の比重が増加している。ただし、この数字が、「法秩序の防衛」概念の運用が適切であるか否かを示すものでないことは明らかである。

(4) 判例による事例群の形成

マイヴァルトによれば、判例が「法秩序の防衛」を問題にした事例を見ると、「特定の構成要件を刑の延期の可能性から排除しない」としているにもかかわらず、三つの主たる事例群が際立っていると言う[22]。①重大な結果を伴う、酒酔い運転による事故・交通事犯、②脱税、補助金横領等のホワイトカラー犯罪、③警察官に対する攻撃、ネオ・ナチ等国家の秩序それ自体に対する犯罪である。

判例は、酩酊から重大事故が起こった場合、刑の延期を認めることにつき、模倣効果（Nachahmungseffekt）を恐れる。公衆に対する威嚇効果という点から見れば、一方で窃盗犯に刑の延期を認め、酩酊運転では刑の延期を認めないとする選択は、「法秩序の防衛」という概念が持つ一つの存在意義を示していると言える[23]。

ホワイトカラー犯罪では、制裁の厳格さは、適切な威嚇要因である。脱税や補助金横領等の犯罪は、行為者が追求する利益と刑法による制裁の危険とを衡量し、前者の利益が後者の利益を上回ると判断して実行されることもあり、処罰される確実性の程度と並んで刑罰の量ではなく質や種類が威嚇力を有するからである。特に潜在的犯罪者が高い社会階層に属し、罰金刑を企業リスクくらいにしか考えず、罰金刑によって名誉が傷つけられる恐れもないという場合には、なおさらであろう。それがまた公衆の法に対する信頼に影響を与え、法秩序にとって好ましくない行為価値を形成する効果を生じさせるからである。反面、判例の中には、脱税事件において、被告人の妻や本人

22　Maiwald, a.a.O., S.57.
23　これに対し、経験的データの慎重な解析に基づいて、交通事犯に対する一般予防に動機づけられた量刑実務は、測定可能な効果を示しておらず、酩酊事犯につき、法秩序の防衛のために自由刑が不可欠であるとする根拠は何ら存在しない、との批判があることに注意を要する（Kaiser, Verkehrsdelinquenz und Generalprävention, 1970; Schöch, Strafzumessungspraxis und Verkehrsdelinquenz, 1973.）。

の病気、上司への依存度、あるいは特別な心理状態や人格的弱さ等の「特別の事情」(模倣効果を否定する根拠)を考慮して、法秩序の防衛上、自由刑が不可欠であるとはいえないとした事例もある[24]。

　法秩序それ自体に向けられた犯罪についても模倣効果が問題となる。例えば、交通事故現場から逃走する際に警察官に対してなされた抵抗行為は、窮地に追い込まれた人間のパニック状の反応であると言える場合には、決して計算ずくで行われたものではないという行為者の一身的事情が、法秩序の防衛が実刑を求めているとは言えない理由となる[25]。これに対して、テロリスト等の確信犯に関する場合、法秩序そのものを攻撃の対象にする個々の行為者に対して、保護観察のために刑の延期を行う可能性を否定することによって、公衆の法的忠誠を強化するという効果が期待できるかが問題とされることになる。この点、極右運動の反憲法的な言論から「自由で民主的な基本秩序」を防衛するとのBGHの意思は明確である。民衆を煽動するためのナチの宣伝文書を民家のあるいは商業用の郵便受けに投函し、伝言板やショーケースあるいは公共建造物のよく人目につく場所に、そのつど鉤十字の図柄や、とりわけ「ユダヤ人の店で買うな」という民衆を煽動する標語の付いた数多くのステッカーを貼りつけ、市民運動のメンバーを脅迫する等のネオ・ナチの活動が問題となった事案に対し、これらの重大な特殊事情に鑑みれば、数多くの犯罪行為及び考慮すべき前科は、自由刑の執行を保護観察のために延期することを、「一般的な法感情にとって全く理解できないものと思わせるに違いない。異常な具体的な事実状況の故に、執行を伴わない単なる自由刑の言渡しでは、国民からは、右翼急進主義に対する不相当な寛容さ又は不可解な弱腰と映りかねない。法秩序の防衛が自由刑を命じている」として、刑の延期を認めたLGの判断を破棄し、実刑の自判をした[26]。

　マイヴァルトによれば、酒酔い交通事犯、ホワイトカラー犯罪、法秩序に向けられた犯罪というグループ化が示しているのは、犯罪の成立が行為者の社会的ハンディキャップや人格構造により助長される情動や葛藤状況にはほ

24　BGH, GA 1976, 113.
25　Maiwad, a.a.O., S.71.
26　BGH, NStZ 1985, 165. 詳細は、楠本孝「法秩序の防衛のために刑の延期が認められなかった事例」比較法雑誌24巻1号154頁以下参照。

とんど関係なく、類型的に、他の点では社会に適合している行為者の合理的計算が犯罪の実行の肯定・否定の決定を行わせているような犯罪であるという[27]。しかし、どの類型についても一般予防的効果の経験的測定がなされているわけではない。いずれにしても、以上のグループ化が実務においてどの程度進行しているか、また「法秩序の防衛」概念の実務における定着のためにどの程度貢献しているかは、より詳細な研究を待たねばならない[28]。

(5) 統合予防論の台頭

「法秩序の防衛」概念の導入当時の学界の拒絶反応も、判例による軟着陸とともに収まり、今日ではこの概念に対する好意的な論者も増えつつある。実務が「法秩序の防衛」概念を比較的謙抑的に運用し、これまでのところ大きな破綻を示さずにいることができた大きな要因として、日数罰金制が短期自由刑の代替刑として有効に機能していることが挙げられる。しかし、学界の内部においても「法秩序の防衛」概念を受容する新しい素地ができつつあることも否定できない。刑罰を科し、執行することにより、いったん破られた法への信頼を回復し、法の正当性を確証することによって一般市民をして法秩序に統合せしめようとする統合予防論の台頭がこれである。

さらに視点を変えれば、「法秩序の防衛」概念が、統合予防論を現行刑法の解釈論に導入する際の最良の注水口の一つになっているともいえる。例えばミュラー・ディーツ（Heinz Müller-Dietz）は、「刑法が数ヶ所で用いている『法秩序の防衛』という概念は、一般予防と責任とを規範的に区別するという意味での、目的論的解釈と歴史的解釈の方法により、はじめて解釈し得る。この概念を個々的にどのように解釈しようと、それが少なくとも、この概念が一般予防の積極的内容、所謂統合の予防、したがって、一般の法的忠誠と法秩序の現存の力と貫徹力への一般の信頼を考えている点に一致がある」とし[29]、さらにツィップフ（Heinz Zipf）によれば、「法秩序の防衛」概念の内容は、一般

---

[27] Maiwald, a.a.O., S.59.
[28] 岡上雅美「ドイツにおける『法秩序の防衛』概念の展開について(1)～(5)」警察研究62巻11号17頁、12号41頁、63巻1号16頁、2号44頁、3号35頁参照。
[29] ミューラー・ディーツ（宮沢浩一訳）「刑罰の目的と刑の量定に焦点をあてた責任と予防との関係」刑法雑誌23巻1・2号85頁。西ドイツの統合予防論については、宮本弘典「統合予防論の意義と限界」中央大学大学院年報16巻1・2号187頁参照。

的な法確証イデーとしての一般予防である。「法秩序の防衛」が意味するのは、全刑事司法の背後に存する法確証イデーが、国家の司法作用にとって、そしてとりわけ国民のそれへの信頼や法感情にとっての重大な危険が存するとき、例外的に、個々の量刑過程に立ち現れるということである。この制限は、法秩序にとって脅威となる同種の犯罪の洪水に対してダムを築くことが命じられているとき機能する。すべての個々の判決は、このダムを組む一つ一つの石である、という[30]。

このように見てくるとき、「法秩序の防衛」概念の導入から定着に至る過程は、刑法改正当時の再社会化思想がしだいに駆逐され、統合予防論が台頭する過程であったともいうことができよう。

四　小括

ブルジョア国家における法は、社会の全成員にとって普遍化可能な利害を掲げざるを得ないが、ここでは、量刑の個別化、実質的正義の確保の名目の下に総則に一般条項の導入が企図され、部分的な妥協が行われることによってその企図は実現した。しかし、これは言うまでもなく戦後初めて政権に参画したSPDによる、経済・社会政策においてのみならず治安政策における「現実主義」路線の選択によってはじめて可能となるものであった。この妥協によって、一方では再社会化思想に基づく刑法典に統合予防論の橋頭堡が築かれ、他法では、「公共の利益」という一般的概念の廃棄を意図しながら、再び分析不可能な、それ故反論を封じ込めやすい概念を裁判官に与えることにより、実証的根拠を伴わずともレトリックにより易々と正当化できる量刑実務を可能にした。これまでのところ司法部による抑制された運用により、このような矛盾は顕在化していないが、「法秩序の防衛」が「公共の利益」に後戻りしないという保証はどこにも見出せないのである。

さらに、反憲法的組織の標識を用いて宣伝する者や、次節でも見るように住民の一部に対する憎悪を挑発する者などに実刑を科すことによって、「自由で民主的な基本秩序」を防衛する意思が明確にされている。国民の法的忠誠を

---

[30]　Zipf, Bruns-Festschrift, 1978, S.209ff.

確証する手段としての「法秩序の防衛」概念を用いて、国民の憲法忠誠を保持しようとしているのは決して偶然ではない。戦後ドイツはつねに、極右運動によるボン基本法体制への挑戦に対して、ボン基本法体制が普遍化可能な利害であることを確証し、国民をこれに統合することを必要とした。それを可能にするための最終手段として刑法が機能し、刑法のこの機能を担保するために「法秩序の防衛」概念が存在していると言えるのである。

第2節　「アウシュヴィッツの嘘」発言に対する刑事規制の成立と展開

一　はじめに

1994年、ドイツは戦後50年を翌年に控えるだけでなく、総選挙の年でもあった。統一後のドイツは、外国人やマイノリティに対する極右の暴力の脅威や、旧東独出身者に対し「二級のドイツ市民」というコンプレックスを植え付ける差別の脅威にさらされていた[31]。ナチのユダヤ人迫害を生き延びたドイツ在住の作家ラルフ・ジョルダーノは、このような事態に対し政府が有効な対応をしないことへの怒りを込めて「私たちは、あなたとあなたの政府が、極右主義的・反ユダヤ主義的な暴力を振るう者たちから私たちを守ってくれるだろうという確信と希望を失いました」という手紙をコール首相に送り[32]、ヴァイツゼッカー大統領（当時）は、旧東独地域で発生した外国人への集団暴行事件に際し「外国人排斥を叫んで逮捕された者が、すぐに町に出て同じ行為を繰り返すのは理解できない」と不満を表明した[33]。ドイツの刑事司法制度が

31　差し当たり、田村光彰『統一ドイツの苦悩』（技術と人間、1993年）、山本知佳子『外国人襲撃と統一ドイツ』（岩波ブックレット、1993年）、中井斌『現代ドイツの試練』（岩波書店、1994年）参照。
32　山本知佳子・前掲書41頁以下参照。本書は、他にユダヤ人中央協議会会長であるイグナツ・ブービーズ氏の「多くの人たちがこれまでは思っていてもいわなかったことを、平気で口にするようになった」との発言を紹介している（30頁）。
33　1994年5月12日に旧東独マグデブルクで発生した外国人への集団暴行事件に際し、警察は約50人の右翼青年をいったん逮捕したが、翌日までに全員を証拠不十分で釈放した。この事件の直後、連立与党は「アウシュヴィッツの嘘」発言問題で、民衆煽動罪を強化する刑法改正案を連邦議会において可決することで合意した（同年5月15日付及び19日付毎日新聞。ほかに、シュリューターマン＝容子『「南京の嘘」と『アウシュヴィッツの嘘』』週刊金曜日1994年7月1日号参照）。

こうした極右運動や反ユダヤ主義に対して無力であり有効な対応をとりえないとすれば、それはボン基本法体制自体が脅威にさらされることを意味していた。選挙向けのポーズであるにせよ、各党は既に審議中の新犯罪対策法について、何らかの結論を出すことを求められていた。

このような状況の中で曲折を経て1994年10月28日に成立した『刑法、刑事訴訟法及びその他の法律の一部改正に関する法律（犯罪対策法）』[34]は、いわゆる「アウシュヴィッツの嘘」発言問題に対して、従来の刑事規制の枠から踏み出し、歴史的事実を否定する発言自体を重罰化する改正を含んでいた。この問題に係る刑事規制は、その戦後間もない時期における成立から戦後50年を目前にした今回の改正までの全展開過程において、単なる犯罪対策の枠内にとどまらず、「ドイツがかつてユダヤ人絶滅を企てたという事実を否定する者は、この犯罪の共犯者である」という連邦議会議長の言葉[35]に示されるように、過去に対する姿勢を示すという刑事規制の本来の機能から逸脱する役割を担わされてきた。本節は、ドイツ連邦共和国における「アウシュヴィッツの嘘」発言問題に対する刑事規制の成立と展開の過程を観察することにより、「闘うことのできる民主主義」下における表現活動への刑事規制の論理を抽出することを目的とする。

二　刑事規制の成立

(1)　先駆的な立法提案

ドイツ連邦共和国において極右の反ユダヤ的表現活動の刑事規制を目的とした最初の立法が行われたのは、1960年8月4日施行の第六次刑法一部改正法においてである。もちろん、反ユダヤ的表現はそれが個人ないし団体の名誉を毀損する場合に、侮辱罪（185条）や死者への追憶を誹毀する罪（189条）によって処罰可能ではあったが、これらの罪は当時被害者の告訴を訴追要件としていただけでなく、反ユダヤ主義に対抗する手段として十分であるとは

34　BGBl. I 1994, 3186. この新犯罪対策法の成立過程と概要については、宮沢浩一「ドイツの新犯罪防止法（その一）（その二）」時の法令1488号、1494号参照。
35　1995年1月26日、アウシュヴィッツ強制収容所解放50周年式典の日、ドイツ連邦議会本会議におけるジュスムート議長の発言（1995年1月27日付毎日新聞、及び森英樹「『戦後50年』の憲法記念日とマス・メディア」『前衛』1995年9月号参照）。

考えられていなかった。1945年以来ユダヤ人墓地は荒らされ、1951／52年のハルラン事件[36]や、58／59年に生き残ったユダヤ人の死を望む発言を公の場でした高校教師の事件に象徴されるように、反ユダヤ主義の脅威はドイツから去ってはいなかったのである。第六次刑法一部改正法は、こうした状況に対する立法者の最初の応答であったわけだが、これとて成立までに曲折がなかったわけではなく、その基礎となった諸法案が存在し、伝統的な法理論や判例との整合性を追及する前史が存在した。ここではまず、それら先駆的諸法案を概観することから始める[37]。

　社会民主党（SPD）は、1950年2月に、『民主主義の敵に対する法律案』を連邦議会に提出したが、それには次のような内容を持つ条項が含まれていた[38]。すなわちその9条1項は、「ドイツ国内の人種、信仰、又は世界観によって形成される人間グループを、それ自体として又はそれに属する個々人において、人間の尊厳ないし人権を侵害することによって、公然と攻撃した者は、3月以上の軽懲役に処す。行為が、グループのしきたり又はそのしきたりに資する物に向けられていた場合も、同様である」とし、同2項は、「行為が人又は物に対する暴力の使用若しくは暴力による威嚇の下で行われるか又は同時に唆されて暴力行為に至ったとき、又は、行為が被害者にとって結果として身体又は生命に対する直接の危険となったときには、重懲役が言い渡されるべきである」としていた。ここで注目すべき点は、本法案が「人間の尊厳ないし人権の侵害」を要件としていることである。この要件は、この後の政府案や与党案ではいったん姿を消し、第六次刑法一部改正法案によって復活することになる。

　同じく1950年に政府が提出した『第一次刑法一部改正法に関する政府案』[39]は、次のような規定の民衆煽動罪の構成要件を含んでいた。130条1項「以下の行為を行った者は、民衆煽動の故に、3月以上の軽懲役に処す。①その構成員の血統、門地、宗教又は世界観によって規定される住民グループに対す

---

[36] ナチ時代にユダヤ人大量殺戮を煽動したとも取れる映画を作成したファイト・ハルランの新しい映画のボイコットを、ハンブルク市広報室長エーリッヒ・リュートが呼びかけた。アルフレート・グロセール著（山本尤ほか訳）『ドイツ総決算』（社会思想社、1981年）321頁以下参照。
[37] Vgl. Schafheutle, JZ 1960, 470.
[38] BT-Drucks Nr.563 der 1. Wahlperiode 1949.
[39] BT-Drucks Nr.1307 der 1. Wahlperiode 1949.

る憎しみを煽った者、②当該住民グループを侮辱するのに適した、証明できない事実を主張し若しくは流布した者、又は③当該住民グループを誹毀した者」。1951年に成立した第一次刑法一部改正法[40]は、この両法案を基に構築されたが、国家保護のために欠くことのできない内乱、国家に対する危害行為及び反逆についての規定を施行することで満足してしまった。民衆煽動に対抗する規定についての審議は後回しにされた。

　第五次刑法一部改正法の草案に付随して1957年にキリスト教民主同盟／社会同盟（CDU/CSU）が提出した議員提出法案[41]は、以下のような内容の130条を提案した。その第1項は「内的平穏を危殆化する方法で、①その構成員の血統、門地、または信仰によって規定される住民グループに対する憎しみを煽り、又は当該グループを、若しくはそのグループに属することを理由にしてその構成員を誹毀した者、又は②当該住民を侮辱するのに適した事実的種類の、真実でない又はひどく曲解した主張を、故意に陳列し若しくは流布した者は、民衆煽動の故に、1月以上の軽懲役に処す。これに罰金を併科することができる」としていた。本案は「内的平穏を危殆化する方法で」という現行法に至るまで維持されている要件を含むものとして注目される。他方、その2項が、「前項第1号に規定した住民グループの構成員を、そのグループに所属していることを理由として誹毀した場合については、告訴がある場合にのみ訴追をなす」としていたのは、当時はいまだ第六次刑法一部改正法以後の告訴要件廃止の流れが存在しなかったことを示すものと言えよう。

　1959年6月に連邦議会の法務委員会により承認された130条の改正案[42]は、「公共の平穏を害するのに適した方法で、①国籍、人種、宗教又は民族性によって規定されるグループを害するために、他人への憎悪を挑発し、②これを誹毀し、若しくは悪意で軽蔑し、又は、③情を知りつつ、これを誹毀する主張を、編成し若しくは流布した者は、3月以上の軽懲役に処す。罰金刑を併科することも認められる」というものであった。これはそれまでの議論の成果と認められ、同年12月3日に、連邦議会は、第二読会において法務委員会の提案を承認したが、突然、最終採決が延期され、その後第三読会では、多

40　BGBl. I S. 739.
41　BT-Drucks Nr.3067 der 2. Wahlperiode 1953.
42　BT-Drucks Nr.1143 der 3. Wahlperiode 1957.

方面から新たな異論が出された。その矛先は、本案の行為の対象が、国籍、人種、宗教、若しくはその民族性によって特定されるグループとされていた点に向けられた。批判者は、この規定がこの種の住民グループの一種の分離という外観をもたらし、あたかも住民の特定のグループが特別の保護を受ける特権を与えられているかのような印象が成立し、それが差別的に作用する、との説明をした。これによって、連邦共和国内のユダヤ人に特権が与えられることになり、それが我慢ならない特権と映り、ユダヤ人をしてかえって不利な立場にすると言うのである。しかし、本改正案が保護すべきものとしていた、国籍、人種、宗教若しくはその民族性によって特定されるグループに属するのは、なにもユダヤ人だけではなく、その他いかなるマイノリティ・グループも含まれるはずであり、構成要件の概念的内容は、例えば基本法3条3項と同様であって、ユダヤ人のための特別の保護を推論させるものではない。1948年の『民族謀殺の防止及び処罰に関する国際条約』に起源を持ち、ここで提案されたのと同様の方法でグループを記述している刑法220条a（民族謀殺）の構成要件や、1953年の『少年にとって有害な文書の普及に関する法律』の第1条（それによれば、何よりもまず、人種に対する憎悪を称揚する文書を少年にとって有害な文書に含めている）は、ユダヤ人に特別の保護を与える法律として批判されることはない[43]。したがってこの批判は理由のないものであったが、結局、構成要件は変更されることになった。

(2) 反ユダヤ事件

穏やかであった、あるいは慎重であった連邦議会における審議は、1959年と60年との変わり目に起こった不愉快な一連の事件によって状況が一変した。1959年のクリスマスの夜に、ケルンでシナゴーグやナチスの犠牲者の記念碑が損傷されたことから始まり、連鎖反応を起こして、国の内外の多くの場所で不気味な同時性と徴候の驚くべき同形性をもって不埒な行いが繰り返された（59年12月25日から60年1月28日まで）[44]。これが公衆の間に一致した公憤を呼び起こし、西ベルリンでは、反ユダヤ主義に反対する一万人の青少年がデモを行った。これによって、議会内の刑事立法を思い止まるべ

43　Schafheutle, a.a.O., S.472.

きという意見は鳴りを潜めざるを得なくなった。だが一方で、「反―反ユダヤ主義も過剰投与されると反ユダヤ主義を生みかねない」[45]という懸念は、プレスやユダヤ人団体に対して冷静な対応を求めた。ドイツユダヤ人中央協議会（Zentralrat der Juden in Deutschland）は、第六次刑法一部改正法案の審議に際して、特別の実体規定によって反ユダヤ主義的表現を処罰することに反対し、刑法194条の告訴要件を緩和することに賛成した。反ユダヤ主義の不埒な行為は、確かにナチスの暴力支配の犠牲者の名誉を侵害するものではあるが、しかし主としては一般的な法的平穏を脅かすのであり、連邦共和国の名声を汚す行為の刑事訴追は、当該犠牲者や組織の刑事告訴に依存せず、公共の利害の観点から職権によりなされるべきである[46]、としたのである。

(3) 第六次刑法一部改正法[47]
(a) 民衆煽動罪の構成要件

第六次刑法一部改正法によって改正される以前の旧々130条は、「公共の平穏を危殆化する方法で、住民の異なった階級を相互に暴力的行動に出るように、公然と煽動する者は、罰金又は2年以下の軽懲役をもって罰する」[48]として、階級闘争を煽動する罪を規定していた。「公共の平穏を危殆化する方法」とは、ライヒスゲリヒトの定着した判例によれば[49]、一般的な法的安定にとって

---

[44] 周辺諸国においても、この種の不埒な行為の将来における予防のため、特別の刑罰規定の創設及び既存の刑罰規定の強化が求められる事態に至った。イギリス下院では1960年2月2日に、人種的及び宗教的侮辱に対抗する法律案が議員提案され、それによれば、他人を公然と口頭で、文書又は図画によって、その人種又は宗教への所属を理由として侮辱した者を処罰すべきものとしていた。ベルギー上院には、1960年1月20日に、人種的又は宗教的不寛容の告知の抑制のための法律案が議員提出法案として上程された。スウェーデンでは、その刑法典が、1948年以来、特定の血統又は特定の宗教的信条を有する民族グループに対する煽動を処罰していたが、1960年1月27日に司法大臣が議会の第二院において行った説明によれば、刑法典がこの点に関して強化されるべきか否かが検討された。国連の人権委員会も、1960年3月に、国境を越えて広がる反ユダヤ主義的行為を取り上げた。人権委員会は、加盟国及び国連の特別組織に、この種の不埒な行為を将来において防止し得る措置を取り、また必要とあれば処罰するよう要請した（vgl.Schafheutle, a.a.O., S.471.）。そして、国連は、1963年11月20日に人種差別撤廃宣言を採択した後、1965年12月21日、人種差別撤廃条約を採択することになる。
[45] グロセール・前掲書322頁。
[46] Schafheutle, a.a.O., S.471.
[47] BGBl. I S.478.
[48] 法務大臣官房司法法制調査部編『ドイツ刑法典』（法務資料329号）参照。
[49] RGSt 15, 116; 34, 268; 54, 27; 71, 249.

の又は法秩序の保護下に生活する住民の平穏感情にとってのわずかな危険を惹起することで十分とされていた。それに対して第六次刑法一部改正法によって成立した旧130条は、「公共の平穏を害するのに適した方法により、他人の人間としての尊厳を、①住民の一部に対する憎悪を挑発すること、②これに対する暴力的若しくは恣意的措置を煽動すること、又は③これを誹毀し、悪意で軽蔑し、若しくは不実の誹謗をすること、によって侵害した者は、3月以上5年以下の自由刑に処す」[50]として、民衆煽動罪を規定する。本規定における「公共の平穏を害するのに適した方法」は、旧規定に比しても広く解され、公共の平穏が現実に危殆化されたことの認定を要しないとされた[51]。さらに行為の公然性も要件とされておらず、この点では犯罪成立の要件は緩和されている。

第六次刑法一部改正法の審議に際して、政府案にあった行為の対象の「国籍、人種、宗教、又はその民族性によって特定されるグループ」への制限が、これらグループに対する特別の保護を与えることになるとの批判によって見送られることになったことは先に述べた。政府案の制限は、政府当局者の説明によれば、政治的、経済的、社会的グループを適用領域から排除することによって、130条が政治的、経済的、社会的闘争に適用される危険を防止するために付された制限であった[52]。改正法は、行為の対象を「住民の一部」とするに過ぎず、この点でも犯罪成立要件は緩和されている。

第六次刑法一部改正法によって創設された民衆煽動罪の成立範囲を限定する役割を担ったのは、「他人の人間の尊厳に対する侵害」という要件である。この要件は、前述した1950年2月のSPD案に起源を求めることができるが、基本法1条1項をもう一つの起源とすることはいうまでもない。基本法1条1項は、「人間の尊厳は不可侵である。これを尊重し、かつ、これを保護することが、すべての国家権力に義務づけられている」と宣言する。したがって、刑法130条が保護法益として「人間の尊厳」を規定し、これを侵害する言論活動に刑事罰を加えるとしたことに、意見表明の自由（基本法5条1項）や学問の自由（同3項）との関係で基本法上の問題を生じることはない[53]。

だが、「人間の尊厳の侵害」という概念が、行為の可罰性の限界を画する構

50　法務大臣官房司法法制調査部編『ドイツ刑法典』（法務資料439号）参照。
51　Schafheutle, a.a.O., S.472.
52　Schafheutle, a.a.O., S.472.

成要件要素として適したものであるかどうかは別個の問題である。この点で参考にされたのが、軍人法（1956年3月9日）や軍刑法（1957年3月30日）がすでに「人間の尊厳の侵害」という要素を採用していたということである。軍刑法31条は、故意に部下を人間としての品位を貶める方法で（entwürdigend＝人間の尊厳を侵害する方法で）扱った者を処罰する。この規定についての定着した判例及び学説は、「人間としての品位を貶める取扱い」という要素を単なる名誉毀損や暴力行為と明確に区別し、「人格の中核域」を侵害するものとしていた。刑法130条の「他人の人間の尊厳に対する侵害」概念についても同様の解釈がなされることが期待され、これによって同概念が民衆煽動罪の成立範囲を画することが期待されたのである[54]。そして実際にBGHはこれに応えて「人間の尊厳に対する攻撃があるといえるのは、その攻撃が単に個人の人格権（例えば名誉）に向けられているだけでなく、その人間の人格の核に向けられており、その結果として彼が平等原則を無視されて価値の低い存在とみなされ、共同体内での生存権を否定されている場合のみである」とする判例理論を直ちに形成した[55]。後にBGHは、さらに「人間の尊厳に対する攻撃は、ユダヤ民族に言及する表現が問題になっている場合、行為者がナチスの人種イデオロギーと同じ思想を持ち、その表現がこれと関連してなされたものであることが、特に必要である」との判例理論を打ち出し[56]、民衆煽動罪はこのようないわゆる「重大なアウシュヴィッツの嘘（qualifizierte Auschwitzlüge）」に対してのみ適用され、単にガス室の存在を否定するに過ぎないようないわゆる「単純なアウシュヴィッツの嘘（einfache Auschwitzlüge）」には適用されないとの実務を形成していったのである。

(b) 極右運動に対抗するその他の改正

第六次刑法一部改正法は、この他に、SPDの提案による二つの重要な改正

---

[53] ただし、刑法130条において用いられている「人間の尊厳」の概念は、基本法1条1項の「人間の尊厳」概念に比べて狭く、特殊な意義を含ませた解釈がなされていることに注意を要する。この点について、詳しくは第3節を参照。
[54] Schafheutle, a.a.O., S.473.
[55] BGHSt 16, 49 (56) = NJW 1961, 1364; vgl. Lenckner, in: Schönke - Schröder, StGB, 24. Aufl., §130 Rdnr.7.
[56] BGH, NStZ 1994, 140.

を含んでいた[57]。第一に、ナチスの組織の標識の禁止を集会法から刑法に移し、さらにこれを基本法9条2項によって禁止された結社及び基本法21条2項によって禁止された政党の標識にまで拡張し、行為が国家を危殆化する意図で行われた事例では刑罰を強化することを内容とする刑法96条a（現86条a）が創設された。

第二に、死者への追憶を誹毀した事例で、その行為が犯罪の犠牲になった多数の人々への追憶に向けられている場合には、刑事告訴の要件を廃止する条項（189条3項、現194条2項）が導入された。この他、FDPにより、侮辱罪についても「その侮辱によって公共の平穏が危殆化され、それ故、訴追機関が職権により訴追することを命じられていると考えられる場合には」告訴の要件を廃止すべきとの提案もなされたが[58]、実現しなかった。

(4) 第四次刑法改正法

70年代に西ドイツは2度のヒトラー・ブームを経験した。72年／73年の第1次ブームでは、「ヒトラー物」の出版物が数多く出され、その中には学術的著作もあったが、ハーケンクロイツやナチスの行進風景などの刺激的な表紙やグラビアを持つ雑誌が発刊され、ナチス時代の映画の上映、ナチス美術展の開催など、「あたかもナチス政権成立40周年にかこつけてのように」、ヒトラーの洪水が起こった[59]。

このような状況下で73年11月に成立した第四次刑法改正法[60]は、暴力の賛美・人種に対する憎悪を挑発する罪を規定する旧131条を創設した。これは「人間に対する残虐な若しくはその他の非人間的な暴力行為を、そのような暴力行為を賛美若しくは問題ないものと表現する方法で、記述するか、又は人種に対する憎悪を挑発する文書」を、頒布、陳列するなどの行為を処罰することを内容とする[61]。本条は、「残虐な若しくは非人間的な方法で行われた暴力行為を記述」する文書であることを要件としており、単に民族謀殺の事実を否定したり、問題ないものとしただけでは本罪は成立しない。さらに本条は、

---

57 BT-Drucks. Nr.1551 vom 19.1.1960.
58 BT-Drucks. Nr.1527 vom 13.1.1960.
59 望田幸男『ナチス追求』（講談社現代新書、1990年）142頁以下参照。
60 BGBl. I 1725.
61 法務大臣官房司法法制調査部『ドイツ刑法典』（法務資料439号）参照。

1985年2月の『公共の場所における青少年保護を新たに規律するための法律 (Gesetz zur Neuregelung des Jugendschutzes in der Öffentlichkeit)』[62]に伴って改正され、「事象の残虐性若しくは非人間性を人間の尊厳を侵害する方法で」記述する文書も同じ規制に服するよう追加された。

三　刑事規制の展開

　80年代に入ると西ドイツの極右運動は、従来の旧ネオナチから若者世代を中核とした新ネオナチへと変化を遂げ、中身もユダヤ人の墓を暴いたり、ハーケンクロイツの落書きをしたりするものから、テロ行為へとエスカレートしていった[63]。79年1月にテレビ映画『ホロコースト』が放送され、風化していく過去への反省を再び活性化するのに大いに寄与したが、一方でこれを阻止するためにテレビ送信塔が爆破される事件も発生している。「アウシュヴィッツの嘘」発言に対する規制も、新たな対応を迫られる段階に達した。すなわち、第六次刑法一部改正法により成立したこの発言への刑事規制に法の欠缺があることが意識され始めたのである。前述のように、「人間の尊厳に対する侵害」という厳格な要件を充たさなければ民衆煽動罪で処罰することはできない。通説・判例によれば、人間の尊厳に対する侵害があると言えるのは、侵害を受けた個人が国家共同体において同じ価値を有する人格としての生存権を否定され、彼等がより価値の低い存在として扱われたときである。第三帝国におけるユダヤ人の謀殺を否定するだけでは、ドイツ連邦共和国内のユダヤ人がその人間性を否定ないし相対化され、価値の低い存在とみなされたというわけにはいかないから、人間の尊厳に対する攻撃があるとは言えないのである。実務はこの事態に対し、ナチスの民族謀殺の否定を名誉への攻撃とみなし、それをドイツ連邦共和国に生活する個々のユダヤ人すべてに対する侮辱とみなすことにより、対策を講じてきた[64]。しかし、この刑法上の保護も不十分であることが確認されていた。というのは、当時、侮辱の訴追は被害者の告訴に依拠していたからである（旧194条1項）。さらに、ナチスの凶

62　BGBl. I 425.『外国の立法』25巻2号参照。
63　望田幸男・前掲書162頁以下参照。
64　BGHZ 75, 160ff. = NJW 1980, 45ff.; OLG Celle, NJW 1982, 1545ff.

行の否定は公共の平穏を危殆化し、超個人的な法益を危殆化するものであるが、侮辱罪によってこれを充分に保護することはできないとの論議もなされていた[65]。

(1) 第二一次刑法一部改正法

シュミット政権下の連邦政府は、FDPの連立離脱直前の1982年9月に、この事態に対処するため、刑法140条（犯罪の報酬及び是認）を拡張する法律案を提出した[66]。「公然と、集会において、又は文書の頒布によって、ナチスの民族謀殺を是認し、事実でないと否定し、又は問題ないものとした者は、3年以下の自由刑又は罰金に処す」というものである。この法案は、コール政権下の連邦政府にも引き継がれたが[67]、連邦参議院の強い疑念とCDU/CSU内部の抵抗に遭って、連邦政府は、その後1984年4月11日に、新たに刑法131条aの創設を提案した[68]。保守の一部に、「アウシュヴィッツの嘘」発言の処罰強化を認めるとしても、それなら、旧ドイツ領から追われる途中でロシア人、ポーランド人に殺されたドイツ人が何十万の単位でいたことを否定するのも処罰の対象に加えようという動きがあった、とされる[69]。連邦参議院の疑念は、第一に、概念の不明確性、つまり事情によっては当罰性のない行為までも含むのではないかという点であり、第二は、ネオナチの連中に法廷をプロパガンダの場とする機会を与えることになるとの懸念である。新たに刑法131条aを創設するとの提案は、従前の提案とは以下の三つの本質的な点で異なる。①暴力及び恣意による支配下において行われたドイツ人に対する犯罪をも含むべきだとされていること、②事実の否定と是認だけが処罰され、問題ないものとすることは処罰されるべきでないとされていること、③処罰が文書による流布に制限され、口頭による表現は排除されていること、である[70]。

---

65 RegE zum 21. StrÄndG-BT-Dr10/ 1286-Begr. S.7.
66 Entwurf eines 21. StrÄndG, BR-Dr 382/82.
67 516.Sitzung des Bundesrates am 29.10.1982.
68 521.Sitzung des Bundesrates am 29.4.1983; BT-Dr10/1286 S.11, 12.
69 ヴァイツゼッカー『荒れ野の40年』（岩波ブックレット、1986年）の永井清彦「翻訳に際して」参照。なお、『ニューズウィーク・日本版』1995年5月7日号参照。
70 Vogelgesang, in: NJW 1985, 2386; vgl. Ostendorf, in: NJW 1985, 1062.

第1章　ドイツにおける極右運動による反憲法的言論に対する刑事規制をめぐる諸問題

　しかし、党略的論争の末に成立した妥協の産物は、新しい実体刑罰規定は創設しない、改正は、刑法194条において、侮辱の場合の被害者の刑事告訴の要件を一定の要件の下に廃止することのみとする、というものであった。すなわち、1985年6月に成立した第二一次刑法一部改正法[71]は、「侮辱罪に関して、被害者がナチスの又はその他の暴力及び恣意による支配の下で、あるグループの構成員として迫害され、このグループが住民の一部であり、かつ侮辱がこの迫害と関係している場合には、その侮辱については、例外的に、職権により訴追できるものとする。被害者が異議の申立をしたときには、職権による訴追はできない。行為は、文書の頒布若しくは陳列により、又は集会において、又は放送において提示することにより行われたものでなければならない」と規定した。これによって、暴力及び恣意による支配の下で行われた凶行と関係する侮辱のすべてが、それがナチの犯罪者によるのであれ、その他の犯罪者によるのであれ、国内の住民に向けられたものであれば、それが公衆に対し流布された場合には、公共犯罪（Offizialdelikt）として職権により訴追されることになったのである。

(2) 妥協への批判

　この法律は、各方面からの批判を浴びた。その第一は、歴史的真理が刑事司法の助けを借りて主張されねばならないものかどうか[72]という法律の必要性に係わるものである。これに対しては、国家の犯罪や恣意的措置の当事者に、自ら刑事告訴するように求めること、とりわけそれがナチスの犯罪者により行われたものであるときに、当事者に対し自分が告訴権者であることの証明を求めることは、耐えられないことである。ナチスの犯罪の犠牲者への侮辱による攻撃が、告訴という形式的要件を欠くという理由で贖われないままになることは理解できない、との反論がなされた[73]。

　反対に、ナチスによる民族謀殺の否定が独立した規定により処罰されない

71　BGBl. I S.965. 改正法は、二つの異論のない規定を含んでいた。一つは、刑法76条a、78条において、刑事訴追時効成立後でも可罰的内容を持つ文書を没収し得ることを明定したこと、もう一つは、憲法に違反する組織の標識を普及させるために、これを輸入し、製作し、貯蔵する行為の可罰性を明定したことである（86条a）。
72　Cobler, Der Spiegel, v. 29. 4. 1985.
73　Vogelgesang, a.a.O., S.2388.

ことも厳しく批判される。この犯罪は、歴史上ただ一度のものであり、それゆえ、迫害の犠牲者を新たに攻撃する過激派を侮辱罪により取るに足りない刑罰で処断するのは正当でないというのである[74]。この批判に対しては、独立した刑罰法規の創設を提案する前記のSPD案は、ナチスの民族謀殺の事実を否定したり問題ないものとした事例では、当然に公共の平穏が害され得るものであるとの認識から出発しているが、通説によれば、公共の平穏に対する侵害があるといえるためには、攻撃を向けられた住民グループの側では、その表現が安定への信頼を動揺させること、唆されたグループの側では、その表現が罵りや悪意のある侮辱への傾向を呼び覚ますものであることを承認させるだけの正当な根拠が存在しなければならない。事実を否定したり問題ないものとする事例すべてにおいて、特にそれが外観上客観的な叙述の形式を纏っている場合に、この要件が存在するといえるかは決して確実ではない、との反論がなされた[75]。

第三に、ナチス支配下におけるものだけでなく、あらゆる暴力及び恣意による支配下のすべての犯罪を含めることによって、ユダヤ人に対する民族謀殺とドイツ人に対して行われた犯罪との「厭らしい相殺」が行われた、との非難もある。ナチス期にユダヤ人に対して行われた犯罪の唯一性及び途方もなさを考慮すれば、かかる同定は容認できないというのである[76]。これに対しては、確かに、ナチスの過去の途方もない重みに鑑みれば、いくつかの事例では、この感情は人として理解できる。それにもかかわらず、相殺という非難は当たらない。ユダヤ人に対して行われた犯罪の唯一性は、他の不法も同時に償われることによって決して過小視されるものではない。これは、むしろ、ナチス独裁の遺産との避けて通ることのできない道徳的及び政治的対決の問題である。刑法典においてナチスとの関連で刑罰法規が発布された他の事例でも（刑法86条、86条a、90条a、130条、131条、140条、194条2項）、

---

[74] Marqua, DriZ 1985, 226. なお、前記のようにドイツユダヤ人中央協議会は、第六次刑法一部改正法案の審議に際しては、特別規定に反対し刑法194条の補充に賛成したが、第二十次刑法一部改正法の審議に際しては、ナチズムの犠牲者のための独立した規定の創設を支持した（Nachmann und Galinski, in: epd v. 29. 4. 1985.）。

[75] Vogelgesang, a.a.O., S.2388; vgl. BGHSt16, 49 (56) = NJW1961, 1364; OLG Hamburg, NJW 1975, 1088; OLG Schleswig, MDR 1978, 333; v. Bubnoff, in: LK, §130 Rdnr.5.

[76] Leonardy, FR v. 16. 3. 1985: Marqua, FAZ v. 2. 7. 1985; ders., DriZ 1985, 226.

その一部は不法内容がもっと大きいにもかかわらず、今回要求された意味での特別の規定は求められていない。そして、当時、立法者が「厭らしい相殺」をしたとの批判を受けたという事実はない、との反論がなされた[77]。

四　刑事規制の完成

　1985年はドイツにとって、「過去を心に刻む」ことを訴えたヴァイツゼッカーの演説[78]と「厭らしい相殺」と評された第二一次刑法一部改正法の年であった。そして翌86年は、「『収容所群島』の方がアウシュヴィッツよりもいっそう始原的であった。ボルシェヴィキによる階級殺戮は、ナチズムの人種殺戮の論理的かつ事実的な先行者だった」というノルテの論文に、「ノルテは、ユダヤ人根絶の唯一無比な独自性を『ガス室を使っての殺戮という技術的プロセス』に還元してしまった」との批判をハーバーマスが加えることにより、歴史家論争[79]が始まった年である。「アウシュヴィッツにガス室はなかった」という類のウルトラ修正主義が「名もない著者の安物出版で展開される限り、知的世界に与える影響は取るに足りないし、一般にも権威ある影響力を与えることはできない。だが、ノルテのような名の通ったナチズム研究者が修正主義を展開するとなると、話はまったく別である」[80]。民衆を煽動するというよりは、保守派エリートの責任を軽減する目的を持った修正主義[81]の論文が相次いで日刊紙に掲載されたことがもたらした効果は、「アウシュヴィッツの相対化」に歴史解釈という学術衣装を纏わせ、それが基本法5条の保護下に置かれるべきものとの印象をドイツ社会にもたらしたことである。

　しかし、「アウシュヴィッツの嘘」発言に対する刑事規制の強化を求める機運は、依然としてスキンヘッズの暴力が発する危険な空気と、いかがわし

77　Vogelgesang, a.a.O., S.2388.
78　ヴァイツゼッカー・前掲書18頁。この演説に対する反響については、永井清彦「ヴァイツゼッカー演説に逆風つのる」『世界』1987年7月号参照。
79　ハーバーマス／ノルテ他著（三島憲一他訳）『過ぎ去ろうとしない過去』（人文書院、1995年）、本文ノルテの言は47頁、ハーバーマスの言は62頁。この論争に関する文献は多いが、差し当たり、佐藤健生「ナチズムの特異性と比較可能性」『思想』758号、同「遠ざかる『過去』をめぐって」『思想』833号。
80　中井斌・前掲書247頁。
81　ハーバーマス／ノルテ他・前掲書208頁参照。

い「専門家」の暴言に対する法の不備の感覚によってもたらされる。とりわけ1991年末に起こったデッケルト事件は、民衆煽動罪の要件を緩和する新立法のきっかけとなった。

(1) デッケルト事件

　極右政党「ドイツ国家民主党(NPD)」の党首デッケルトは、1991年11月に、「死刑専門家」であるアメリカ人のフレッド・ロイヒター氏[82]による講演を主催し、自ら英語から独語への翻訳を行った。この講演において、ロイヒター氏は、強制収容所には消毒施設があったに過ぎず、ガス室などは存在しなかった、それゆえユダヤ人の大量殺戮もありえなかったと述べ、また、現存する焼却場は、その規模からいって、短期間に多数の死体を焼却できるものではないとした。彼は、その講演の終わりに、「ドイツ国民へのメッセージ」として、「ドイツ国民は、第二次大戦終結以来、第二級の世界市民であった。ドイツ人に押しつけられたガス室の嘘によって、誇り高き国民が、決してやっていない汚らわしい罪の責めを負っている。ハインリッヒ四世は、裸足で真冬のアルプスを越えてローマに巡礼することによって、贖罪した。ドイツ国民は今どこに行こうとしているのか？　イスラエルへか？　45年間の贖罪で十分だ！　やってもいない罪の償いをするには」と発言した。マンハイムのLGは、被告人デッケルトを民衆煽動罪等で有罪とし、1年の自由刑を宣告したが、保護観察を付けてその執行を延期したため、被告人は手続法上及び実体法上の両面から、検察官は量刑に限定した上告をした。上告審においてもデッケルトの有罪は動かないと思われたが、BGHは審理不尽を理由に原判決を破棄し、LGに事件を差戻したのである[83]。

　BGHは、判決理由で、刑法130条の「人間の尊厳に対する侵害」要件について前記のような判例理論を繰り返した後、LGの事実認定について「被告人が、ユダヤ人に対する憎しみを生み出そうとして、ナチス体制下のユダヤ人絶滅政策を『ドイツを搾取するためにユダヤ人によって意図的にでっち上げられた嘘の歴史である』とした、と包括的な認定をするに過ぎない。被告人がこの催

---

[82] この人物については、ハーバーマス／ノルテほか・前掲書254頁参照。
[83] BGH, NJW 1994, 1421. NStZ 1994, 390. この判決をめぐる当地の一連の騒動については、川口浩一「『アウシュヴィッツの嘘』とドイツ司法」奈良法学会雑誌7巻3・4号155頁以下参照。

しの間中一貫してそのような態度をとったのならば、刑法130条1号及び3号の構成要件が充足されたことは疑いないものと言えよう。しかし、原判決には、LGが被告人のそのような態度を事件の全連関から十分に説得力をもって展開し認定したのではないという重大な瑕疵がある」と批判し、さらに「他方でLGは、報告者であるロイヒター氏にとっては、講演を通じて『純粋形式的な意味で歴史上の出来事についての学問上の論争を行なうこと』が問題なのであって、そして学問上の論争であるならば、たとえそれが誤っていても、基本法5条3項の保護下にあるということを否定しない。しかし、そうだとすれば、被告人がそれに対して同意する注釈を付したとしても、人間の尊厳に対する攻撃があったことを証明するものではあり得ない。総じて言えば、被告人が悪意をもった行状で国内のユダヤ系の人々の人間の尊厳を攻撃したとの仮定を肯定する事情も否定する事情も存在し、これら諸事情の包括的評価が欠けている」としたのである。この判決は、「人間の尊厳に対する侵害」という要件が民衆煽動罪適用を如何に難しくしているか、を改めて認識させる結果となった。

(2) オルレット判決の衝撃

差戻審[84]は、BGHの指示に従って詳細な事実認定をなし、被告人を民衆煽動罪、人種への憎悪の挑発、侮辱、死者への追憶を誹毀する罪で有罪としたが、改めて1年の自由刑を宣告し、再び保護観察を付けて執行を延期した。ところが、本判決で示された量刑理由は、ドイツ社会に衝撃を与えるものであった。オルレット判事によって起草された判決文は、デッケルトの行為を「主に、ホロコーストに由来するユダヤ人の諸要求に対してドイツ民族の抵抗力を強めるという動機から出たものであり」私欲からのものではないと評価し、さらに「ドイツが、戦後50年を経た今日なお、ユダヤ人迫害に由来する政治的、道徳的、及び金銭的種類の広範囲にわたる諸要求にさらされており、他の民族の大量犯罪は贖われないままになっているのに比して、これはいずれにせよ被告人の政治的観点からすれば、ドイツ民族の重い負担になっている事実もまた、考慮しないわけにはいかない」と述べ、「ホロコース

---

[84] LG Mannheim, NJW 1994, 2494; vgl. Sendler, ZRP 1994, 377; Wassermann, NJW 1995, 303.

ト以来ほぼ半世紀が経過したのに今なおドイツに向けられている諸要求を跳ね返す」という、いわばドイツ民族の当然の利益を守ろうとしたことは、被告人にとっては仕方がないことであったと認定したのである。検察官はもちろん上告し、BGHはこれらの理由をことごとく批判し（世論では「解放の一撃（Befreiungsschlag）」と評された）、再び破棄して今度はカールスルーエのLGに差戻したが[85]、この騒動によって「法曹界にもネオナチが……」との憂慮が広がった。

(3) 新犯罪対策法

オルレット判決の引き起こした騒々しい空気の中で成立した新犯罪対策法は、「アウシュヴィッツの嘘」発言の刑事規制の完成といえるものであった。しかしその出来栄えは、伝統的な法理論の枠を踏み越えた、それ故司法部による抑制した運用なくしては維持できない脆弱なものであるように思われる[86]。

(a) 独立した実体刑罰規定の創設

新犯罪対策法は、刑法の新130条[87]に、次のような内容の第3項を新設した。「公然と又は集会において、公共の平穏を害するのに適した方法により、ナチスの支配下に行なわれた刑法220条a第1項において規定する態様の行為

---

[85] BGH, NJW 1995, 340. 判決は、破棄の理由として、①政治的アジテイションの中で歴史的事実を否定しようとする者は、とくに民衆煽動罪のような公共の平穏を危殆化する犯罪が問題になっているときには、いかなる減軽にも値しない、②原審が「無私性」の表れと見なした点も、実は被告人の政治的に動機付けられた頑冥さの表れであって、減軽理由にはならない、③原審が肯定的に評価した被告人の政治的動機も、聴衆をしてユダヤ人に対する「強く情緒的に高められた敵意ある態度」を挑発するというものであって、民衆煽動罪の構成要件に該当する行為の動機が同時に減軽事由であるはずがないなどと述べ、その上で、第二次世界大戦中にドイツ国家によって行われたユダヤ人の大量殺戮の特異性は、そこから発生した帰結を減軽事由として評価することを禁じており、ユダヤ人に向けられた民衆煽動や侮辱あるいは誹謗が問題となっている刑事手続においてはなおさらである、と結論付けている。本判決はまた、差戻審への指示の中で、民衆煽動罪に関しては、刑を延期することが「法秩序の防衛」の命令に反していないかどうかの問題を綿密に検証する必要があるとしている。確かに、BGHの定着した判例によれば、一般予防の考慮は、特定の構成要件や構成要件群を一般予防の観点の下で6月未満の自由刑の執行を保護観察のために延期する可能性から排除することへ導くことは許されないが、総合評価の枠内で、犯罪行為の種類は、とりわけその犯罪が法秩序を危殆化するのに特に適している場合には、重要性を獲得する。このことは、公共の平穏を保護法益とする規定には特に当てはまる、と言う。

[86] 本法に対する批判として特に、Nolte, FAZ v. 23. 8. 1994, S.7.

[87] 新130条の1項と2項を含めた新構成要件の内容については、楠本孝「『アウシュヴィッツの嘘』発言と刑法改正」法と民主主義301号参照。

を、是認し(billigen)、事実でないと否定し(leugnen)、問題ないものとした(verharmlosen)者は、5年以下の自由刑又は罰金刑に処す」。これによって、ナチスの支配下で行なわれた民族謀殺の事実を否定する発言を処罰する独立した実体刑罰法規が創設されたことになる。

　これはまず、行為の対象を「ナチスの支配下に行われた」民族謀殺に限定した点で、第二一次刑法一部改正法の際の立法者の「厭らしい相殺」をする態度からの変化が見られると同時に、当罰性の観点からいって適切な構成要件の限定をするものといえよう[88]。次に、行為の態様として、これを是認したり、問題ないものとする場合だけでなく、「事実でないと否定する」行為をも可罰的であるとしている点で、まさしく「アウシュヴィッツの嘘」発言を直接対象とした刑罰規制の創設がなされたことになる[89]。さらに、構成要件要素として「人間の尊厳に対する侵害」を含まないことから、いわゆる「重大なアウシュヴィッツの嘘」発言のみならず、「単純なアウシュヴィッツの嘘」発言にまで可罰性を拡張したものとされる。そしてこの点が、伝統的な法理論からの危険な逸脱と評される所以である。

　(b)　新規定の保護法益と合憲性

　「人間の尊厳に対する侵害」という要件が削除された点を捉えて、民衆煽動罪の保護法益が「人間の尊厳」から「公共の平穏」へと変更され、これによって基本法5条1項及び3項との関係で、違憲の問題が生じるとの指摘がある。

　「アウシュヴィッツの嘘」発言が例えば集会において主張されたとき、その

---

[88]　新規定のように事実の否定を事実上公共の平穏の危殆化とみなすならば、ナチスによる民族謀殺の犠牲者についてのみならず、他の(ボスニア人やクロアチア人やアルメニア人等に対する)国家によるジェノサイドの犠牲者をも保護することが考慮に値する、との見解もある (vgl. Beisel, NJW 1995, 1000.)。
[89]　「アウシュヴィッツの神話(Auschwitzmythos)」という表現も、「事実の否定」とみなされよう。AG Hamburg, NJW 1995, 1039. は、仲間うちの電話情報ダイヤルで、映画『シンドラーのリスト』を「アウシュヴィッツの神話を永続化するものだ」とアジった極右青年に対し、民衆煽動罪の成立を否定した。「アウシュヴィッツの神話」という語は、「アウシュヴィッツの嘘」という語に比して多義的であり、ただ一つの解釈だけを許すものではなく、本件テキストにおける「アウシュヴィッツの神話」という語が「アウシュヴィッツの嘘」ないしこれと類似する意味で用いられたということはできないと認定したのである(LG Hamburg, NJW 1996, 262.もこれを追認した)。本判決は旧130条の適用の可否に関するものであるが、Beisel, a.a.O., S.1000.は、新130条についても同様に解釈できるとしている。しかし、論者も認めるように、かかる解釈は立法者の法政策上の考慮と一致しない(楠本・前掲論文参照)。極右運動においては世間で真実でないと思われていることを主題化することを目的として「アウシュヴィッツの神話」という概念が意図的に用いられていること(v. Bubnoff, a.a.O., 44.)も考慮すべきであろう。

発言は、評価的言明の普及をも含む意見表明の自由(基本法5条1項1文)の問題に係わる。確かに、連邦憲法裁判所によれば、「真実でない事実の主張」は、基本法5条1項によって保護されない。何故なら、これらの主張は憲法適合性を前提とする意見形成に何等の寄与もしないからである[90]。しかし、歴史的事象が問題になっているとき、たいていの場合は、当該表現を「真実でない事実の主張」に還元してしまうことはできない。例えば一定の史観について述べる場合のように、言明が評価的判断を必要とするときには、そこに存在する価値判断は、意見表明の自由と結びつけられ得るものである、という[91]。この点につき、新130条3項は、「アウシュヴィッツの否定」についてはその可罰性を肯定したと見ざるを得ないが、「アウシュヴィッツの相対化」に止まる事例では、それが意見表明の形式をとっている限り、依然として基本法5条の保護下にあると言えるのではなかろうか。この場合には、「事実の否定」よりは「問題ないものとする」行為態様の問題になるが、ジェノサイドの犠牲者の数を修正するなどの意見表明は、「公共の平穏を害するのに適した方法での」相対化とは言えないであろう。

　論者はさらに、「アウシュヴィッツの嘘」発言を処罰する根拠を「公共の平穏」の侵害とすることの問題点も指摘する。今回の法改正で立法者は、保護法益を余りにも広く拡張し過ぎたというのである。アウシュヴィッツの事実を否定する発言の当罰性は、それがもっぱら、当該グループの所属員を、その人間としての尊厳において具体的に侵害することから生じるのであって、それによって「公共の平穏」が危殆化されるからではない。ナチス体制下に行われた犯罪を弁解したり事実でないと否定したりすることは、典型的仕方で住民の法意識を害するのに適したものであるとの立法者の根拠づけは、すべての軽罪及び重罪が住民の保護欲求に影響するものである以上、理由にならないというのである[92]。ここでは、ナチスによる民族謀殺とすべての軽罪及び重罪が比較可能なものと認識されている。しかし、新130条3項は、85年の第二一次刑法一部改正法の場合とは異なり、「ナチス体制下に行なわれた犯

90　BverfGE 61, 1 (7ff.) = NJW 1983, 1415; Bverf GE 85,1 (15) = NJW 1992, 1439　(1440); krit. hierzu Kohler, NJW 1985, 2389; vgl. BverfG, NJW 1994, 1781 (1782) - "Wahrheit für Deutschland".
91　Beisel, a.a.O., S.1000.
92　Beisel, a.a.O., S.1000.

罪」が他の軽罪や重罪と比較することのできない、つまり相対化することのできない犯罪であるとの認識から出発しているのである。立法者は、このドイツにとって特別な犯罪については、発言規制の対象をそれに限定している限り、「人間の尊厳」条項による限定は不要であるとの新たな価値判断をしたことになる。

　もともと今回の法改正は、デッケルト事件の経緯が示すような、「人間の尊厳」条項によって要求される証明の負担を緩和することを企図したものであり、民衆煽動罪の適用範囲を拡張するというよりは、その適用を容易にすることを狙ったものであるといえよう。ただし、その結果として、立法者は一方でナチスの犯罪を特異なものとして他の犯罪と区別し、これを事実でないと否定すること自体を犯罪化しつつ、辛うじてこの事実の相対化は基本法の保護下に置くという、綱渡りを演じることになった。司法部は、立法者が「アウシュヴィッツの嘘」発言に関するどのような犯罪を処罰しようと考えたのかを十分考慮する必要がある。

第2節の補遺　「アウシュヴィッツの嘘」に対する各国の刑事立法について

　ナチスによるユダヤ人に対する民族謀殺や人道に対する罪の実在を否定したり、矮小化する言説を「アウシュヴィッツの嘘」と呼んで、ヨーロッパのいくつかの国では、これに刑事罰を科している。この補遺では、第2節で触れ得なかったドイツにおける議論を補うとともに、ドイツ以外のヨーロッパ諸国で行なわれている「アウシュヴィッツの嘘」に対する刑事規制の内容を検討する。だが、本題に入る前に、ドイツが新規定に至るまでの沿革を短く振り返っておこう。

一　「アウシュヴィッツの嘘」とドイツ刑法

　「アウシュヴィッツの嘘」の可罰性は、ドイツでは94年の新法施行まで、判例により二つの類型に分けられ処理されてきた。第一の類型は、「嘘」がナチ

スの人種イデオロギーと同様の立場から、ユダヤ人が国家共同体内で同じ価値を有する人格であることを否定し、もって彼等の人格の中核を攻撃することにより、その「人間としての尊厳を侵害した」と見られる場合であり（これを「重大なアウシュヴィッツの嘘」という）、刑法の旧130条の民衆煽動罪による可罰性が認められた。それに対して第二の類型は、このような人種イデオロギーと結びつかない、単に「度しがたい人物」によって歴史的事実が否定されたに過ぎないと見られる場合であり（これを「単純なアウシュヴィッツの嘘」という）、これについては侮辱罪（刑法185条）及び死者への追憶を誹毀する罪（同189条）による可罰性しか認められていなかった。そして、ドイツの下級審は、重い民衆煽動罪の適用を避け、性急に侮辱罪による処罰へ逃げる傾向があった。というのも、前記のように厳格に解釈された「人間の尊厳に対する侵害」の要件を現実の事件へ適用するには、行為状況の綿密な分析が必要であり、事実審裁判官にとって煩わしいことだったからである[93]。

他方、「単純な嘘」が、なぜ現在ドイツに在住するユダヤ人に対する侮辱罪（集団侮辱）を構成するのかという点については、判例は次のように言う。「ナチの支配下でユダヤ人が他の国民から分離され、根絶の目標とされたという歴史的事実は、現在ドイツに在住するユダヤ人にとっても人格の一部を形成していると意識されており、この自己理解を尊重されることが彼等一人一人にとって同様の差別が繰り返されない保証の一つであるし、ドイツで生活するための基本条件となっている」[94]。これには学説のなかに侮辱罪の不当な拡張であるとの批判があった一方で、軽罪であり親告罪でもあった侮辱罪による処理では充分でないとの批判もあった。しかし、立法者は、1985年に第二一次刑法一部改正法[95]で、侮辱罪に関して、「被害者がナチスの又はその他の暴力及び恣意による支配の下で、ある集団の構成員として迫害され、この集団が住民の一部であり、かつ侮辱がこの迫害と関係している場合」には、その侮辱については、職権により訴追できることとし（194条1項）、判例の方針を支持、拡張したのである。

---

[93] Partsch, EuGRZ 94, 432. 下級審における裁判例の分析として、Eric Stein, History against free speech: The new German Law against the "Auschwitz" and other "Lies", in:Michigan Law Review, vol.85 (1987) 277-324.
[94] BGHZ, NJW 1980, 45.
[95] BGBl. I 965.

しかし、統一後のドイツの状況は、このような妥協の下に止まることを許さなかった。1994年に成立した犯罪対策法[96]は、「単純なアウシュヴィッツの嘘」も民衆煽動罪によって処罰する刑法の改正を含んでいた。新設された刑法130条3項は、「公然と又は集会において、公共の平穏を害するのに適した方法により、ナチスの支配下に行われた刑法220条a（民族謀殺）1項において規定する態様の行為を、是認し、事実でないと否定し、矮小化した者は、5年以下の自由刑又は罰金刑に処す」と規定した。そこでは「人間の尊厳への侵害」は要件とされていない。

二　立法の背景にある法思想

ドイツでこのような立法を可能にした背景としては、第一に、基本法が、国家機関にだけでなく、個々の国民に対しても憲法への忠誠を求め、意見表明の自由でさえ、「自由で民主的な基本秩序に敵対する濫用」を認めない憲法忠誠の制度[97]をとっていること（18条）、第二に、伝統的に意見表明の自由へのあらゆる制限を拒否してきた英米と違って、ドイツは人種差別撤廃条約4条(a)号に基づく義務（人種思想の流布や人種差別の煽動を処罰する法律の制定）の遵守と自由権の尊重との間の均衡を取ることを表明してきたという事情がある[98]。

連邦憲法裁判所は、市当局が極右政党の集会を許可するに際して、第三帝国におけるユダヤ人迫害の事実を否定するなどの発言をしないことを条件として付したことの合憲性が争われた事件で、アウシュヴィッツでのジェノサイドを否定することは、今日生存しているユダヤ人の人格権を侵害しているので、意見表明の自由の制限に関する基本法5条2項の基準に従って、こうした発言を規制しても基本法5条1項に反しないとした[99]。連邦憲法裁判所によれば、事実の主張が憲法適合性を前提とする意見形成に寄与しない場合に

96　BGBl. I 3186.
97　憲法を「自由で民主的な基本秩序」という価値理念の化体としてとらえ、そのような憲法に対する忠誠を、国家機関だけでなくあらゆる私人にも要求し、法的に強制することをいう（樋口陽一『比較のなかの日本国憲法』（岩波新書、1979年）50頁以下参照）。なお、「闘う民主主義」について、広渡清吾「ドイツの社会と法」戒能通厚／広渡清吾『外国法』（岩波書店、1991年）210頁以下参照。
98　Partsch, a.a.O., S.430.

は基本法5条1項による保護を受け得ず、真実でないと証明されている事実の主張は意見表明の保障に含まれない。第三帝国においてユダヤ人の迫害はなかったという主張は、目撃者の報告、ドキュメント、裁判所の認定（判例は、この問題については立証の必要はないし、当事者の証言聴取の申請も却下できるとしている）[100]、歴史学の知見によって真実でないと証明されている事実の主張であるから、意見表明の自由の保護を享受し得ない。これに対して、第二次大戦を引き起こしたドイツの責任についての言明のように、歴史上の出来事についての責任や答責性に関する言明の場合には、つねに事実の主張には還元され得ない複雑な判断が問題となっているので、基本法5条1項の保護の対象となる。また、この表現は、今日生存するユダヤ人の人格を攻撃するものではないし、第三者の何等の法益も侵害するものではないという点でも、「アウシュヴィッツの嘘」とは異なる、との理由が挙げられている[101]。

三　新法の問題点

新130条3項は、伝統的な刑法観に符合しないことから、刑法理論家、実務家からの批判も強い。「本規定の正統性は疑問であるし、そもそも嘘が当罰的であるかどうかも疑わしい。煽動的性格を欠く単なる歴史的事実の否定が民衆煽動罪によって把握されてよいのかどうかもまさに疑われなければならない」という[102]。

(1) 保護法益

解釈論上まず問題になるのが保護法益の理解である。司法省の提案では、「政治的雰囲気の有害化」（Vergiftung des politischen Klimas）を防止することが新規定の根拠とされたので[103]、刑法が公共のモラルの問題にまで手を出す

99　BverfGE 90, 241 = NJW 1994, 1779. 本判決については、小野寺邦広「『アウシュヴィッツの嘘』規制と意見表明・集会の自由」栗城寿夫／戸波江二／石村修編『ドイツの最新憲法判例』（信山社、1999年）144頁以下参照。
100　vgl. z.B. BGH, NJW 1994, 1421.
101　NJW 1994, 1781.
102　Lackner-Kühl, 21. Aufl (1995), 8a.
103　BT-Drs.12-8588 S.8

べきではないと批判された[104]。学説は、民衆煽動罪の保護法益を「公共の平穏」とする。「公共の安全」より広い概念で、純粋な安全欲求の充足に制限されない、より広く包括的な意味で理解されている。それには、最低限の寛容や、個別の住民グループが精神的に迫害されたり、社会の下層民として蔑まれたり、その他社会において分離されることはないという公の雰囲気が含まれる。新設された第3項の保護法益も公共の平穏とされるが、それにはナチスの残虐行為を矮小化することによる「政治的雰囲気の有害化」の防止も含まれるとされる。これは、ホロコーストを是認し、事実でないと否定し、矮小化しようとする行為者に対する公の憤慨を意味するのではなく、歴史上比類のない民族謀殺の犠牲者のドイツに在住する子孫が、父や祖父の世代の迫害の悲運が承認されないときには新たに不安を感じざるを得ないということを意味している[105]。

(2) 「アド・ホックな立法」の問題

次に問題になるのは、第3項が「ナチスの支配下に行われた民族謀殺」の事実を是認、否定、矮小化することに限定していることである。もちろん、この制限は、とりわけユダヤ人の特殊な迫害の悲運を斟酌したものである。ところがこれに対し、ナチスの凶行へ制限したことを批判する見解がある。すでに、前記の第二一次刑法一部改正法の審議の際に、「アウシュヴィッツの嘘」を処罰する独立した実体刑罰法規の制定を求める主張に対し、保守派のなかに、それなら多数のドイツ人が旧ドイツ領から追われる途中でロシア人、ポーランド人に殺されたことを否定するのも処罰の対象とすべきだとの反論があり、それが「ナチスの又はその他の暴力及び恣意による支配の下で」という表現につながった。

しかし、この問題は刑法理論上は別の観点から批判される。すなわち、あることのためにのみ行う立法(ad-hoc-Gesetzgebung)は避けるべきだという批判である。刑法的規制は、その意義において及びその作用において、時事のきっかけを超えて延長されるべきであり、それゆえ、公共の平穏を害する方法で大量殺人を是認し、事実でないと否定し、矮小化することを刑罰によっ

---

[104] vgl.Dreher-Tröndle, 47. Aufl (1995), 18.
[105] Schönke-Schröder-Lenckner, 25. Aufl (1997), 22.

て禁止する規定には、過去の他の暴力的及び恣意的支配による同様の行為をも含めるべきであり、かつ、現在の独裁政治や不法体制の大量殺人や極めて重い人権侵害を除外すべきでない。ホロコーストの「ネガティブな特異性」は、他の大量殺人の是認や矮小化が、公共の平穏を害する方法で行われたときに、真面目に取り上げないということを正当化するものではない、というのである[106]。

しかし、ドイツの立法者は、新130条3項の創設に際しての当罰性評価において、「ナチスの支配下に行われた民族謀殺」がドイツにとって特別な犯罪であり、他の大量殺人の事例とも比較できないものであるという評価を下したものと解釈すべきであろう。過去及び現在の暴力的及び恣意的支配の下での大量殺人すべてについて、否定したり、矮小化する言論を処罰するとすれば、当罰性に疑問のある行為が処罰対象に含まれる危険がある。言論の規制は必要最小限でなければならないという原則からすれば、当罰性の評価が厳密に行われ、その評価に即応した処罰範囲が充分な明確性をもって定式化される必要がある。「ナチスの支配の下で行われた民族謀殺」という構成要件要素は、この刑法理論上の要請に応えるためのものとして是認されるであろう[107]。

(3) 「一般的法律」による規制の要請

この問題は、さらに憲法上の観点からも批判される。基本法5条2項は、意見表明の自由を制限するには、「一般的法律の規定、少年保護のための法律上の規定、及び個人的名誉権による」ことを求めている。民衆煽動罪が住民の一部に対する憎悪を挑発する等の方法で「人間の尊厳」を侵害する行為を規制しようとしているときには、その規定は充分に一般性を有し、意見表明の自由を制限するものであるとしても憲法上の問題を生じることはなかった。それに対し、新しい刑法130条3項は、ナチスの支配下に行なわれた民族謀殺の事実を否定し、是認し、矮小化すること自体を規制することによっ

---

[106] Dreher/ Tröndle, a.a.O., 18.; vgl.auch Beisel, NJW 1995, 1000.
[107] 刑法220条a第1項は、「国家的、人種的、宗教的集団又はその民族性によって定められた集団」の構成員に対して行なわれた大量殺人等の行為に限定しているので、130条3項の「ナチスの支配下で行なわれた民族謀殺」には、ユダヤ人に対するホロコーストはもちろんのこと、ナチス支配下で行われたシンティ(Sinti)やロマ(Roma)に対する迫害や根絶も含まれるが、ナチスによる精神障害者に対する「安楽死計画」は含まれないことになる(Schönke-Schröder-Lenckner, 25. Aufl (1997), 16.)。

て表現活動の自由を規制しようとするものであるから、それが「一般的法律（allgemeines Gesetz）」の規定による規制といえるか疑問であるとされるのである。

　この一般的法律の規定による制限という要請が、単なる「法律の留保」を意味しないことは言うまでもない。「一般的法律」と言えるためには、①特定の意見の表明、又は一般的に意見の表明そのものを規制する目的を持たない、その他の一般的法益を保護することを目的としていること（一般性）、及び②その意見表明の自由と無関係な一般的法益が、言論の自由の活動に優位する社会的価値を有していること（優越性）、が求められる[108]。このうち、130条3項は、「特定の内容の表現に向けられた規制」であり、その意味で「一般性」を持たない「特別の法律（besondere Gesetze）」ではないか、ということが問題とされるのである。これまで判例は、前記のように、「アウシュヴィッツの嘘」を「真実でないことが証明されている事実の主張」とみなし、こうした事実の主張は、そもそも基本法5条1項1文の意見表明の自由の保障を享受し得ないとすることによって、この問題を回避してきたと言える。しかし、130条3項はホロコーストの「事実の否定」だけでなく、「是認」や「矮小化」も構成要件的行為としていることから、規制の対象となる「アウシュヴィッツの嘘」は、もはや単なる「事実の主張」に還元することはできず、意見表明そのものか、少なくとも意見表明と事実の主張が並存している表現を含んでいる。とすれば、連邦憲法裁判所自身が、事実の主張と意見の区別が困難な場合は、表現全体を意見の表明とみなして5条1項1文の保護領域に含めなければならないとしている以上[109]、刑法130条3項は、「純粋な」事実主張にだけ適用領域を限定することによってその存在意義を失うか、さもなくば基本法5条2項の一般的法律の規定による規制という要請に直面することになる、とされるのである[110]。

　この130条3項を生み出した立法者への批判に対しては、二つの方向からの解答が示されている。第一は、「一般性」の要請を厳格には追求せず、意見

---

[108] Bverf GE 7, 198. 本判決については、木村俊夫「言論の自由と基本権の第三者効力」栗城寿夫／戸波江二／根森健『ドイツの憲法判例』（信山社、1996年）126頁以下参照。また、「一般的法律」につき、宮地基「法廷におけるテレビ撮影と放送の自由」栗城／戸波／石村編・前掲書132頁以下参照。
[109] BverfGE 90, 241
[110] Huster, NJW 1996, 487 (488ff).

128

表明そのものとは別個の一般的利益を保護しようとする実質的内容を持っていれば「一般的法律」に含めて解釈することができる、とする立場である。例えば、ナチスの犯罪を「是認」することを処罰する規定は、この種の犯罪を助長する心理的風土が作り出されることを防止し、人間を軽蔑し、排斥する言葉が発せられることによって反ユダヤ主義的な差別、分離、残虐行為が再燃することから法共同体、とりわけ当該少数者を保護しようとしているという意味で、「一般的法律」に組み入れることができるというのである。ここでは、規制が「特定の内容の意見表明」に向けられているか否かは重要ではなく、意見表明の自由に優越する一般的法益を保護するものかどうかに重点が置かれている[111]。

　第二は、意見表明の自由の行使は憲法忠誠という一般的留保の下にあり、「アウシュヴィッツの嘘」は自由で民主的な基本秩序と両立し得ないもので、基本法5条1項1文による保護の範囲外にあるから、そもそも刑法130条3項が「一般的法律」であるかどうかは問題にならない、とする立場である[112]。そして、おそらくこの理解が、問題の本質を最もよく言い当てているように思われる。「アウシュヴィッツの嘘」は、反ユダヤ主義の表現であると同時に、ナチスの思想の擁護であり、ボン基本法体制そのものを危殆化する限りにおいて処罰されるのである。しかし、このような理解に立つときは、刑法130条3項の保護法益は、単なる「公共の平穏」ではなく、「自由で民主的な基本秩序」そのものということになるであろう。旧130条が「人間の尊厳」を保護法益としたのに対し、新130条の3項は、「自由で民主的な基本秩序」を保護法益とする。そして、旧130条の濫用を防止したのが「人間の尊厳」であったのと同様の機能を、「自由で民主的な基本秩序」という概念が果たすことになろう。

(4) 構成要件的行為の解釈

　新3項の規定する構成要件的行為の解釈としては、まず、たとえ留保条件

111　Joachim Jahn, Strafrechtliche Mittel gegen Rechtsextremismus, 1998, S.190ff.
112　Herzog,in: Maunz-Dürig, GG (Stand: März 1994), Art.5 I, II Rn. 293ff.; Wendt, in: von Münch-Kunig, GG I 4. Aufl. (1992) Art.5 Rn.78.; Jarass, in: Jarass-Pieroth, GG, 3. Aufl. (1995), Art5 Rn.53.「アウシュヴィッツの嘘」が、意見表明の自由の保障を受けない理由として、ほかに、例えば、「暴力親縁性(Gewaltaffinität)」を規準として、議会が暴力と親縁性を有する行為を犯罪化して規制しようとしている点に着目する見解もある(Androulakis, Die Sammelbeleidigung, 1970, S.98.)。

が付されていても、真の意図が明白に表現されている場合には、事実の否定と見なされる。例えば、ジェノサイド自体は非難されるべきことと評価しながら、ナチの民族謀殺の事実には異論を唱えることは事実の否定である。ホロコーストの矮小化は量的な矮小化と質的な矮小化に分けられる。量的な矮小化とは、例えば、「謀殺されたユダヤ人の数はせいぜい100万くらいであり、いずれにせよ大量のガス室での殺害はなかった」というような場合である[113]。質的な矮小化とは、例えば、「ユダヤ人の集団謀殺も、当時、全体でどれほど多くの人が殺され、あるいは国民にどんな残虐行為がその後も加えられたかを考えるとき、それほどひどいものではない」というような表現である。いずれの場合も可罰性が肯定されよう[114]。最も問題になるのは、民族謀殺を全体として否定するのではなく、単に被害者の数だけを修正する場合である。これを事実の否定の問題とするか、矮小化の問題と見るかは一定しないが、いずれにせよ、「公共の平穏を害するのに適した方法で」という要件を勘案することにより、この場合の可罰性を否定するという点では一致しているようである[115]。

　130条の第5項は、第3項の適用について第86条(憲法違反の組織の宣伝をする罪)第3項のいわゆる社会的相当性条項を準用している。すなわち、ホロコーストの事実を否定するなどの行為が、「国民の啓蒙、憲法違反の企ての防止、芸術、学問、研究、学説、その時代の事件若しくは歴史の経過についての報道、又はそれらに類似する目的に供せられているときは」これを処罰しないというのである。これは、構成要件を制限する事由であって、正当化事由ではないとされる。しかし、公然と又は集会において、ホロコーストを事実でないと否定する等の行為が、公共の平穏を害するのに適した方法で行われた場合、最早ここに挙げられている目的に資することはあり得ない。逆に、国民の啓蒙又は歴史の経過についての報道を目的として「アウシュヴィッツの嘘」を論じることは、そもそも第3項の構成要件に該当しない。それ故、第5項は適用される場面がないとの指摘もある[116]。

---

[113] vgl. auch LG Mannheim, NJW 1994, 2497.
[114] Schönke-Schröder-Lenckner, a.a.O., 21.
[115] Schönke-Schröder-Lenckner, a.a.O., 19; Beisel, a.a.O., S, 1000.
[116] Schönke-Schröder-Lenckner, a.a.O., 25.

最後に、130条3項の罪と140条2号の罪（犯罪の是認）との関係について、判例は、130条3項の成立過程や法定刑の違いなどから、ナチスの支配下において行われたユダヤ人に対する民族謀殺を是認したときは、刑法130条3項が刑法140条2号の罪の特別法として優先適用されるとしている[117]。

四　他の国での規制内容

「アウシュヴィッツの嘘」を処罰しているのはドイツだけではない。「アウシュヴィッツの嘘」を直接の規制対象とする立法の成立という点では、むしろ周辺諸国の方が早かった。

(1)　フランス

フランスでは、「人種差別主義、反ユダヤ主義、又は排外主義に基づくあらゆる行為を撲滅するための1990年7月13日法律第90－615号」（発議した議員の名をとって「ゲソ法」と呼ばれる）によって追加修正された出版自由法24条bisは、「演説又は著作物において、1945年8月8日ロンドン協定付属の国際軍事裁判所条例（いわゆるニュルンベルク条例）第9条の適用により犯罪的と宣言された組織の構成員又はフランスの裁判所若しくは国際裁判所においてその種の罪を理由に有罪判決を宣告された者によって犯された、同条例第6条の定義にかかる『人道に対する罪』の実在に異議を唱えた者は、1月以上1年以下の懲役及び2000フラン以上30万フラン以下の罰金、あるいはこれらの刑のいずれか一つに処する」と定めている。これによって、1946年のニュルンベルク国際軍事裁判所や1987年にリヨン重罪裁判所（いわゆる「バルビイ裁判」）において認定された「人道に対する罪」の実在に異議を唱えることは処罰の対象とされることになり、実際にガス室の存在を否定する発言が処罰されている[118]。

117　BGH, NStZ 1999, 348.
118　詳しくは、林真琴「人種差別禁止立法と言論の自由」法曹502号30頁以下、成嶋隆「『反ユダヤ主義』との闘い」法政理論（新潟）27巻3・4号239頁以下参照。また、この法と「市民的及び政治的権利に関する国際規約（自由権規約）」第19条との関係について、中井伊都子「ゲッソ法事件」国際人権9号72頁参照。

(2) オーストリア

オーストリアでは、ナチ党禁止法（Verbotsgesetz）[119]の92年改正[120]によって、次のような規定を新設した。

第3条h:「印刷物、放送若しくはその他のメディアにおいて、又はその他公然と多数の人々の見聞に供する方法によって、ナチスの民族謀殺又はその他のナチスの人道に対する罪を事実でないと否定し、著しく矮小化し、是認し又は正当化しようとした者も、第3条gによって処罰される」。同時に、第3条gの法定刑が「5年以上10年以下の自由刑」から「1年以上10年以下の自由刑」に変更された。

ナチ党禁止法は、その3条aから3条gでナチ党を再建しようとする活動やナチス思想を普及させる活動を重罪として処罰しているが、1984年から1990年までに1521件の同法違反の告発があったにもかかわらず、確定した有罪判決はわずか21件にすぎなかった。その原因として、各条の刑の最下限が高いことが、陪審裁判所に同法の明白な違反をも処罰することを思いとどまらせたこと、及びナチス活動の故意を疑いの余地なく証明することが困難であることから、検察官が支配的な判例を考慮に入れて、事前に手続を停止させたことが挙げられた。そこでまず、第3条g（前条までに規定されている行為以外の一切のナチス的活動を処罰する規定）の法定刑の最下限を引き下げることによりその適用を容易にし、他方で、ナチスの民族謀殺や人道に対する罪を事実でないと否定したり矮小化することをナチス再建活動の前段階の行為と捉えて、可罰性を認める新規定を創設したのである。さらに注目すべきは、自由党案にあった「ナチス的に活動する故意をもって」という要件が、新規定の実効的な発動を確保するために、現行法では特に明記されていないことである。真面目な学問的研究を新規定の対象にしないためという自由党の「配慮」に対して、真面目な研究者にはナチスの犯罪を矮小化する故意は欠けていようから、このような配慮はまったく根拠のないものであるとの批判がなされていた[121]。さらに、ドイツの規定と比較した場合、ナチスによる民族謀殺を否定する場合だけでなくナチスによる「人道に対する罪」を否定する

---

[119] StGBl. Nr.13/ 1945.
[120] BGBl 148/ 1992.
[121] http://www.t0.or.at:80/gruene/gpd-abwstel/0011.html

ことも処罰の対象としている点が注目される。

(3) **スイス**

スイスでは、人種差別撤廃条約の批准に伴ない、同条約4条により義務づけられている人種差別を処罰する法の発布として93年に刑法が追加修正された(94年9月の国民投票で可決成立)。

刑法261条bis第4項：「公然と、言葉、文書、図画、身振り、暴力行為又はその他の方法で、個人又は人の集団を、その人種、種族又は宗教を理由に、人間の尊厳に反する方法で、誹謗し若しくは差別し、又はこれらの理由の一つから、民族謀殺若しくはその他の人道に対する罪の実在を否定し、著しく矮小化し若しくは正当化しようとした者は、軽懲役又は罰金に処す」。

ここでは、民族謀殺等の事実の否定が人種差別の一形態とされている。「彼自身が又は彼の身内の者が被った歴史的、運命的出来事は、その人の人格の一部となっている。ある民族や人の集団に対して犯された不法が否認されたならば、その犠牲者又は犠牲者の身内の者は、それによって人格を深く傷つけられる」ことが処罰根拠の一つとされている[122]。そして、人種差別的意図に基づくことは要件とされているが、人間の尊厳に対する侵害は直接の要件とされていないことから、本項後段はドイツの130条3項と似た構造を持っている。それゆえ、「単純なアウシュヴィッツの嘘」も本構成要件の対象となり得る。

他方、本規定により否定することを禁じられているのは単に「民族謀殺若しくはその他の人道に対する罪」であり、ナチスによるそれに限定されていない点が注目される。それゆえ、旧ユーゴ及びルワンダにおける残虐行為についても、国連安保理決議によって設置された国際刑事法廷が、民族謀殺や人道に対する罪が行われたと認定しているので[123]、その実在を否定すれば本構成要件に該当する。しかし、ずっと昔の出来事、例えば20世紀の初めにアルメニア人に対して行われた民族謀殺の実在に異論を唱えることが本構成要件に該当するかは、その否定がアルメニア系の人々になお困惑を呼び起こす力があり、かつ公共の平穏を害すること（新規定が「公共の平穏に対する重罪及び

---

[122] Müller, ZBJV 1994, 241.
[123] 前田朗『戦争犯罪論』(青木書店、2000年)75頁以下参照。

軽罪」という章に挿入されたこと、及び公然性が要件とされていることから、公共の平穏も本項の保護法益とされる)があり得るかどうかによって決められるとされている[124]。

第3節　外国人排斥言論に対する刑事規制の成立と展開

一　はじめに

　外国人を排斥する言論の問題は、ドイツに限られたものではなく、ヨーロッパ諸国で広く問題とされているところである。しかし、殊にドイツでは、外国人排斥感情は、単に排斥言論にとどまらず、直接的な暴力となって外国人に襲いかかり、実際に多くの犠牲者を出している。「普通の人々」による外国人排斥言論が極右グループによる外国人への暴力的措置を許容する風潮を生み出している[125]。それ故、ドイツでは、極右運動による外国人排斥言論だけでなく、普通の人々によるそれをも刑事罰によって規制する必要が高まっている。

　ドイツでは、特定個人に結びついていない、集団に向けられた侮辱的表現を、刑事裁判所が一定の事情の下で集団構成員の個人的名誉に対する侵害であるとみなし、刑事罰を科すことも憲法上非難されるべきことでないとされている。見渡すことができない大集団(例えば、カトリック、プロテスタント、女性)に対する軽蔑的表現は、個々の構成員の個人的名誉に波及するものでないから、いまだ刑法185条の侮辱罪を構成しないが、「区別でき、見渡すことができる集団」に対する軽蔑的表現は、それが集団のすべての構成員に共通のメルクマールに結び付いているときは、侮辱罪を構成しうるとされる[126]。「ユダヤ人」や「トルコ人」さらに「ガストアルバイター」などは、この集団侮辱罪(Kollektivbeleidigung)の対象となりうるとされている[127]。その意味で、外国人を排斥する言論の多くは、この集団侮辱罪による規制を受けることになる。

---

124 Müller, a.a.O., S.241.
125 山本知佳子『外国人襲撃と統一ドイツ』(岩波ブックレット、1993年)参照。
126 BVerfGE 93, 266. 小山剛「第二次『兵士は殺人者だ』事件」自治研究73巻1号122頁以下。上村都「意見表明の自由と集団の名誉保護」名城法学論集25集1頁以下参照。
127 Vgl.statt vieler: Schönke-Schröder, StGB, 25. Aufl. 1997, allgemein 5ff. vor §185 Rdnr. 1.

しかし、外国人を排斥する言論に侮辱罪によって対抗するには、まず185条の法定刑が軽いこと（1年以下の自由刑又は罰金）、訴追に当事者の告訴を必要とすること（194条1項1文、77条乃至77条b）等の問題がある。確かに、集団侮辱によって傷つけられたすべての人が告訴権を有するが、外国人の場合には、言語上の問題や訴訟制度についての理解の不足などの制約がある。ドイツにおける極右グループによる外国人排斥言論の深刻さに鑑みて、刑法185条による規制では不十分であることは明らかであり、そこから、この問題に対する切り札として刑法130条の民衆煽動罪の適用可能性が、長い間争点になってきた。民衆煽動罪は、公共の平穏を害するのに適した方法により、住民の一部に対する憎悪を挑発することによって、他人の人間の尊厳を侵害したことを要件にして、3月以上5年以下の自由刑という比較的重い刑を科す犯罪である。本節は、主として、外国人排斥言論への民衆煽動罪の適用可能性をめぐる議論を検討することにより、外国人排斥言論への刑事規制の要件を探ることを目的とする。

二　ガストアルバイターを排斥する言論の刑事規制
(1) ガストアルバイター問題

ドイツ連邦共和国が、戦後の高度経済成長に伴う労働力不足に対処するために、政・労・資の合意の上で外国人労働者を積極的に導入することを決め、イタリアとの間に最初の協定を締結したのは、1955年のことである。その後、60年にスペインとギリシャとの間でも協定を結んだが、61年8月の「ベルリンの壁」構築以降東側からの人口流入が止まると、さらに大量の外国人労働者の導入が必要になり、61年10月にトルコ、63年にモロッコ、64年にポルトガルそして68年にユーゴスラヴィアと次々に協定を結んだ。この導入政策によって、60年に29万人にすぎなかった外国人労働者数は、第一次オイルショックによる不況のなかで73年11月に募集政策が中止されたときには、260万人に増大し、労働者の家族を含めると在住外国人数は、400万人に膨れ上がっていた[128]。

この外国から導入された労働者は社会的に「ガストアルバイター（Gastarbeiter）」と呼ばれた[129]。この呼称は、明らかに、招かれた「客」は用事

が済めば「帰る人」になることを想定あるいは期待したものである[130]。しかし、募集中止後、「労働許可」の賦与が制限されたため[131]、外国人労働者の数そのものは減少したが、労働者は出身国から家族を呼び寄せることによって定着し、定着した労働者家族の出生数が増加したために、在住外国人の数は、逆に増加した[132]。彼らは、ドイツに生活の本拠を形成し、出身国へ帰ることを考えない「移民（Einwanderer）」となった。連邦政府は、78年に外国人労働者問題に関するオンブズマン制度を設けたが、初代オンブズマンであるキューン（Heinz Kühn）[133]は、同年末に発表した「ドイツ連邦共和国における外国人被用者とその家族の状態及び統合の一層の発展・覚書」の中で、外国人労働者の多くが最早ガスアルバイターではなく、帰国を考慮することのできない移民の状態にあり、彼らをドイツ社会に統合するための積極的施策が必要であることを訴えた[134]。しかし、この政策は連邦政府の採用するところとならず、82年10月の政権交代後には、逆に外国人労働者の帰国を促進し、外国人家族の追加的移住を制限するための施策が実施された。しかしいずれも効果を上げなかった[135]。

　ドイツが外国人労働者を導入する政策をとった第一の理由が、生産拡大のための新規労働力の調達であったことは間違いないが、その背景に、ドイツ人労働者が最早引き受けようとしない仕事への就労や、景気の循環に対応し

---

[128] 西ドイツの外国人労働者の導入政策については、さしあたり、森廣正『現代資本主義と外国人労働者』（大月書店、1986年）、木前利秋「西ドイツにおける外国人労働力導入の構造」森田桐郎編『国際労働力移動』（東大出版会、1987年）219頁以下、中村圭介「西独における外国人労働者政策の展開」日本労働協会雑誌348号（1988年8月）56頁。
[129] それに対し、「フレムドアルバイター（Fremdarbeiter）」という呼称は、ナチス期に強制労働に駆り出された外国人労働者に対して用いられた。
[130] そのため、外国人労働者の雇用はローテーション制が取られることになっていた。しかし実際には、募集や研修にかかるコストを嫌って、ローテーション制は実行されなかった。
[131] 1965年の外国人法（Ausländergesetz）では、外国人は合法的滞在のために「滞在許可」を、合法的就労のために「労働許可」を得なければならなかった。
[132] 86年の段階で、外国人労働者数は約160万人であるのに対し、外国人居住者数は約450万人に上った。これは、人口の7.4％に当たる。
[133] SPDに属する政治家で、元ノルトライン・ヴェストファーレン州首相。
[134] 広渡清吾「『国際化』と外国人問題」時の法令1335号（1988年8月）53頁、同「西ドイツの外国人政策・対立の構図」法学セミナー増刊『外国人労働者と人権』（1988年12月）113頁。
[135] 83年に制定された帰国促進法（2年間の時限立法）は、外国人失業者が一時金の給付と引換に帰国することを申し出る制度を創設したが、この制度を利用して帰国した外国人失業者は、わずか14,000人にすぎなかった。

て雇用調整を行う際の緩衝器の役割が期待されていたことも否定できない[136]。だとすれば、外国人労働者の導入は、その最初の動機からすでに差別的要素を包含していたものと言わざるを得ないが、なかでもトルコ人労働者は、ドイツの経済的繁栄を最底辺から支える役割を果たしたにもかかわらず、彼らに対する一部のドイツ人の感情は、単なる外国人に対する敵意にとどまらず、人種的憎悪をも伴って、人間の尊厳を脅かすものになっている[137]。

(2) ガストアルバイターを排斥する言論に対する刑事規制
(a) ガストアルバイターに対する憎悪の煽動

ガストアルバイターに対する直接的な憎悪表現に対する刑事規制のリーディングケースとなったのは、1970年7月にOLG Celleが下した判決である[138]。事案は、1968年8月2日に、もったいぶり、虚勢を張る傾向のある人物が、酒場において酩酊した状態で、居合わせたスペイン系のガストアルバイターに公然と因縁をつけて金員を脅し取ろうとしたあげく、これを店主や別の客から非難されると、スペイン系ガストアルバイターを罵り始め、そのなかで、「俺はナチだ、もう一度アドルフの時代になったら、俺はスペイン人ガストアルバイターをガスで皆殺しにしてやる」などと発言したものである。第一審は被告人を恐喝未遂と民衆煽動罪で有罪とした。被告人の控訴に基づき、控訴審は、一審判決を破棄して被告人を無罪とした。検察官の上告を受けたOLG Celleは、被告人が公衆に開かれた飲食店で多数の証人の前で難題をふっかけたということが、まじめな恐喝意図がなかったことを物語っているとした原審の判断については、事実審裁判官の評価の枠内にあるものとして是認したが、原審が民衆煽動罪についても無罪とした点は、法令の適用を誤っているとして、原判決を破棄し差戻した。

OLG Celleは、被告人の行為が、1960年の第六次刑法一部改正法[139]によって成立した旧130条が規定する民衆煽動罪を構成することを丁寧に論証している。旧130条は、「公共の平穏を害するのに適した方法で、①住民の一部に対する憎悪を挑発すること、②これに対する暴力的措置若しくは恣意的措置

---

[136] 広渡清吾、前掲「『国際化』と外国人問題」52頁。
[137] 内野正典ほか『ドイツ再統一とトルコ人移民労働者』(明石書店、1991年)参照。
[138] OLG Celle, NJW 1970, 2257.

を煽動すること、又は、③これを誹毀し、悪意で軽蔑し、若しくは不実の誹謗をすることによって、他人の人間の尊厳を侵害した者は、3月以上5年以下の自由刑に処する」と規定していた。

　原判決も、被告人が「スペイン人ガストアルバイターはガスで殺さなければならない」という表現によって、住民の一部である他人の人間の尊厳を攻撃したことを認めていたが、OLG Celle はこれを確認している。まず、多数の人々（Personenmehrheit）が「住民の一部（Teile der Bevölkerung）」と言えるためには、その数において取るに足りない数を超えていることと、国民生活のなかで一定の意義を持っていることが必要である[140]。ドイツに住んでいるスペイン系ガストアルバイターについてはこれに当てはまる。この集団は、ドイツ系の住民には属さないとしても、彼らは、――一定の変動はあるにもかかわらず――刑法130条の法的保護を享受する国内の住民の一部とみなされる。次に、「他人の人間の尊厳への攻撃」という要件は、130条が拡張して適用される危険を抑止するために設けられた要件であり、一般的な侮辱の程度ではこれに当たらない[141]。しかし、130条の立法過程で、ドイツ連邦議会の法務委員会の報告書[142]は、国内の住民の一部の人間の尊厳への可罰的な攻撃の例として、「ドイツに住んでいる白黒混血児（Negermischling）もガスで殺しておくべきだった」という表現を挙げている[143]。これに照らせば、被告人の行為が、住民の一部である他人の人間の尊厳を侵害したことは明白である。

　しかし、原判決は、スペイン系ガストアルバイターの人間の尊厳へのこの攻撃が、上記の方法と態様で行われたものである限り、「公共の平穏を害するのに適した」ものではないとして、被告人を無罪とした。被告人の言葉は、部分的に顔見知りの客もいる狭く限定された範囲で、著しくアルコールの影響を受けた状態で発せられたことを理由にしている。これに対して、OLG Celle は、原判決がこの構成要件要素の解釈適用を誤ったものと判断した。「公共の平穏を害する」とは、一方ではガストアルバイターに悪意を持っている人々が煽動されることによって法的安定性が危殆化されることであり、他方ではス

---

139 この成立過程については、Schafheutle, JZ 1960, 470. 及び本章第2節を参照。
140 vgl. Schafheutle, a.a.O., 472.
141 vgl. BGHSt.16, 49[56] = NJW 1961,1364; Dreher, StGB, 31. Aufl., §130 Anm. 3B.
142 BT-Drucks, 1746 der 3. Wahlp. S.3.
143 vgl. Schafheutle, a.a.O., 473.

ペイン人が法秩序の保護のなかで生活しているという安全の感情を動揺させられることである。ライヒス・ゲリヒト以来の定着した判例[144]によって、この要素は「わずかの危険（entfernte Gefahr）」の惹起で十分であるとされていたが、さらに130条は、「平穏を害するのに適している」ことを要件としているのであるから、平穏が実際に害される危険の発生は必要でなく、平穏を害する客観的な適性を持っていれば足りる[145]。確かに、例えば家族のなかでのように極めて狭い範囲のなかでの表現で、この範囲を超えて広がることがほとんどありそうもない表現は、排除されなければならない。しかし、行為が公然と行われたことは最早要件とされておらず、客室や鉄道の車室のなかでの表現でも充分この要件を満たしうるし、それどころか口コミによる伝播やアンダーグランドで行われた行為をも含みうる[146]。さらに、表現が公共の平穏を害するのに適しているということは、単に行為の態様や状況からだけでなく、表現の内容からも引き出されうるから、ガストアルバイターについての悪意のある表現が、店に居合わせた客の範囲を越えて広がらなかったというだけでは、公共の平穏を害するのに適していないとは言えない。確かに、店主を含めて居合わせたドイツ人の客は、被告人の表現を、まじめに受け取る価値のない単なる誇示とみなしたということはあるかもしれない。しかし、同じことが当該スペイン人にも当てはまるかどうかは、別問題である。外国人であり、ドイツ語を十分に理解できるとは限らないスペイン人ガストアルバイターにとって、被告人の行為が、公共の平穏を害されたと感じさせるのに適したものだったかどうかも考慮する必要がある。OLG Celleが事件を差戻した理由の一つがこれである[147]。

---

[144] vgl. RGSt. 34, 286 u. 71, 249.
[145] vgl. BGHSt. 16, 49[56] = NJW 1961, 1364; Schafheutle, a.a.O., 472.
[146] vgl. Schafheutle, a.a.O S. 472; Schönke-Schröder, StGB, 15. Aufl. §130 Rdnr. 16 u. 17; Dreher, a.a.O Anm.2.
[147] 上級地方裁判所は、原判決による刑法130条の主観的側面についての検討も不十分であるとみなし、差戻す理由としている。鑑定によると、行為当時の被告人の血中アルコール濃度は2.2‰であり、地裁刑事部もこれを責任能力を否定する完全酩酊としては扱っていない。しかし、被告人が自分の表現を公共の平穏を害するのに適したものであると意識していたことが充分な確証をもって認定されるわけではないという趣旨だとすれば、それは構成要件の実現は未必の故意でも生じうることを見誤っている。そもそも、公共の平穏を害する意図は必要でない（Schönke-Schröder, a.a.O., §130 Anm. III）。典型的な酒場での誇示にすぎないと片づけてしまうことは、被告人がしつこくかつ執拗に行動していたとする認定と矛盾している。

このOLG Celleの判決は、ガストアルバイターに対するネオナチ的な排斥言論が、刑法130条の民衆煽動罪を充分に構成しうるものであることを明確にした。本判決は、原判決との関係で「公共の平穏を害するのに適した方法で」という要件についての論述に重点が置かれているが、ガストアルバイターが刑法130条の保護客体たる「住民の一部」に属することを初めて認めた判決として重要である。また本件では、「ガスで殺す（vergasen）」という典型的なネオナチ的表現が用いられているところから、「他人の人間の尊厳の侵害」という要件の認定も比較的容易であったと思われるが、一般的にいえば、刑法130条の適用に関しては、この要件を満たすことの立証が最も困難とされるところである。

(b) ガストアルバイターに対する入店拒否

1970年代に入って社会問題化したのが、飲食店や風俗店など公衆に開かれた営業をしている店舗のなかに、ガストアルバイターの入店を拒否するものが出てきたことである。日刊紙が報じたところでは[148]、バイエルンのA市で、4人の飲食店の主人が彼らの店に「ガストアルバイターお断り」という看板を掲げた。ニーダーザクセンのH市では、風俗店の店主が「酔っぱらい、外国人と平穏を乱す者お断り」という看板を掲げた。

1. 刑法130条の広い解釈

このような状況を前に、ローゼ（Volker Lohse）は、公衆に開かれた飲食店等にガストアルバイターやその他の外国人を排斥する看板を掲げる行為は、刑法130条の民衆煽動罪を構成すると論じた[149]。短い論稿のなかで彼が主として論じたのは、ガストアルバイターやその他の外国人が民衆煽動罪の保護客体である「住民の一部」に含まれるということであった。この点は、前記のOLG Celleの判決でも簡単に言及され、肯定されていた。しかし、バイエルンの事件の記事のなかで、ミュンヘンの検事長が、ガストアルバイターは「ドイツ国民には属さない」と発言したことが報じられるなど[150]、刑法130条がガストアルバイターを有効に保護しているかを改めて検討する必要性が生じたの

---

[148] FAZ v. 30. 10. 1970, S. 9, v. 19. 11. 1970, S. 9.
[149] Lohse, NJW 1971, 1245.
[150] GenStA München lt. FAZ v.30.10.1970, S.9.

である。

　ローゼがガストアルバイターも「住民の一部」に含まれるとする論拠は多岐にわたるが、その最も重要な論拠は、ガストアルバイターがドイツ社会に法的にも社会的にも統合されている事実である。「ドイツの社会保障法及び税法によれば、彼らは本質的にドイツ人労働者と同じ権利と義務を有している。さらに基本法の領域でも、法的に同じ地位に立っている（基本法1、2、3、4、5、6、7、10、13、14、17、19条4項、101条乃至104条参照）。これらの規定において、人権はガストアルバイターにも帰属している」。さらに、「この法的な統合が公衆の意識のなかにも沈殿してきていることは、キリスト教会、労働者福祉協会（Arbeiterwohlfart）及び労働組合によって1970年に共同で、ガストアルバイターのために催された『外国人共同市民（Mitbürger）の日』が証明している。さらに、目的論的解釈をすれば、ドイツ連邦共和国に住んでいて、共通の国民総生産（Sozialprodukt）のために働いている人々の集団から、民衆煽動に対する保護が奪われたときには、労働休戦（Arbeitsfrieden）を超えて、公共の平穏もまた害されるということを考慮しなければならない。差別にさらされる「二級の市民（Bürger zweiter Klasse）」は、ドイツの土地の上に住んでいる他の集団との関係において、全共同体の内部でも、不安定要因を造り出す。ガストアルバイターは『ドイツ国民に属さない』という反対意見は、刑法130条においては意識的に『住民』というより広い概念が用いられ、『国民（Staatsvolk）』という狭い概念は用いられていないということを見落としている」。

　前記のように、「住民の一部」であることの要件は、一般に、その数において取るに足りないとはいえない多数であること、及び国民生活のなかで一定の意義を有していることであるが、70年の段階で200万人を超えていた[151]ガストアルバイターが第一の要件を充たしていることは疑いなく、さらにガストアルバイターが既にドイツにおける「共同市民」となっていることを強調することによって第二の要件も充たしうることを、ローゼは論証しようとしたのである。

　その上で、ローゼは、前記バイエルンとニーダーザクセンでのガストアルバイターや外国人を排斥する看板の掲示行為を、刑法130条1号の住民の

---

[151] FAZ v.9.12.1970, S.17. 連邦労働庁の発表を伝えたもの。

一部に対する人間の尊厳を侵害する「憎悪の挑発」に該当すると論じている。ローゼがその根拠としたのは、ユダヤ人を排斥する行為に対するBGHの先例である。憎悪の挑発とは、憎悪を生み出すべき任意の作用、すなわち当該住民の一部に対する敵対的な態度を生み出すための、感覚や情念への作用を意味する。問題の事案は、選挙戦において、ユダヤ人の候補者がポスターの上に犯人によって「ユダヤ人」という語の附いたテープを貼られることによって、そのようなものとして特徴づけられたものである。BGHは、これによって人格や専門的能力を考慮されることなく、ユダヤ人を公職から排除することを求めることが表現されたとして、人間の尊厳を侵害する憎悪の挑発に当たると判示したのである[152]。ローゼによれば、バイエルンの事例でも、立ち入り禁止の看板によって、ガストアルバイターは、その人の人格を考慮されることなく、価値の低いものとされ、犯罪傾向があるとされ、立ち入りが拒否されているのに対して、「善良な」他の住民の人達は立ち入ることができる、とされているのである。また、ニーダーザクセンの事例でも、外国人は、その人の人格を考慮されることなく、「酔っぱらいや平穏を害する者」と結びつけられている。それ故、BGHの広い解釈を一貫して継続するならば、この両事例も住民の一部に対する人間の尊厳を侵害する「憎悪の挑発」に当たるというのである。

　先のガストアルバイターが130条の保護の客体である「住民の一部」に属することに関するローゼの論証は、その後の議論においても広く受け入れられたが、入店拒否の看板を掲げる行為がガストアルバイターの人間の尊厳を侵害する憎悪の挑発に当たるという論証は、充分な説得力を持つものとして受け入れられることはなかった[153]。130条の適用範囲を拡張しようとする解釈に対して、直ちに、レーマー（Wilhelm Römer）による根本的な批判が加えられた[154]。

2. 刑法130条の狭い解釈

　レーマーによれば、ガストアルバイターが刑法130条の意味での「住民の一

---

[152] BGHSt. 21, 371 = NJW 1968, 309.
[153] ローゼは、論拠なしに、「公共の平穏を害するのに適した方法で」という要素は130条が具体的危険犯であることを示すとしている(Lohse, a.a.O., S. 1247.)。この点も、疑問である。
[154] Römer, NJW 1971, 1735.

部」であり、この規定による直接の保護の客体足りうるという点については、無条件の同意を与えることができるが、飲食店の店主が「ガストアルバイターの入店お断り」という看板を掲げる行為が刑法130条の客観的構成要件を充たすというローゼの広い解釈には従うことができないという。確かに、このような看板を掲げることが、刑法185条以下に規定されている侮辱罪を構成することはあり得るであろう。しかし、このような重大な差別的行為が、必然的にガストアルバイターという住民の一部に対する「憎悪の挑発」であるか、ひいては民衆煽動として可罰的であるかは、別の問題である。

まず、「憎悪の挑発（Aufstacheln zum Haß）」という要件について言えば、この概念は、純粋言語的には他人のなかに激情的な反感や敵対的な心情を悪意で意図的に惹起することを表している。したがって純粋言語的な解釈に基づけば、「憎悪を挑発する」という概念は、憎悪を生み出すか又は高めるという目的をもって感覚や感情を強く刺激するという形態において、他人に特定の種類の影響を与えることと定義される[155]。その上で、刑法130条は、この憎悪の挑発によって、他人の人間の尊厳が侵害されることを求めている。この「人間の尊厳の侵害」という要素は、法務委員会の審議の過程で、130条の適用範囲を限定するために挿入されたものである[156]。委員会報告によれば、人間の尊厳に対する侵害とは、特定の人々が、国家共同体内での同じ価値を持った人格としての生存権を否定され、価値の低い存在として扱われることであり、その人の人格の放棄できない中核部分を攻撃することである。これによって、130条の構成要件は、悪意による煽動や特に侵害性のある侮蔑の告知といった公共の平穏を危殆化する非常に重大な事例のみを包摂し、単なる名誉毀損や対面を汚すような取扱い、あるいは人格権への攻撃といったものでは足りないように周到に作り上げられているのである。また、130条は住民の一部に対するこのように高められた攻撃の形態のみを包摂していると見ることによってはじめて、3月以上5年以下の自由刑という重い法定刑に相応しい不法内容が示されることになる。

---

[155] 同旨のものとして、Lackner-Maassen, StGB, 6. Aufl. 1970, 3a zu §130; Dreher, StGB, 32. Aufl. 1970, 3Aa zu §130; Schönke-Schröder, StGB, 15. Aufl. 1970, Rdnr. 5 zu §130; Mezger-Blei, Strafrecht II, 9. Aufl. 1966, S.306.
[156] Bericht des Rechtsausschusses des Bundestages (BT-Drucks. 1746 der 3. Wahlp.); Schafheutle, a.a.O., 472.

このように見てくると、刑法130条の構成要件は、ローゼが行ったように広く解釈されるべきでなく、狭く解釈されなければならない。「憎悪の挑発」という実行方法について言えば、行為者は、住民の一部を単に軽蔑したり、拒絶したりすることを超えて、強い調子で、これに対する敵意を掻き立てるのでなければならないし、軽蔑の告知によっておそらくは憎悪の感情を引き起こすきっかけにもなったというのでは足りず、他人に憎悪感情を植えつけることを狙いとしたものでなければならない。店の主人が、特定の集団（ここではガストアルバイター）が騒ぎを起こすことに対する不安から、単に入店を拒絶したという場合は、これに当たらない。確かに、このような残念な行動が、かなりの人々にとって、外国人労働者に対するネガティヴな先入観を持たせるきっかけになったり、すでに存在している偏見を大きくするもとを与えることになるだろう。しかし、これらの事例では、通常、他人の感情に狙いを定めた形態での憎悪の挑発は存在しないのであり、重大な差別が存在するのにすぎない。重大なものでも差別それ自体は、刑法130条の厳密な客観的構成要件を充足するというのに十分でない[157]。

　レーマーの展開したこの狭い解釈は、刑法130条についての通説的な解釈と一致しており、外国人を排斥する看板を掲示する行為の刑法上の評価についての今日の議論の基礎をなすものとして、広く受け入れられていると言える。しかし、レーマーは、ローゼが広い解釈の根拠として引用したBGH判例の意義をどう評価するのであろうか？　レーマーによれば、ユダヤ人に対する煽動の場合には、公衆のなかに反感や憎悪という強い感情的リアクションを引き起こすのに充分なだけの反ユダヤ主義的感情及び気分が住民のなかに蓄積されていると明らかに認められた。ユダヤ系共同市民は一般的に、我々の国家共同体のなかで市民としての削減されない生存権を否定される価値の低い人間とみなされた時期があった。ナチスによるユダヤ人迫害及び600万のユダヤ人の謀殺という歴史的背景の下で、この事例では、――行為者の意図でも――最早ユダヤ系の住民の一部の単なる軽蔑又は拒絶ということ以上のことが問題になっているのである[158]。他の住民の憎悪や反感の対象となっている住民の一部の、人間の尊厳への粗暴な攻撃が存在したといえる。その

---

[157] Römer, a.a.O., S.1736.
[158] BGHSt 21, 372 = NJW 1968, 309.

限りで、ここでは、刑法130条の広い解釈は問題になり得ないのである[159]。

このように、単なる差別にとどまるか、民衆煽動罪を構成するかの問題に、攻撃の対象となっている住民の一部を取り巻く歴史的背景が影響するとするレーマーの見解に従えば、ドイツ社会内部におけるガストアルバイターの社会的地位や状況が変化すれば、その法的取扱いも変わることになろう。とすれば、少なくともトルコ系のガストアルバイターについては、ドイツの経済発展の担い手として歓迎されていた70年代初頭と、ヴァルラフが告発したようにドイツ社会の「最底辺」[160]で差別の対象になっていた80年代、そして「ゾーリンゲンの悲劇」[161]を経験した後の現在とでは、同じような入店拒否の看板の意味も当然に変わったはずである。トルコ人の入店を拒否する看板を掲げる行為が、トルコ系の住民の人間の尊厳を侵害する憎悪の挑発となりうることも一概には否定できないのではなかろうか。

3. 判例

外国人の入店を拒否する行為の可罰性に係わる判例が現れるのは、80年代になってからである。83年3月7日にBayObLGが下した判決は、入店拒否の看板を掲げるのではなく、入店拒否の方針を隠したまま虚偽の理由を示して米軍関係者や黒人の入店を拒否していた事件に関するものであった[162]。判決は、公衆に開かれた飲食店の営業主が、識別できる実質的な理由なしに(ohne erkennbaren sachlichen Grund)、客の入店を拒否したときは、刑法185条の

---

[159] Römer, a.a.O., S.1736.
[160] ギュンター・ヴァルラフ(マサコ・シェーンエック訳)『最底辺』(岩波書店、1987年)参照。
[161] 野中恵子『ゾーリンゲンの悲劇』(三一書房、1996年)参照。1992年11月23日未明にドイツ北部の町メルンで発生したトルコ人住宅の放火事件では、子ども2人を含む女性3人が死亡しており、1993年5月28日の夜にゾーリンゲンで発生したやはりトルコ人住宅への放火事件では子どもと女性5名が犠牲になった。
[162] BayObLG, NJW 1983, 2040. 被告人はディスコの営業主であるが、以前の店でたびたび米軍関係者の関係する口論や暴力沙汰を経験していたことから、彼は自分の店を高級な体裁のものにしようとしていた。この目的のために、被告人は、支配人であると同時に一種のドア番の役割もしていたSに対し、原則として、他の人々の集団と米軍関係者や黒人を一緒に店に入れないようにと指示していた。相手の感情を害したり厄介な結果になることを回避するために、Sは慇懃な態度で、例えば店が満席でふさがっているとか、空いている席も予約されているなどの虚偽の理由を示して入店を断っていた。ある夜、米軍の大佐と黒人の学生がこのディスコを訪れたときも、Sは、常連客だけが利用するプライヴェートクラブであるという理由で入店を断ったが、それは事実と符合しないと抗議され、押し問答をしているうちに、米軍関係者であるために断ったという真の理由を認めたという事案である。BayObLGは、拒否することの実質的理由を偽り、それが言い逃れであると見破られたときも、名誉毀損の告知が存在する、とした。

侮辱罪を構成するとした。確かに、契約自由の原則は公衆に開かれた飲食店の営業主にも当てはまり、公の法的な許可に基づいて営業しているという事情が強制的な契約締結義務の根拠となるわけではない。しかし、この契約の自由にもかかわらず、他の人々との間では制限なしに行われている取引の締結が、特定個人又は集団に対して、識別できる実質的な理由なく拒否されたとき、それは単に非友好的な行為であるだけでなく、侮蔑を意味することもあり得る。公衆に開かれた飲食店を営業する者は、公衆に対し、すべての人が客として歓迎されるということを表明しているが、店主がある人物の入店を拒絶することは、営業上の利益を放棄しても入店させないことが店主にとって必要であるか又は得策であると考えたことを推測させる。誰かある人が、識別できる実質的な理由なく客となることを拒否された場合には、その人にあたかも一般人に当然に備わっている属性が欠けているかのような印象が呼び起こされる、というのである。

　本件は、ガストアルバイターを排斥する言論を対象としたものではなく、入店を拒否する看板を掲げたものでもないが、判決の示した論理に従えば、ガストアルバイターの入店を拒否する看板を掲げる行為は185条の侮辱罪を構成することになろう。そしてこの結論は、学説上異論を見ないところである[163]。

　ガストアルバイターの入店を拒否する看板を掲示する行為が刑法130条の民衆煽動罪を構成するか否かを争点とする判例が公刊物上に現れたのは、85年である。OLG Frankfurtは、飲食店の前に、ドイツ語とトルコ語で、「トルコ人はこの店に立ち入るべからず」という看板を掲げる行為を民衆煽動罪に当たらないとした[164]。判決によれば、被告人は、彼の店に看板を掲げることによって、ドイツ連邦共和国に住んでいるトルコ人の人間の尊厳を侵害してはいない。「トルコ人はこの店に立ち入るべからず」とドイツ語とトルコ語で書かれた看板によって被告人が明らかにしたのは、彼がトルコ人の彼の店への立ち入りを拒んでいたということだけである。何故トルコ人がこの店への立ち入りを許されないのかということについては、この看板からは明らかでないのであるから、この看板によって、トルコ人が、例えば、共同体内の価値

---

163 Römer, a.a.O., S.1735.
164 OLG Frankfurt, NJW 1985, 1720.

の低い構成員と言明されたとか、共同体内での生存権が否定されたということは、この看板からは引き出せない。それ故、トルコ人が、この看板によって、彼らの人格の中核領域が攻撃されたとも言えないのである。むしろ、この看板は、ドイツ連邦共和国に住んでいるトルコ人に対する単なる差別にすぎないのである。単なる差別は、いまだ人間の尊厳に対する攻撃とはいえない[165]。

　この判例が、レーマーの示した通説の論理を採用したことは明らかである。これによって、入店拒否の看板を掲げることは、拒否された人々の集団に対する差別であり、その限りで刑法185条の侮辱罪（集団侮辱）を構成するが、単なる差別は人間の尊厳を侵害するとまでは言えないので、刑法130条の民衆煽動罪の構成要件を充足することはないことが確認された。

4. 判例の論理に対するローゼの批判

　このOLG Frankfurtの判決に接して、ローゼはさっそくこれを批判する今度は比較的長い論文を書いた[166]。ローゼによれば、判決が依拠した「人間の尊厳への侵害」に関する狭い解釈は、130条立案過程でのドイツ連邦議会法務委員会の報告にさかのぼる。「（憲法の——人間の尊厳についての）この権利は、例えば基本法2条、4条、5条等々によって保護されているような、人間の個々の人格権が侵害されたというだけでは、侵害されていない。むしろ、行為者が、彼の行為によって、攻撃されている人について、その人の国家共同体内での同じ価値を持った人格としての生存権を否定し、その人を価値の低い人間として扱おうとしたのでなければならない。この意味でも、問題とされなければならないのは、攻撃された人の人間性を否定し、又は相対化するものであるが故に、非人間的行為である」[167]。この厳格な解釈が、特に検証されることもなく通説に立つ論者や裁判官によって継受されているのである[168]。しかし、そこでは、基本法1条1項1文及び2文との関連については、十分に考慮されていない。連邦議会法務委員会は、基本法1条1項1文の実践での適用

---

[165] vgl. Dreher-Tröndle, StGB, 42. Aufl., §130 Rdnr. 8.
[166] Lohse, NJW 1985, 1677.
[167] BT-Dr III/1746, S.3.
[168] Vgl. Dreher-Tröndle, §130 Rdnr. 8; Lenckner, in: Schönke-Schröder, §130 Rdnr.7; Lackner, StGB, §130 Anm.3; Holz, MDR 1981, 453; BGHSt 16, 49(56) = NJW 1961, 1364; BGHSt21, 371(372) = NJW 1968, 309; Rudolphi, 12: SKStGB §130 Rdnr. 4.

が問題になっている場合に規範の輪郭や限界をどのようにしてより詳しく描き出すかについて憲法解釈が一致していない[169]、ということを前提に、刑法上の構成要件要素としての「人間の尊厳に対する侵害」を前記のように狭く解釈することを求めたのである。しかし、ローゼによれば、このような論理は、立法者が基本法1条3項による拘束の故に基本法1条1項1文に由来する人間の尊厳の概念を狭めることは許されない、ということを見落としている。憲法制定者は、人間の尊厳をすべての人権の基礎として、自由な民主制における最高の価値として、基本法79条3項によって特に保護している。法務委員会が1960年の段階で、——今日ではますます言えることだが、——憲法解釈者の意見が一致していないという理由で、制限的な、特殊刑法的な人間の尊厳概念を作り出すことは、苦心して誰にも認められるような人間の尊厳概念の解釈を得ようとしている憲法解釈学や連邦憲法裁判所の努力の価値を貶めることになる、という。

その上でローゼは、憲法学や連邦憲法裁判所の判決が、人間の尊厳の概念をどのように解釈してきたかを検証し、それを刑法130条の人間の尊厳概念にも当てはめようとする。ローゼが憲法学説や判例から引き出してきた論拠は、以下の点に集約できる。「人間の尊厳とは、人間が生まれながらにして精神的・倫理的存在として、自己意識と自由において自己を決定し、自己を形成し、周囲の世界（Unwelt）において自己を発揮する素質を持っていることにある」[170]。そして、人間が憲法秩序における最高の価値であるという場合には、人格の中核だけでなく、人間が存在するための諸前提が最も強い憲法的保護の下に置かれなければならない。その中には、自己決定するという意味での人間の人格や、コミュニケーションに依拠する存在という意味での社会連帯性（社会性）が含まれる[171]。このことは、「彼が社会からコミュニケーション相手としてまじめに受け取られる」ことを前提としている[172]。したがって、すべての人間が原理的に同じ尊厳を持ちかつ同じ価値を有するという思想は、「誰も差別されてはならない」ということに導く[173]。これを刑法130条の解釈

---

169 BT-Dr III /1746, S.3.
170 Wintrich, Zur Problematik der Grundrechte(1957), S.15.
171 Knittermeyer, Grundgegebenheiten des menschlichen Daseins, S.20.
172 Stein, StaatsR, S.215.
173 Maunz-Zippelius, DtStaatsR, S.181.

に当てはめれば、住民の一部に対する単なる差別も、他人の人間の尊厳を攻撃するものとなろう。看板は、店主がトルコ人を価値の低いものとみなし、トルコ人を彼の店に入れることを拒むことによって、他のすべての潜在的な客と区別するという内容を含んでいる。OLG Frankfurtは、これを、何故トルコ人が店に立ち入ることを許さないのかをこの看板から読み取ることができない、という主張でもって簡単に片づけている。確かに、理由は看板に書かれていない。しかし、この看板を見た店の客や通りすがりの者は、誰でも、差別を推論することができる。それ故、これを人間の尊厳に対する侵害ということができるのである。

しかし、以上のようなローゼの主張は、一方で民衆煽動罪と侮辱罪の区別を曖昧にし、他方では民衆煽動罪の本来果たすべき任務の範囲を逸脱するものとなるおそれがある。

5. 小括

刑法130条が規制しようとしているのは、「住民の一部に対する憎悪の挑発」等保護すべき価値がほとんどないものとはいえ、表現活動であり、かつ表現の内容に基づく規制である。したがって、その規制の及ぶ範囲は、規制目的を達成するために必要最小限のものでなければならない。それは、歴史的に差別されてきた、攻撃されやすい人々の国家共同体内での生存権の保障、すなわち単なる差別行為から暴力的措置などの深刻な事態が誘発されるおそれのある場合に限定されるべきであろう。その意味で、刑法130条の適用領域を限定するために導入された人間の尊厳概念を厳格に解釈しようとすることは基本的に妥当なことであり、構成要件の明確性を確保するために、刑法上の概念を憲法上の通常の意味より限定して解釈することが許されないとも言えない。やはり、一般的に、「単なる差別」も「人間の尊厳への侵害」に当たるとする解釈は、本来侮辱罪による規制の対象にすべき行為に民衆煽動罪を適用して過剰に規制するものといわざるを得ない。確かに、「ユダヤ人の店で買うな」という落書きと「トルコ人入店お断り」という看板との差は論理的にそれほど広くない、というローゼの指摘は、正しいものを含んでいる[174]。とりわけ統一以降のドイツ社会におけるトルコ人(トルコ出身のクルド人を含

---

[174] Lohse, NJW 1985, 1679.

む）の状況が、ナチス期のユダヤ人のそれと比較できるものではないにしても、相当に不安定なものとなっていることは考慮されてしかるべきであろう。しかし、それによって、「人間の尊厳の侵害」という構成要件要素の解釈それ自体を拡張すべきことにはならない。むしろ、人間の尊厳概念の狭い解釈を前提にした上で、差別表現の標的とされた集団が置かれているドイツ社会内での状況によって、形式的には同じ表現内容であっても、その実質的な意味内容が異なることを考慮すべきである。同じ表現でも、それが発せられた状況によって持つ意味が変わることは自明のことである。その差別表現によって、標的にされた集団に対する憎悪や暴力的措置への傾向が呼び起こされたり、高められたりして、この種の過激行為が頻発するような心理的風潮（psychisches Klima）がつくり出され、それによって標的にされた集団の構成員が法的安定性の感情を動揺させられるような場合には、その表現活動は「公共の平穏を害するのに適した」ものであることを示すと同時に、表現内容が「攻撃されている人の国家共同体内での同じ価値を持った人格としての生存権を否定し、その人を価値の低い人間として扱うもの」とも言えるであろう。とすれば、今日、極右運動の憎しみに満ちた表現の標的となりやすいだけでなく、しばしば暴力的措置にさらされているトルコ人を無差別に排斥しようとする表現は、最早「単なる差別」に止まらず、「人間の尊厳に対する侵害」とみなすことができよう。

三　難民申請者を排斥する言論に対する刑事規制

(1)　「偽装難民」問題

　基本法旧16条2項は、その第2文に「政治的理由で迫害された者は、庇護権を有する」と定めていた。ナチス期に多くの亡命者が他国で庇護されたことから、戦後ドイツは、亡命者を庇護する国になることを基本法で宣言したのである。難民認定の申請者は、連邦難民認定庁の審査を受け、政治的理由で国を逃れてきた庇護権者と認められなければ、退去しなければならない。89年に東西の壁が崩壊して以降、難民申請者は急増したが、実際に庇護権者と認められる者は少なく、全体の4、5％にすぎなかった。ところが、初発の申請の処理に時間がかかり、認定庁で拒否されても庇護権が基本権であるところ

から、認定拒否の行政処分の取消を求める行政訴訟を起こし、裁判所が認定拒否処分の正当性を確認したとしても、手続進行中に母国に新たな事態が生じたなどの理由で再度庇護申請する道も開かれていた。そのため、一度申請しさえすれば、結果として難民認定されなくとも、最短でも5年、うまくいけばもっと長くドイツに滞在することができた[175]。

　難民申請者の多くは、いわゆる「経済難民」であり、庇護権を持つ者でなかった。それどころか、なかには、退去が決まるまでの数年をドイツに滞在することを目的として、自ら庇護権を持たないことを知りつつ難民申請する者もいた。ドイツ人は、これを「偽装難民」と呼んだ。難民申請者は、難民収容施設に収容され、その中で完全に自由な行動は許されないものの、食事、衣服などの最低限度の生活は保障された。そのための財政支出は少額ではなかった。1992年8月22日、旧東ドイツの港湾都市ロストックで、難民収容施設が襲撃された。土曜の夜から始まった極右グループによる襲撃は日曜の朝まで10時間以上にわたって続き、月曜日には、州政府は難民を施設から避難させざるを得なくなった。その月曜の夜には、施設に隣接したヴェトナム人の居住する建物が火炎瓶によって焼き討ちされた。この戦後最大の外国人襲撃事件に対して政治家が口にしたのは、被害者である外国人への謝罪でも、加害者である極右グループに対する非難でもなく、難民申請者が増えすぎたことが問題だ、というものであった[176]。

　1993年5月、基本法が改正され、庇護権に大幅な制限が付された。「政治的理由で迫害された者は、庇護権を有する」という規定は維持されたものの、第16条aに移され、その第1項とされた。そして第2項に、「欧州共同体を構成する国家から入国する者、又は、難民の法的地位に関する協定並びに人権及び基本的自由の保護に関する条約の適用が保障されているその他の第三国から入国する者は、第1項を援用することができない」という制限条項を置いたのである[177]。つまり安全な出身国からドイツに来た者だけでなく、安全な第三国を経由してドイツに来た者も、庇護権を援用できないとしたのである。

175　野川忍『外国人労働者法』(信山社、1993年)61頁以下参照。
176　山本知佳子・前掲書2頁以下参照。
177　訳文は初宿正典・髙田敏編訳『ドイツ憲法集』(信山社、1994年)に拠る。

(2) 「偽装難民」を排斥する言論の刑事規制
(a) 侮辱の詩『ドイツにおける偽装難民』をめぐる判例と学説

　ドイツにおける外国人排斥言論の問題は、70年代から80年代にかけてはトルコ人移民労働者に対する排斥言論の問題が中心であったが、90年代に入ってからは、彼らへの攻撃は最早言論にとどまらず、直接の暴力となった。90年代の外国人排斥言論の特徴をなすのは、「偽装難民」に対する排斥言論である。これは、当初から暴力を背景にした言論の問題である。

　1992年、『ドイツにおける偽装難民』と題した難民申請者を揶揄する詩が、コピーされてドイツのあちらこちらに広まっていた。

　　偽装難民さん、ごきげんいかがですか？
　　はい、まったく元気で、ドイツにエイズを持ち込んでいます。
　　海外から直接やってきてね、
　　雪のように白い麻薬を持っていますよ、
　　夏といわず冬といわず配って歩いています、
　　そのうちの大半はドイツの子どもたちに配っています。
　　幸いなことに、私は働かなくていいんです、
　　だって、間抜けなドイツ人が工場で働いて工面してくれますから。
　　ケーブルテレビもありますし、ベッドでごろごろしています、
　　こんな調子じゃ、またぶくぶく太りそうです。
　　部屋代も、電気代も、ごみ処理代も払わなくていい、
　　払うのは、馬鹿なドイツ人だけ！
　　歯医者も病院も全部揃ってる、
　　支払いは、毎月、間抜けなドイツ人がしてくれる。………[178]

　この侮辱の詩をめぐって2つの事件が、法廷に持ち出された。
1. 「偽装難民」という概念が意味するもの
　第一の事件は、1992年9月に、地方の役場の外国人課に勤務する被告人が、(氏名不詳の職員が持ってきた) この詩のA4判コピーを、役場の執務室の

---

[178] 紙幅の関係上、前半のみ紹介した。詩の全文は、BayObLG, JR 1994, 471.を参照。

（受付カウンターの左端から2.3メートル隔てた）壁にかけたというものである。被告人は、この文書が役場の他の職員や役所を訪問して来た者によって読まれること、その結果として幅広い公衆に知られることになることを認識していた。AGは、被告人を民衆煽動罪について無罪としたが、控訴審であるLGは、一審判決を破棄し、被告人を民衆煽動罪で有罪とした。LGの認定によれば、被告人は、極右の党派に属してはいないものの、この詩の内容が、少なくともドイツに滞在する難民申請者の一部に向けられていて、かつ彼らを一括してエイズ患者、怠け者、麻薬密売人、及び詐欺師として中傷するものであることを明確に知っていた。被告人は、また、この詩を外国人課に掲げること及びその内容が、ドイツ連邦共和国に当時潜在的に存在していた極右的な外国人排斥の風潮に鑑みるとき、ずっと続いている外国人への敵意感情がこれによってさらに刺激を受け、かつ、法的安定性への信頼が揺さぶられるという恐れを抱かせることも計算に入れていたし、かつこれを認容していたとされた。被告人の上告に対して、BayObLGは、原判決を破棄し差戻した。BayObLGが主として論じたのは、『詩』によって刑法130条の意味での「住民の一部」が問題にされているか、あるいはどの範囲の人々が考えられるかについてであった。当事者の人間の尊厳への侵害の問題は、簡単にしか触れられていない。

　『詩』が揶揄している「偽装難民（Asylbetrüger）」に包摂される人々の範囲については、①すべての難民申請者、②客観的に難民認定請求権がないのにドイツ連邦共和国に滞在している難民申請者、③客観的に難民認定申請権がないだけでなく、主観的に、形式的な法的地位を徹底的に濫用して利益を騙し取ろうと考えている者、の三種が考えられる。原判決は、この詩によって「難民申請者が一括して」中傷されたとしているが、他の部分では難民認定請求権の帰属しないすべての難民申請者が中傷されたとしている。また、Betrügerという概念には、欺罔という要素が内在しているが、これをどう評価するかも示されていない。これが、破棄の理由である。BayObLGは、この点について一定の結論を示していないが、いくつかの論点を指示している。まず、最も狭い第三の意味に解したときは、刑法130条の意味での「住民の一部」とみなされない可能性もある。すでに見たように、通説・判例は、「住民の一部」と言えるためには、多数の人々が、特定のメルクマールに基づいて住民の総

体から区別可能で、かつ、まったく取るに足りないとは言えない大きさと意味を持っていることが必要だと解しているが、主観的に形式的な法的地位を徹底的に濫用して利益を騙し取ろうとしている者たちがこれに該当しうるか問題であり、これを認定することも事実審裁判官の任務である、とした[179]。次に、BayObLGは、思慮分別のある平均的読み手の観点から、文書の全文脈に従って解釈した結果として、「偽装難民」とは、すべての難民申請者又は少なくとも客観的に認定請求権の帰属しないすべての難民申請者を指すとの解釈も可能であり、「偽装難民」という言葉に拘泥する必要はない、とした[180]。LGにはその詳細な理由づけを求めたにすぎない。

　この判決についての詳細な評釈を書いたオットー（Harro Otto）は、次のように述べている。「偽装難民」という文言から、平均的な読者が「すべての難民申請者」を指していると解釈する、と考えることはできないであろう。この文言は、難民認定請求権を持っている難民申請者と、持っていない難民申請者を区別していることは明らかである。逆に、第三の意味に解したときに、それが通説・判例の意味での「住民の一部」と言えるか問題だとしたBayObLGの指摘は、正当である。難民認定の請求が最終的に認められない90％を超える多数の難民申請者は、少なくとも、客観的に見て、生存を脅かされていると感じるほどの経済的苦境にあり、その結果、主観的には是非とも援助を求める請求権があると考えているのである。しかし、住民の大部分の視点からは、その生存の危機が結局は経済的条件によるものである「経済難民」は、難民認定の請求権及びそれ故、———一時的にしろ継続的にしろ——実質的な援助を請求する権利を持たないものである。それ故、この人的集団が、『詩』の大部分の偏見のない平均的読者の視点からは「偽装難民」と見られると考えることは、まったく実生活に即したものと思われる[181]。

　しかし、表現に使われた直接の言葉は、「偽装難民」というように、擁護しようのない対象者に絞られているように見えても、それを文書の全文脈や背景となるコンテクストのなかにおいて解釈してみれば、その表現の矛先は、「経済難民」や「すべての難民申請者」など、より幅の広い集団に向けられてい

---

[179] BayObLG, JR 1994, 471.
[180] ibid., 472.
[181] Otto, JR 1994, 473.

るということは、差別的表現を行う者が使う常套手段である。この「詩」が引き合いに出される状況によっては、ドイツから援助を受けているすべての難民申請者を一括して排斥するものと解釈することも不可能ではないと思われる。

2. 難民申請者の人間の尊厳を侵害しているか

さらに問題になるのは、『詩』の内容が、人間の尊厳を侵害するものか否かである。ここでは、前記の人間の尊厳概念の狭い解釈を前提にして検討される。

LGは、この『詩』が、難民申請者を一括して、エイズ患者、怠け者、麻薬密売人及び詐欺師として中傷し、それによって彼らを「劣等人間(Untermensch)」として描き出しているのであるから、人間の尊厳を侵害しているという。さらに、BayObLGは、『詩』が、エイズを感染させ、子どもに麻薬取引を唆し、特にひどい態様で寄生生活をしている者として難民申請者を描き、それによって彼らが道徳的に「人間存在の最低の段階」にすら至っていないというメッセージを発しているのであるから、人間の尊厳の侵害に当たるとしている[182]。しかし、オットーによれば、麻薬を密売し、かつ詐欺行為を犯したエイズ患者である怠け者であっても、いまだ劣等人間とは言えない。この種の論証は、寄生する犯罪者を劣等人間と同視するものだが、常習的又は職業的に寄生する犯罪者であっても、劣等人間ではない。また、BayObLGの論証でも、社会的に危険な行為をし寄生生活をする者は人間として受け入れられるべき必要条件を充足していない、という前提があるが、この前提も受け入れられない。この二つの論証の背後には、個人の業績によって「獲得された」社会的尊重への要求が、人間の尊厳の保護によって包括されるものかどうか、逆に言えば、個人の消極的な行為態様が社会的尊重要求を減じるだけでなく、具体的に行為した人物の人間の尊厳そのものにも関わりうるものかどうか、という問題が隠れている。オットーは、イーゼンゼー(Josef Isensee)の所説に従って[183]、人間の尊厳は、人類的立場からの万人共通でかつ一様な人間像に調子を合わせたものであって、個人の業績を基準にして尊厳を割り当てることによって、現代社会の業績主義に開かれたものではない、

---

[182] BayObLG, JR 1994, 472.
[183] Isensee, AfP 1993, 619, 626f.

ということから出発する。人間の尊厳は、社会的に有用な行為によって根拠づけられるものではなく、有害な作意や不作為によって失われるものでもない。こう考えることは、刑法130条の意味での人間の尊厳の侵害に「人間性そのものの否定」を要求する通説の見解と一致する、という。そして、この解釈を前提とすれば、本件事案では、当事者の人間の尊厳への攻撃はなかったことになる。何故なら、「偽装難民」に対して向けられた中傷は、彼らのものと考えられている行為態様に基づいているからである[184]。

ところで本件は、差戻し後の新たな手続においても興味深い展開を示した。しかし、その内容に入る前に、これに影響を与えた第二の事件を見ておこう。

3. 難民申請者の生存権が否定されているか

第二の事件は、第一の事件の2カ月前、1992年7月に発生した。被告人は、「ドイツにおける偽装難民」の詩に自分の名前を署名したコピーを、掲載願いをつけてF新聞に送付した。勿論掲載されることはなかった。被告人はさらに、数多くのコピーを作成し、その一部にはドイツ国民連合（DVU）の便箋に複写されたものもあった。被告人は、コピー80部をもとの共同被告人に提供するなどした。AGは、被告人を民衆煽動罪について無罪とし、上告を受けたOLG Frankfurtも、これを棄却した[185]。

判決によれば、『詩』は、非合法な手段で政治難民であるとの認定を受けようとしている難民認定者に向けられているだけでなく、——この怪文書のコンテクストが疑いもなく示しているように——連邦共和国内のすべての難民申請者に向けられたものであり、彼らは、その中で一括して、間抜けなドイツ人をからかう寄食者、詐欺師及び犯罪者として表現されている。これによっ

---

[184] Otto, a.a.O., S.474. ただし、オットーが、これに引き続いて、こう述べていることに注意する必要がある。人間の尊厳への攻撃と当事者の人間存在への攻撃とを同一視することは、いわば人間の尊厳を破壊し尽くし、否定し去る場合だけを包括するものなのか、これを下回る攻撃は、人間の尊厳を傷つけていても、「人間の尊厳への攻撃」とみなされ得ないのだろうか。人間の尊厳を尊重することのなかに表現されているのは、人間を人格、すなわち、その素質に応じて自分自身をその特性において意識し、自由に自己決定し、自らの環境を形成し、かつ他者と交際しうる存在として認知することである。平等者が他の平等者と交際する可能性は、彼が平等者であることを否定された場合だけでなく、他者が彼に率直に、偏見なくかつ先入観なしに出会う可能性が深刻に制限されている場合も、すでに侵害されている。他者を重大な犯罪的寄食者として表示することによって、他者との率直で、偏見なく、かつ留保なく交際をしうる可能性は、深刻に侵害される。それによって、彼の尊厳はそれ自体として否定されているわけではないものの、彼の尊厳は侵害されている。刑法130条のこれまでの解釈は、さらによく考えてみるべきであろう。
[185] OLG Frankfurt, NJW 1995, 143.

て、刑法130条3号の掲げる意味で、住民の一部が悪意で軽蔑されている。さらに、ここでの難民申請者の名誉毀損は、住民のなかにある、そばに住んでいる移民に対する留保や不安を、外国人敵視感情や外国人憎悪に転化させることに資するはずであるから、刑法130条1号の意味での、住民の一部に対する憎悪の挑発も存在する。また、本件怪文書の頒布行為は、連邦共和国内の難民申請者の滞留権をめぐって今なお続く議論、それも外国人や難民申請者さらに難民収容施設に対する暴力行為や殺人計画までも伴っている議論のなかから生じたものであり、公共の平穏を害するのに適したものである。こうして、本件頒布行為は、「人間の尊厳の侵害」要件以外のすべての要件を充たしている。

　OLG Frankfurtは、『詩』が人間の尊厳を侵害するものではないという。その根拠は、連邦議会法務委員会によって示された伝統的な解釈を踏襲すべきだという点にある。判決によれば、「人間の尊厳への侵害」概念の立法者による「信頼すべき」解釈に照らせば、裁判所には概念の拡張解釈は禁じられている。刑罰構成要件の望ましい拡張を行うことは、立法者にだけ許されている。裁判所に、立法者の修正をしたり、代わりをする権限は与えられていない。立法者により前もって与えられた概念解釈を基礎にする場合、本件怪文書の頒布のなかに連邦共和国に住んでいる難民申請者の人間の尊厳への攻撃を見ることはできない。何故なら、この住民の一部について、その生存権が否定されているわけではないからである。難民申請者は、確かに一般的に寄生者、麻薬密売人及び詐欺師として悪意で軽蔑されてはいるが、それ以上にその生存権や存在権（Lebensrecht und Existenzrecht）が否定されてはいない。その限りで、この怪文書のコンテクストから導き出される攻撃は、難民申請者の滞留権ないし在留権に向けられているにすぎず、その生存権にまで向けられているわけではない。単なる外国人の滞留権の否定は、いまだ人間の尊厳への攻撃を示すものではない[186]。

　このように、OLG Frankfurtは、人間の尊厳に対する侵害についての伝統的な解釈のなかでも、「共同体内での生存権の否定」という観点を重視する判断を示した。

---

186 ibid.,144f; vgl. Ostendorf,in:AKStGB, §130 Rdnr.m.w.Nachw.

4. 生物学的生存権から社会的生存権へ

　第一の事件の差戻し審であるLGは、再び被告人を民衆煽動罪で有罪とし、事件はまたBayObLGに上がってきた。この時、すでにOLG Frankfurtの判決が出されており、BayObLGはこれと対決することになった[187]。

　BayObLGによれば、OLG Frankfurtは、無意識のうちに、自ら正当なものとして提示した支配的見解、特にBGHの判例から逸脱している。人間の尊厳が侵害されたと言えるのは、「共同体内での生存権」が否定された場合であるという最初の正しく引用した定義から、最終的に「共同体内での」という補足文を抜かしてしまったのだ、という。その結果、OLG Frankfurtは、人間の尊厳に対する侵害を、生物学的生存権への攻撃に限定することになった。このことは、「難民申請者の人間の尊厳への攻撃は見出し得ない、何故なら、住民のこの部分について、その生存権が否定されていないからである」とか、「難民申請者は、確かに、一般的に寄生者、麻薬密売人及び詐欺師として悪意で軽蔑されているが、それ以上に、その生存権や存在権は否定されていない」とか、「その限りで、攻撃は、難民申請者の滞留権ないし在留権にのみ向けられていて、その生存権にまでは向けられていない」などの判決の表現に表れている、という。しかし、通説・判例は、生物学的な生存権の否定まで求めているわけではなく、「国家共同体内における同じ価値を持った人格としての削減されない生存権」すなわち社会的生存権の否定を要件としているにすぎない。仮に、生物学的生存権の否定まで求めているのだとすれば、ユダヤ人を公職から排除することを求めた事例[188]、ドイツに住んでいる黒人を劣等人間と誹謗した事例[189]、連邦国防軍の兵士を職業的殺人者と表現した事例[190]では、他人の人間の尊厳への攻撃は認められなかったことであろう。しかし、実際には、それぞれに、刑法130条の意味での人間の尊厳への攻撃が肯定されている。このことは、これまでの判例が求めているのは、軽蔑された者の社会的生存権への攻撃であることを示している。難民申請者を一括してエイズ患者、麻薬密売人、詐欺師、さらに間抜けなドイツ人をからかう寄食者として描き

---

[187] BayObLG, NJW 1995, 145.
[188] BGHSt 21, 371=NJW 1968, 309.
[189] OLG Hamburg, NJW 1975, 1088.
[190] OLG Düsseldorf, NJW 1986, 2518.

出した本件の『詩』は、客観的に庇護権請求権を持たない難民申請者の生物学的生存権まで否定するものではないにしろ、その社会的生存権を否定するものであるとは言えるから、その人間の尊厳を侵害するものであると言えるのである[191]。

OLG Frankfurtが生物学的生存権の否定を求めていたかどうかはともかくとして、人間の尊厳の侵害要件が生物学的生存権の否定まで求めるわけではなく、「国家共同体内での同じ価値を持った人格としての生存権」という意味での社会的生存権の否定で足りるとする論旨は、正当なものであろう。そして、他者を重大な犯罪的寄食者として表現することは、その者との率直で、偏見のない交際の可能性を深刻に侵害するものであり、それはその者の社会的生存権を否定したものと言えるであろう。

(b) 刑法130条の新規定の下での外国人排斥言論
1. 刑法130条の新規定

1994年10月28日、『刑法、刑事訴訟法及びその他の法律の一部改正に関する法律（犯罪対策法）』が成立し、刑法の旧130条は旧131条（人種に対する憎悪を挑発する文書の頒布等の罪）と統合されて新130条となった[192]。この新130条は、その第3項によって「アウシュヴィッツの嘘」の処罰規定が新設されたことで注目されたが[193]、旧130条、131条の本体は、修正の上第1項と第2項に引き継がれている[194]。

新130条1項は、「公共の平穏を害するのに適した方法で、①住民の一部に対する憎悪を挑発し、又はこれに対する暴力的措置若しくは恣意的措置を煽動した者、②住民の一部を誹毀し、悪意で軽蔑し、若しくは不実の誹謗をすることによって他人の人間の尊厳を攻撃した者は、3月以上5年以下の自由刑

---

[191] BayObLG, NJW 1995, 146. ところで、ドイツ裁判所構成法121条2項は、上級地方裁判所が他の上級地方裁判所のした裁判と異なる裁判をしようとするときは、連邦裁判所に提示することを求めているが、BayObLGはOLG Frankfurtの判決から逸脱するものであるにもかかわらず、BGHに提示しなかった。BayObLGは、解釈に際して、OLG Frankfurtとは反対に、BGHの判決に従っているから提示義務は存在しない、と述べている（vgl. BGHSt 13, 149(151) = NJW 1959, 1450.）。
[192] この犯罪対策法については、川出敏裕「ドイツ犯罪対策法（上）（下）」ジュリスト1077、1078号参照。
[193] 新130条3項と「アウシュヴィッツの嘘」に対する刑事規制の問題については、本章第2節参照。
[194] 旧130条、131条と新130条の1項、2項との異同については、vgl. Beisel, NJW 1995, 997. 楠本孝「『アウシュヴィッツの嘘』発言と刑法改正」法と民主主義301号参照。

に処す」と規定し、第2項は、「以下の行為を行った者は、3年以下の自由刑又は罰金刑に処す。①住民の一部に対する又は国民的、人種的、宗教的若しくは民族性によって特定される集団に対する憎悪を挑発し、これらに対する暴力的措置若しくは恣意的措置を煽動し、又は住民の一部若しくは前記の集団を誹毀し、悪意で軽蔑し、若しくは不実の誹謗をすることによって他人の人間の尊厳を攻撃する文書を、a.頒布し、b.公然と陳列し、掲示し、観覧させ、若しくはその他見聞に供し、c.18歳未満の者に提供し、引き渡し、若しくはその他見聞に供し、又は、d.その文書若しくはそこから得られた部分を、a.からc.の意味において使用するために、若しくは他人のそのような使用を可能にするために、製作し、入手し、供給し、貯蔵し、提供し、広告し、推奨し、輸入若しくは輸出しようとした者、又は、②第1号において掲げた内容の表現物を放送によって流布した者」と規定している。

新規定の第1項では、第2号には「人間の尊厳の侵害」要件が残されているが、第1号にはこれが明記されていない。「暴力的措置又は恣意的措置の煽動」については、それ自体人間の尊厳への攻撃を含んでいると解されるので、新規定が旧規定より処罰範囲を拡張したものとなるか否かは、「憎悪の挑発」についてどのように適用していくかに係っている[195]。新第2項は、旧131条の法定刑を引き上げ(旧規定では、1年以下の自由刑又は罰金)、重罰化すると同時に、規制の対象が、「人種」に対する憎悪を挑発する文書から、より幅の広い「住民の一部に対する又は国民的、人種的、宗教的若しくは民族性によって特定される集団」に対する憎悪を挑発する文書にまで拡張されている。

2. 「支払いをしない外国人」を排斥する言論

刑法130条の新規定、特にその第2項が適用された例として、「支払いをしない外国人」を排斥するプラカードを掲げた事案がある[196]。被告人は、彼の所有する家屋に「ドイツ人よ、歴史の嘘と外国の影響から自らを防衛せよ」、「ドイツは移民国家ではない」、「外国人は、支払いをする客として歓迎する」、「多文化的＝多犯罪的」、「どの民族にも固有の国がある」、「5月8日についての解放の嘘」と書いたプラカードを掲げ、通りから、歩行者だけでなく、速度を落

---

[195] 理論上は処罰範囲が拡張されているが、実務上も同じ帰結をもたらすか疑問とするものとして、Beisel, a.a.O., S.998.
[196] AG Linz, NStZ-RR 1996, 358.

として走行する車の運転手によっても、よく見える状態にした。被告人が追求した目的は、事情によっては通行人を含めて、その地方の住民をして、働いていない外国人に対して憤慨させ、かつ彼らの存在をドイツ国民の負担しきれない重荷と思わせることであった。AGは、被告人を民衆煽動罪（130条2項1号b）で有罪とした。

AG Linzによれば、「支払い」をしない、つまり、自分自身の労働によって生活しているわけでも、自分自身の財産によって生活しているわけでもない外国人も、刑法130条2項の意味での「住民の一部」に当たる。この集団は、「偽装難民」と同じように規定される。「支払いをしない」外国人という場合は、庇護権上の考慮と無関係に規定される限りで、「偽装難民」より大きな範囲の人々を包括しているのにすぎない。他方、「憎悪の挑発」とは、単なる拒絶や軽蔑ではなく、敵意という意味での憎悪を生み出し又は高める目的を持って、他人の感覚や感情に持続的に影響を与えることであるが[197]、被告人は、プラカードを掲げることにより、「支払いをしない客」は連邦共和国から追放されるべきであるとの彼のメッセージを隣人や通行人に明瞭に理解させ、「支払いをしない」外国人を故国へ送り返すまでの敵意を引き起こそうとして、影響を持続して与え続けた。歴史的-政治的コンテクストに基づいて言明が明瞭であるならば、選択された言葉が特別に粗暴なものである必要はない[198]。

AG Linzは、補足的にではあるが、被告人の行為が、「支払いをしない」外国人を誹毀することによって、その人間の尊厳を攻撃したこともまた認められるとしている（130条2項1号3文）。しかし、第1文の構成要件が充足されているため、この点については問題にする必要がない、として詳しく論じられていない。94年改正による新規定が、事実審裁判官をして、民衆煽動罪の適用を容易にさせたことが窺える。

四　結びに代えて

ドイツ連邦共和国は、軽微な犯罪である侮辱罪によっては禁圧することのできない憎悪表現に、民衆煽動罪という比較的重い犯罪を適用する道を探っ

---

[197] Lackner-Kühl, StGB, 21. Aufl., §130 Rdnr, 4 m.w.Nachw.
[198] AG Linz, NStZ-RR 1996, 358f.

てきた。しかし、外国人に対する憎悪を挑発するようなたちの悪い表現であれ、およそ意見表明の自由という基本権を公共の平穏を維持するという見地から刑事罰をもって制限するという場合には、その構成要件は、通常必要とされる以上に明確で、限定されたものでなければならない。この役割を担ってきたのが「人間の尊厳の侵害」という概念であった。この概念こそ、民衆煽動罪が意見表明の自由を過度に広範に規制しないように、40年前のドイツの立法者が周到な配慮の下に作り上げたものである。憎悪表現を広く禁圧することを求める者がこの概念の意味を薄めて撹拌しようとしたときも、通説及び判例は、この概念の限定された解釈を維持した。しかし、統一後のドイツにおける極右勢力の暴力の猛威は、最早このような謙抑的な姿勢をとり続けることを許さなかった。94年、立法者はついに「人間の尊厳の侵害」という要件による縛りを、一部緩める法改正を行った。その成果を判定するには、もう少し時間が必要であろう。しかし、ドイツの学説と実務が、憎悪表現を禁圧するという誘惑のもとで、「人間の尊厳の侵害」という要件の存在意義を損なうことなく、その意味を掘り下げようとしてきたことは、高く評価されるべきだと思う。

●第2章
日本における外国人登録法をめぐる諸問題

第1節　戦後日本の外国人管理法制

一　はじめに——外国人管理と行政刑法

(1)　行政刑法と外国人管理

現代日本の法制度のなかには夥しい量の刑罰法規が存在する。行政法規でも罰則のないものはほとんどなく、「罰則」という章の存在が法律の一つの定まった形式のようになっている[1]。刑罰法規の過剰化現象は、「法の実効性は刑罰による威嚇力によってはじめて担保される」という人々の素朴な感情を利用して、法秩序の末端にまで国家の直接の介入を可能にし、他方では、共同体内のあらゆる紛争の処理を警察力に依存する脆弱な市民社会を生み出す。そこでは、秩序維持のために、刑罰を科すべき行為と過料を科すのにとどめておくべき行為とを区分する基準がなく、ただ立法府の裁量によって刑罰法規が次々に制定され、行政法規の実効性の担保を名目にして付加されていく。わずかな金額の罰金刑しか定められていなくとも、それが刑罰である以上、その法違反行為は犯罪であり、犯罪であれば警察活動の対象になる。こうして市民生活のあらゆる分野を横断する警察権力の監視網が張りめぐらされ、市民社会を蝕んでいく。

もちろん、外国人管理の分野も例外ではない。それどころか、刑罰法規の過剰化現象が最も顕著な領域であると言ってよい。外国人管理の両輪である「出入国管理及び難民認定法」と「外国人登録法」が外国人に課している義務のほとんどすべてに、その履行を担保するための手段として刑罰が科されてきた[2]。なかでも、特に違憲の疑いが生じたのは、これらの法規が、日本の植民

地支配の結果として日本に定住することを余儀なくされた在日朝鮮人、台湾人にも、他の旅券を持って入国してきた外国人と同じ法義務を課してきたことによる。戦後日本の外国人管理法制をめぐる諸問題の大半は、この旧植民地出身者及びその子孫の処遇をめぐるものであった。

(2) 刑罰謙抑主義と立法裁量論

この行政刑罰法規の過剰化現象に対抗して、個人の人権と市民社会の自律を擁護する論理の一つに、刑罰の謙抑主義を憲法上の原則と位置づけることによって、立法府の裁量を抑制しようとするものがある。刑罰謙抑主義は、立法と法解釈の双方にわたって認められるべきものであるが、解釈論については全逓名古屋中郵事件の最高裁大法廷判決で団藤裁判官が、憲法31条が刑罰謙抑主義の要請を含蓄していることを一つの理由として反対意見を述べ[3]、注目された。さらに、立法論についても「実体的デュー・プロセス」の要請がわが憲法の下でも認められるべきだとして、「刑罰法規を設けるにあたっては、実質的な必要と根拠が十分に明白に認められることが必要である」と説いた[4]。解釈論の次元での刑罰謙抑主義は可罰的違法性論という形で具体化され、今日一般的なものとなっていると言ってよい。しかし、可罰的違法性を欠くが故に無罪とする解決は、不当な刑罰権行使から個別に被告人を救済するという点では効果があるが、警察による不当な法運用の温床は残されたままであり、警察による24時間監視体制からの救済という点ではまったく不十分である。言い換えれば、司法的救済だけでは被抑圧者の人権侵害状況を改善するために十分ではなく、行政警察による圧迫を取り除かなければ真の救済にはならないのである。その意味で、立法論における刑罰謙抑主義の展開こそが重要である。しかし、残念ながらこれを具体化する論理は十分に深化していない。

1 　井戸田侃「行政法規違反と犯罪」佐伯千仭博士還暦祝賀論文集『犯罪と刑罰(上)』(有斐閣、1968年)161頁以下。
2 　入管難民法が規定する退去強制の制度は、もちろん行政処分ではあるが、日本に生活の基盤を有する定住外国人にとっては最も過酷な「刑罰」であった(足立昌勝「外国人管理と国家体制」同『国家刑罰権力と近代刑法の原点』〔白順社、1993年〕233頁以下参照)。
3 　最大判昭和52年5月4日刑集31巻3号182頁。
4 　団藤重光『刑法綱要総論〔改訂版〕』(創文社、1979年)49頁。

学説上は、立法における刑罰謙抑主義の要請が憲法31条の内容を成すとする主張は珍しいものではなく、今日ではむしろ一般的なものと言ってよい。憲法学上では、刑罰権は、「人権の最大限の尊重を基本原則とする憲法の下においては、他の人権に対して重大な侵害（強度の違法性）があるばあいで、他の手段によってはその侵害を抑止できないばあいに、はじめてその発動が認められ……、刑罰の謙抑主義は、13条のみならず、『当事者の人権の侵害される可能性を実際上最小限に食いとめることに役立つ手続と実体』を要求する31条に含まれる」[5]とされ、刑法学上も「謙抑主義は刑法の補充性、断片性および寛容性を内容とするものであり、刑法の立法および解釈の原理」となるものであって、「憲法上の人権保障規定に直接抵触しない場合であっても、刑罰法規の内容に処罰の必要性と合理的根拠を欠く行為が含まれているときは、それによって個人の行為の自由が侵害されることになり、憲法31条に違反する」[6]とされる。

しかし実務上は、行政刑法の合憲性を判断する場合、当該行政法上の制度が「必要かつ合理的な」制度であると認められる以上、その実効性を担保するためにどのような措置をとるべきか、制裁制度を設けるとして、行政罰にすべきか刑事罰にすべきかは、立法府が諸般の事情を考慮して合理的な裁量によって決すべき事柄であり、立法府の裁量が「明らかに合理的範囲を逸脱している」と認められない限り立法府の判断が尊重される、という判断構造が定着しており[7]、処罰の必要性は実質的に司法判断の対象としない傾向にある。そして、学説のなかには、こうした広範な立法裁量論を肯定的に受け入れ、刑罰謙抑性の要請は憲法上の原則ではないとするものもある。それによれば、不必要な刑罰の使用は禁じられるとしても、当該刑罰法規が「必要やむを得ない場合」かどうかを法的判断として一義的に確定するのは困難である。社会侵害性なき行為は処罰に値しないとはいえ、行政犯も侵害の程度に大小の差はあれ、まったく侵害性がないとは容易に言えない。他に統制手段があるときは刑罰は用いるべきでないと言うが、その代替手段が刑罰に代わりうるもの

5 　杉原泰雄「日本国憲法における適法手続の構造」奥平康弘・杉原泰雄編『憲法学1』（有斐閣、1976年）128頁。
6 　大谷実『刑法講義総論〔第4版補訂版〕』（成文堂、1996年）7、70頁。
7 　例えば、大阪高判平成6年5月19日公刊物未登載。

であるかの判断は容易でない。結局、その行為を抑止するのに刑罰が必要か否かの問題は、原則的には立法者の裁量に委ねるのが適当な事項と考えた方がよい[8]、というのである。

しかし、およそ刑事罰の必要性というのは客観的・科学的に判断することが不能であるというのならともかく、ただ単に行政罰で十分か刑事罰が必要かを判断することが困難な場合があるというだけでは、刑罰が必要か否かの判断を「原則的に」立法裁量に委ねざるを得ない、とすることはできないはずである[9]。なぜなら、憲法13条は「立法その他の国政の上で」人権を最大限に尊重することを義務づけているから、人権の激烈な侵害である刑罰権の発動を必要最小限のものに限定することは立法府の義務だからである。したがって、刑罰が必要か否かの判断が「困難」で、必要性に疑わしい点があるときは、立法者は自由の侵害を差し控えるべきである。「疑わしきは自由のために（in dubio pro libertate）」の原理は、規制の実効性を担保するために刑事罰を採用している領域でこそ、貫徹されなけれならない[10]。なぜ行政罰では十分でなく刑事罰を必要とするのかの立証責任を立法者に課すことによって、可罰性に間隙を生じることになっても、それは刑法の断片性から生じる当然の帰結なのである。

(3) 外国人の人権と二重の立法裁量

外国人管理法制における刑事罰の謙抑性問題はさらに深刻である。外国人登録法の規定する外国人登録上の様々な届出義務にはほとんど例外なく刑事罰による強制が加えられているが、これは極めて例外的な場合しか刑事罰を設けていない住民基本台帳法の住民登録制度と著しい対照をなしている。そこで、同じような行政目的を達成するのに一方では刑事罰を科し、他方では行政罰に止めていることについて、外国人登録法が諸種の届出義務違反に対する刑事罰を規定していることは、刑罰謙抑主義の原則に反しているのでは

8　阿部純二「刑罰についての謙抑主義」清宮・佐藤・阿部（照）・杉原編『新版憲法演習2』（有斐閣、1980年）200頁以下。
9　杉原泰雄「日本国憲法と刑罰の謙抑主義」佐藤功先生古稀記念『日本国憲法の理論』（有斐閣、1986年）192頁。
10　このような考え方は、「少くとも刑法に関するかぎり反対説が強い」という（阿部・前掲論文211頁）。

ないかが問題になる。

　ここでは、問題が二重になっていることに注意を要する[11]。まず、外国人登録であれ住民登録であれ、そもそも登録事項と事実との一致を確保するための手段として刑事罰を用いることが許されるか、ということが問題になる。登録の正確性という行政上の必要性は、故意に虚偽の申告をするような場合を除いて、単なる届出の懈怠については、どのような場合も、行政機関からの督促や勧奨、最終的にも行政罰をもってすれば足り、およそ刑事罰によって威嚇して充足させるべき性質のものではない、ともいえる。もしそうではなく、刑事罰で威嚇してでも是非「絶対的な正確性」が必要だというのであれば、そのことを立法事実をもって立証することが立法府に求められよう。

　次に問題になるのは、事実との不一致による行政への影響という点では異なるところのない外国人登録と住民登録とで、その義務違反に対する制裁に差異を設けることが許されるか、ということである。異なる目的を持つ二つの制度で、その正確性を担保するために採用される制裁に差異が生じるのは当然のようにも見える。すなわち、日本人の住民登録の場合には登録事項と事実の一致は行政罰によって担保すれば足りるが、外国人登録の場合には登録の正確性は刑事罰によって担保されなければならないほど重要である、と立法者が判断したとしても、それは、日本人と外国人との間にその法的地位に基本的な差異がある以上、合理的な差別であって、恣意的な刑事罰の濫用とはいえない[12]、というのである。しかし、基本的人権は、人間が人間であることのみを根拠として普遍的に保障されるべきものと観念され、この人権の生来性、前国家性、普遍性こそ人権が基本権とされる所以である。ある種の人権（ここでは、プライヴァシー権）の享有主体を国民に限定し、外国人の権利については議会の裁量によって自由に制限することができるとすれば、それは最早基本権ということはできない[13]。国民であるか外国人であるかの

---

[11] 立法府による二重の裁量という論理構造は、外国人に対する社会保障についてもとられている（いわゆる塩見訴訟に関する最判平元・3・2判例時報1363号68頁）。
[12] 国際慣習法上、外国人の入国の許否は当該国家の自由裁量に委ねられており、さらに入国後の滞在も入国の継続とみなすことによって、その在留の許否及び条件も当該国家の自由裁量に委ねられているというのが、日本政府の立場であり、裁判所もこれを無批判に受け入れている。ここから、外国人登録法にかかわる立法府の二重の裁量は、「公共の福祉」と「合理的差別」によって簡単に正当化されている。
[13] 大沼保昭『〔新版〕単一民族社会の神話を超えて』（東信堂、1993年）2頁以下、及び7頁以下参照。

差異に基づく差別を「合理的差別」とすることは、基本的人権の観念と相容れない。国家権力からの自由としての人権(自由権)は、その人が現に生活を営んでいる場で最も問題になるのであるから、その人の国籍ではなく、その人の生活実態に着目した処遇こそが合理性を有する。とすれば、日本に祖父母の代から居住し、実態において日本国民と何ら異なるところのない生活を送っている旧植民地出身者及びその子孫に対して、あえて異なる登録制度を刑事罰によって強制するとすれば、その必要性を立法府において立証することが求められよう。

(4) 外事警察の情報収集活動

外国人法制の末端まで刑事罰の網が張りめぐらされていることは、そのことによって法義務違反者が実際に訴追され、処罰されることよりも、むしろその処罰規定の存在によって、警察が外国人の日常生活をすみずみまで監視する活動に根拠を与えることになるという問題の方がより深刻である。

警察組織内部で外国人登録法や出入国管理及び難民認定法が規定する犯罪の取締りにあたる部局は、警察庁では警備局の外事部であり、都道府県警察では警備部の外事課である。特に警視庁には、全国の警察で唯一「公安部」が設置されていて、そのなかに外事一課と外事二課が置かれている[14]。これらの部局は、いわゆる警備公安警察といわれる警察部門であり、犯罪の取締りそのものよりも、警備・公安情報の収集を主目的とする部局である。些細な違反である外登証の不携帯罪を根拠にして、自宅だけでなく勤め先まで捜索し、逮捕して余罪取調のほか、不携帯罪とはまったく無関係な、北朝鮮への渡航歴や勤め先が在日朝鮮人が経営する会社などであるときは、その経営状況を取り調べるなどということが日常的に行われていた時期がある。ここでは、外登法違反である不携帯は、強制捜査を行うための足がかりにすぎず、真の狙いはそれを手段として公安情報を収集することにある。したがって、外登法違反の各犯罪の法定刑が軽微で、言い渡される刑罰もほとんど罰金刑か自由刑が選択される場合にもほぼ例外なく執行猶予が付されるからといって、その存在を軽視してはならないのである。

---

14 公安警察の組織機構と外事警察の職掌については、青木理『日本の公安警察』(講談社現代新書、2000年)16頁以下及び157頁以下参照。

二　戦後外国人管理法制の形成期

(1)　占領期の朝鮮人政策

　1945年8月、日本政府がポツダム宣言を受諾したことによって、日本の植民地支配に終止符が打たれたが、この時、強制連行等の結果として日本に在留する朝鮮人の数は約200万人に達していたと推定されている[15]。強制労働を支える権力の崩壊によって彼らは一斉に帰国を始めたが、帰国を希望しながらも、植民地支配と戦争によって祖国の経済が破壊されていたために果たせなかったり、すでに日本に生活の基盤を築いていた人々は、日本に残留することになった。それでも1946年3月に「在日朝鮮人の帰国希望の有無を調査すること」を名目として行われた登録[16]では、在日朝鮮人は647,006人となっているので、わずか7カ月でほぼ3分の2が海峡を渡って帰国したことになる[17]。けれども、敗戦直後の日本の外国人管理の対象が専ら在日朝鮮人であり、外国人管理法制の中核が在日朝鮮人政策となることは不可避のことであった。

(a)　占領初期の在日朝鮮人政策とその転換

　日本を占領した連合国の総司令部(GHQ)は、初期の占領政策の大枠を規定した1945年11月3日付の『初期基本指令』の中で、「朝鮮人・台湾人は軍事上の安全が許す限り解放民族として扱うが、必要な場合には敵国人として扱うことができる」としていた。ほぼ同時に、GHQは、朝鮮人の一斉帰国による運輸事情の混乱を収束させるため、「在日朝鮮人連盟」(朝連)の主導によって進められていた帰還事業を自ら監督し、その統制下において計画的輸送を実施すると発表した。当時のGHQの外国人政策の大半のエネルギーは、この帰

---

[15]　森田芳夫『数字が語る在日韓国・朝鮮人の歴史』(明石書店、1996年)78頁及び156頁以下参照。ただし、約230万人とする説も有力である。例えば、徐京植『皇民化政策から指紋押捺まで』(岩波ブックレット、1989年)7頁、田中宏『在日外国人〔新版〕』(岩波新書、1995年)60頁。
[16]　1946年3月13日付厚生・内務・司法省令1号。帰国希望者は、514,035人であった。しかし、現実に帰国した朝鮮人の数は、その5分の1にも満たなかった。
[17]　終戦直後日本から引き揚げた朝鮮人の数については、森田芳夫・前掲書20頁以下参照。なお、金賛汀『在日コリアン百年史』(三五館、1997年)138頁参照。

還事業に注がれたと言ってよい[18]。GHQの在日朝鮮人政策は、表向きは「解放民族」として処遇するとしながら、実際には在日朝鮮人の存在を占領政策の障害とみなし、在日朝鮮人の帰還熱を利用して帰還事業を奨励・実施することによって在日朝鮮人問題を解決する、というものであった。しかし、この政策は早々に行き詰まりを見せた。一方では、冷戦の始まりによって、GHQが38度線以北への朝鮮人の帰還を制限せざるを得なくなったこと、及び日本政府が財産の流出を防ぐため帰還者の所持品持ち帰りを制限する方針をとったことがある。他方では、帰国した朝鮮人の一部が、祖国の経済状況を見て、日本に逆流し始めた。1946年に不法入国者として検挙された朝鮮人の数は、17,733人に達した[19]。これを見て、GHQは、46年3月に帰国者の再入国を禁じる指令を発すると同時に、日本政府に前記の「帰還希望者登録」を実施させて、在日朝鮮人の在留状況を把握しようとしたのである。

初期占領政策では、いわゆる10・4人権指令（『政治的民事的及び宗教的自由に対する制限の撤廃に関する覚書』）によって特高警察などの弾圧組織が解体され、また、ともかくも在日朝鮮人・台湾人は「解放民族」とされていたので、彼らに対する日本の統治権の限界が明確でないことから、第一線の警察官の士気は上がらず、内務省、警察当局も在日朝鮮人問題に対してとるべき方策を打ち出せずにいた[20]。しかし、この状況も長くは続かなかった。1946年2月、GHQは、『刑事裁判管轄権に関する総司令部覚書』を発し[21]、連合国国民に対する日本の刑事裁判権を否定しつつ、朝鮮人等に対する日本の刑事裁判権に関しては、被告人が本国に帰還する意志をもつことを証明した場合に、日本の裁判所の確定判決に対して最高司令官による再審の途があると規定していた。その意味するところは、日本に朝鮮人等に対する刑事裁判権・捜査権を付与するというものである。次いで、同年4月に出された『朝鮮人の不法行為に関する総司令部覚書』では、日本政府の警察以外の警察機関を認めないと宣

18　大沼保昭・前掲書35頁。
19　森田芳夫・前掲書21頁。また、金賛汀・前掲書140頁。
20　ただし、この間にすでに、日本政府による旧植民地出身者の権利剥奪の策動が始まっていたことに注意しなければならない。すなわち、政府は45年12月17日に改正衆議院議員選挙法を公布したが、その付則には「戸籍法ノ適用ヲ受ケザル者ノ選挙権及被選挙権ハ当分ノ内之ヲ停止ス」と規定されていたのである。これにより、当時の政府の見解では依然として日本国民としての地位を保持しているはずの朝鮮人・台湾人は、参政権を奪われた。
21　大沼保昭・前掲書38頁以下。

して朝連自治隊を解散させ、在日朝鮮人に対する日本政府の完全な警察権を承認した。これによってGHQのお墨付を得た日本政府及び警察当局は、戦前の植民地支配時代の取締り方針を継承したような対応をとるようになる。5月に発足した吉田内閣は、翌6月には『連合国占領軍の占領目的に有害な行為に対する処罰等に関する勅令』[22]を発して、食糧危機を背景に空前の昂まりを見せていた反政府大衆運動抑圧の姿勢を明確にし、8月以降は、大村清一内相が、一連の闇市取締り事件にかこつけて、いわゆる「第三国人」に対する厳正な取締りを行って社会秩序を維持する、と繰り返し表明するに至った。

(b) 外国人登録令

　このように、日本に民主主義を植えつけることを目指しながら、円滑な占領政策の実施のためには朝鮮帰還者の再入国を抑制する等の一定の目的に仕える登録法制も必要であると認めたGHQと、在日朝鮮人問題を治安問題と位置づけて取り締まることを目指した日本政府とが妥協の産物として生み出したのが、1947年5月2日、新憲法施行の前日に最後の勅令として公布・施行された『外国人登録令』(ポツダム勅令207号)である。これは、外国人登録を警察当局が実施する案を退けて、市町村長を担当機関とする案を採用している一方で、講和条約発効までは旧植民地出身者は日本国民として扱うという原則に反して「台湾人のうち内務大臣の定めるもの及び朝鮮人は、当分の間外国人とみなす」(11条)と規定し[23]、在日朝鮮人を外国人管理法制の下に置くことを規定した。その上で、付則第2項で「この勅令施行の際現に本邦に在留する外国人は、この勅令施行の日から30日以内に」登録を申請することを義務付け、同3項は、その違反者には登録に関する罰則や退去強制に関する規定を準用するとしていたのである。こうして、在日朝鮮人に外国人としての登録義務を課し、その違反者には刑罰(「6月以下の懲役若しくは禁錮又は1000

---

[22] これは、50年10月に全面改正され、『占領目的阻害行為処罰令』(政令325号)として施行された(11月1日)。
[23] 「みなす」とは、外国人としての処遇はあくまで外登令の適用に限ったものであって、他の分野では朝鮮人、台湾人は日本国民として処遇する、ということを示している。後に見る民族教育などの分野では、朝鮮人等は日本国民として、日本の学校法体系に従わせようとするのである。「この時期、日本政府は在日朝鮮人を、その民族自決権(民族教育など)を否定するためには『日本国籍保持者』とみなし、また、『日本国籍保持者』として保障されるべき権利を奪うためには『外国人』とみなした」(徐京植・前掲書50頁)のである。

円以下の罰金」)を科し、最終的には退去強制[24]を以て臨むという体制ができあがったのである。

　外国人登録令が公布された後、朝連をはじめとする多くの在日団体が反対運動を繰り広げた。特に外国人登録証の常時携帯・提示義務については反発が強かった[25]。戦時下において、在日朝鮮人の徴用逃れと過酷な強制労働現場からの脱走を阻止するための道具として所持を義務付けられていた『協和会手帳』[26]を思い出さざるをえず、『イヌの鑑札』という言葉も生まれるほど、強い抵抗感を示した。それでも日本政府は、登録期間を1947年7月31日までと決定し、登録拒否者には厳罰で臨むと繰り返し発表した。しかし、登録日が迫っても役所を訪れる朝鮮人はほとんどなく、GHQと日本政府は登録の期日を8月31日まで1カ月延長するとともに朝連との交渉を行い[27]、登録に際して国籍問題[28]には一切言及しないなどの確約をした。こうして、ようやく朝連は登録申請に応ずることになったが、市町村の事務の混乱と登録拒否者の続出のなかで、一括登録や市町村職員の推測による記載のための誤記や重複・脱漏が数多く生じた。また、登録業務の主体が市町村だったことにより、移動などによる意図せざる二重登録も生じた。配給米を受け取るための故意の幽霊登録もまったくなかったとは言えないが、登録と事実の不一致を生ん

---

[24] 退去強制権は内務大臣に属し、地方長官は退去命令権を有するとされたが、実際の取扱いは現地の軍政部の指示の下に地方長官が警察を使って実施する、というものであった。反面、内務大臣、地方長官の処分に不服ある者が裁判所に訴訟を提起したときは、訴訟係属に退去処分の執行停止効果が認められた。ただし、この制度は、退去強制処分が日本の司法権の及ばない占領軍当局の指示に基づいて行われたので、まったく活用されることなく、49年改正で廃止された(大沼保昭・前掲書45頁、53頁参照)。
[25] 登録証常時携帯・提示義務の規定(第10条)は、登録証不携帯それ自体は処罰の対象とせず、登録証の提示拒否という故意犯を処断するにとどめていた。
[26] 「協和会」は、1924年5月に大阪府知事及び内務官僚が中心になって組織された「大阪協和会」を起源とし、1934年9月30日に閣議決定された「内地における朝鮮人指導向上及び内地融和を図る件」に基づいて生まれた官製団体である(協和会についての詳細は、樋口雄一『協和会』〔社会評論社、1986年〕を参照)。協和会手帳はその会員証であり、約45万枚発行され、本人の顔写真が貼付され、住所、職業、生年月日などが記載されていた。現在の外国人登録証の原型とされる。朝鮮から強制連行された者たちが炭坑などから逃亡したりしたとき、それらの朝鮮人を誰何するのに警察は、協和会手帳の提示を要求し、もし所持していなければ逃亡者とみなし、警察署に連行して取り調べた。つまり、協和会手帳は、在日朝鮮人を監視・統制する強力な手段であった(金賛汀・前掲書120頁)。
[27] 金賛汀・前掲書157頁。
[28] 日本政府が、講和条約発効まで朝鮮人は日本国民だとしながら、外登令上は外国人として、国籍欄に「朝鮮」と記すが、朝鮮半島にはGHQや日本政府が承認した国家が存在しないから、この記載は国名や国籍ではなく、単なる用語であるとしていたことに、朝連は強く反発していた。

だ主要因は事務上の混乱にあった[29]。

(c) 阪神教育闘争

　帰還運動の熱気のなかで祖国に帰る準備を始めた朝鮮人たちは、皇民化政策によって「日本人化」した子どもたちに民族の言葉を取り戻すための教育を始めた。朝鮮語講習会という形で自然発生的に始まった民族教育の芽は、朝連によって組織化され、民族教育事業へと発展していった。それは、祖国への帰還が困難であることが知られるようになった後にも衰えることがなく、朝連結成から2年後の1947年10月までに、初等学校541校（生徒数約58,000人）、中等学校7校（生徒数約2,800人）が開設された[30]。植民地支配時代に、言語、歴史、姓名に至るまで民族の文化的遺産の一切を否定され、破壊された一種の「文化的ジェノサイド」[31]を経験した在日朝鮮人にとって、「解放」後に、その失われた遺産を継承するための努力を始めることは、民族自決の原理を持ち出すまでもなく、人間存在として自己を確証するための必然的営為であったと言わなければならない。その意味で、子どもに民族教育を施すことは日本社会の少数民族である在日朝鮮人の基本権と言える。

　これに対して、GHQと日本政府は、当初こうした動きを黙認する態度であったが、民族学校において共産主義教育が行われているとの認識が強まるにつれて、朝鮮人子弟の教育も日本の教育法体系の管理下に置くべきだとする方針を固めていくことになる。そして、1948年1月24日、文部省は、学校教育局長名の『朝鮮人設立学校の取扱いについて』なる通達を発して、朝鮮人子弟も市町村立又は私立の小中学校に就学させるべきこと、学齢児童、生徒の教育については各種学校の設置は認められず、私立の小中学校の設置はすべて学校教育法により認可を受けるべきこと、私立学校として認可を受けるためには、日本語による、日本の教科書を用いた教育を行わなければならず、朝鮮語教育は課外に行うことのみが認められる、などとした。これは、当時行われていた民族教育を否定し、朝鮮学校を閉鎖させることを意味してい

---

[29] 小野幸治・武村二三夫編『外登証常時携帯制度と人権侵害』（日本評論社、1987年）15頁。
[30] 森博行「民族教育の歴史と現状」床井茂『いま在日朝鮮人の人権は』（日本評論社、1990年）84頁以下。
[31] 前田朗「文化ジェノサイドとは何か」統一評論413号63頁以下。
[32] 金賛汀・前掲書159頁以下及び大沼保昭・前掲書61頁以下参照。

た[32]。在日朝鮮人は各地で激しい抗議行動をとったが日本政府は強硬な態度を崩さず、48年3月31日、山口県と兵庫県が朝鮮学校の閉鎖命令を発し、次いで岡山県、大阪府、東京都等でも命令が出された。

　1948年4月24日、兵庫県庁前に集まった1万人を超える在日朝鮮人が、県に対し学校閉鎖命令の取消と以前の集会での逮捕者68名の釈放を求めて集団交渉を行った。大衆の集団的圧力に抗しきれず県知事は、学校閉鎖命令を撤回し、逮捕者を釈放した。しかし翌25日、占領軍は神戸地方に非常事態宣言を発し、前日の学校閉鎖命令の取消や逮捕者の釈放を無効とするとともに、1,667名に及ぶ朝鮮人、日本人を逮捕した。うち、8名の朝鮮人と1名の日本人が軍事裁判に付され、10年から15年の重労働の判決を受けた。また大阪でも、府庁前公園で23日、1万数千人の在日朝鮮人が抗議集会を開いたのに対して、武装警官8,000人を動員して弾圧し、日本人を含む179名を逮捕した。そして3日後の4月26日、再び大阪府庁前に12,000人の朝鮮人が集合し、代表が知事と閉鎖問題について交渉を始めたところ、米軍大阪軍司令部長官が来庁し、府知事に対し「群衆を解散せしめよ、もし応じない場合はポンプ並びに火器の使用を許可する」と命令した。市警は、武装警官2,000名を動員して一斉に放水を始め、さらに水平撃ちによる銃撃を加え、16歳の朝鮮人少年が頭に銃弾を受けて死亡し、20数名が負傷した[33]。

　48年5月5日に朝鮮人教育対策委員会代表と文部大臣との間に、在日朝鮮人は日本の学校教育法に従う、朝鮮人学校は、私立学校として自主性が認められる範囲内で朝鮮人独自の教育を行うことを前提として、私立学校としての許可を申請する、という「覚書」を交換することで事態はようやく沈静化した[34]。この阪神教育事件を経験して、日本政府は、「この問題は文教問題として取り上げるより、閉鎖の実力行使をどうするかというような治安問題としての処理を考えねばならない」という方針を定め[35]、GHQは、この事件を朝連の指導による治安攪乱行為と捉え、在日朝鮮人を敵視する政策に明確に転換

---

[33]　在日朝鮮人の人権を守る会『在日朝鮮人の基本的人権』(二月社、1977年)341頁以下及び森博行・前掲論文86頁以下参照。
[34]　大沼保昭・前掲書62頁以下。
[35]　古波倉正偉「在日外国人に対する迫害と弾圧」風早八十二ほか『政治反動と「治安政策」』(労働経済社、1968年)102頁。

していった。

(d) 団体等規正令

　GHQは、すでに占領初期の46年2月に超国家主義を取り締まる目的で『政党、協会其ノ他ノ団体ノ結成ノ禁止等ニ関スル件』(勅令101号号)を発していたが、阪神教育事件の直後である48年6月に日本政府に対し同勅令を改正して、在日朝鮮人団体や左翼運動をも取り締まることのできる体制を作ることを打診していた。日本政府にも異論のあろうはずはなく、1949年4月4日、『団体等規正令』(ポツダム政令第64号)が公布、即日施行された[36]。これは、旧勅令とその形式内容において大差のないものであったが、軍国主義、超国家主義等の団体に加えて、「反民主主義的な」団体をも規制の対象に加えたものであった[37]。この「反民主主義的」という文言こそ、在日朝鮮人団体及び共産党に対する抑圧装置を発動するためのキーワードであった。

　団体等規正令を朝連に適用するという方針は早い時点で固まっていたと見られるが、適用のための準備は政府内で極秘裏に進められ、ついに49年9月8日、完全な抜き打ちで在日朝鮮人連盟(朝連)と在日本朝鮮民主青年同盟に対して団体解散と公職追放が指令された。具体的な適用条文は、第2条第1号の「占領軍に対して反抗し、若しくは反対し又は日本国政府が連合国最高司令官の要求に基づいて発した命令に対して反抗し又は反対すること」及び第7号の「暴力主義的方法を是認するような傾向を助長し、若しくは正当化すること」であり、これらの要件に該当するとして「反民主主義的且つ暴力主義的団体」として解散に相当するとしている[38]。解散指定後、政府は、朝鮮人学校に朝連との関係を絶ち、朝連が設置していた学校については廃校になったものとして処置するよう指示するとともに、朝連系学校92校に閉鎖接収命令を出した[39]。

　49年の夏は、GHQと吉田内閣が下山事件、三鷹事件、松川事件等の謀略事件を通じて反共キャンペーンを展開していた時期であり、その中で団規令

36　吉橋敏雄「団体等規正令逐条解説」警察研究20巻5号29頁以下。
37　荻野富士夫『戦後治安体制の確立』(岩波書店、1999年)84頁以下。
38　荻野富士夫・同上書90頁以下。
39　大沼保昭・前掲書70頁。

による最初の解散指定が朝連に対して行われたことは象徴的なことであった。民主主義は少数者の人権が保障されるのでなければ決して成立しないものであって、この「反民主主義的」というレッテルを貼って、少数者の人権を抑圧する方策は、まったく民主主義的ではあり得ないものであった。

(e) 外登令の改正

民族教育をめぐって緊迫した状況にあった48年4月に、日本政府は早くも外登令の改正案をGHQに提示している。その内容は、罰則の最高刑を10年以下の懲役にまで引き上げること、義務違反に刑罰を科す範囲を拡張すること、裁判所の宣告による退去強制を認めることなど、外登令を在日朝鮮人に対するあからさまな弾圧法規に変えるものであって、さすがにGHQの承認は得られなかった[40]。しかし、弱体だった芦田内閣に代わって成立した第2次吉田内閣は、49年1月の総選挙で絶対過半数の議席を得る勝利をあげると、団規令によって朝連を解散させて在日朝鮮人の組織的抵抗ができない状態にしておいて、GHQから外登令改正の承認を得た。

49年12月3日に公布、翌50年1月16日に施行された改正外登令のうち在日朝鮮人に関わる主なものは、①不法入国の罰則を3年以下の懲役、登録に関する罰則を1年以下の懲役に引き上げる、②居住地変更登録制度を新設する、③登録証の提示拒否だけを処罰していたのを改めて、常時携帯義務違反そのものを処罰することとした。これによって、在日朝鮮人を警察の日常的な監視の下に置く「外登証常時携帯制度」が確立されたのである。④登録証明書に有効期間（3年）を設定し、一定の切替期間後には旧登録証は失効するものとして、登録証の一斉切替を実施し、47年の登録の際にあった誤登録の一掃を図った。この切替申請義務違反にも罰則（1年以下の懲役）を科した。これによって、外国人をして一定期間ごとに役所に出頭させ、登録が正確であることを確認させるいわゆる「確認申請制度」が設立されたのである。同時に、これまで市町村ごとの連番となっていた登録番号を全国一律の登録番号とすることによって、国の一元管理を可能にした[41]。

40　大沼保昭・前掲書65頁。

(2) 講和独立期の外国人管理法制
(a) 日本国籍喪失と法律126号

1948年8月の李承晩による大韓民国樹立、9月の金日成による朝鮮民主主義人民共和国の樹立が朝鮮半島の分断と対立の激化をもたらし、50年6月25日に朝鮮戦争が勃発すると、在日朝鮮人社会の分断も決定的なものとなった[42]。この混乱のなかで、51年9月8日にサンフランシスコで講和条約が調印されると、日本政府は、講和条約発効に備えた布石を打ち始める。

51年10月4日に外国人登録から独立した狭義の出入国管理の一般法として公布された『出入国管理令』（ポツダム政令319号）は、施行当初は、すでに日本に在住し、生活している朝鮮人、台湾人には適用されなかったが[43]、52年4月28日の講和条約の発効に伴って「朝鮮人及び台湾人は内地に在住する者も含めてすべて日本国籍を喪失する」とされたことから、これ以後、在日朝鮮人、台湾人にも出入国管理令が適用されることになった。講和条約そのものには、旧植民地出身者の国籍問題は一切触れられておらず、一律の日本国籍喪失は、法務省民事局長の通達（1952年4月19日民事甲438）[44]という形で発表された。戦後処理の観点からすれば、旧植民地出身者に国籍選択の機会[45]を与えず、一片の通達によって、一方的に国籍を剥奪するというやり方[46]は大いに問題であったが、当時の在日社会の空気は、日本国籍の喪失の不当性

---

[41] 改正外登令は、これ以外にも重要な改正点を含んでいた。その第一は、退去強制に関わる改正である。旧令では内務大臣に退去強制権が、地方長官に退去命令権が付与されていたが、改正令では退去命令権を廃止して退去強制権に一元化し、これを法務総裁に付与した。これにより、登録違反者も不法入国者と同様に直ちに退去強制されることになった。また、前記のように、訴訟提起に退去強制の執行停止効を持たせる制度が廃止された。第二は、49年1月に施行された新刑事訴訟法の勾留に関するいくつかの規定（権利釈明の規定〔89条〕や勾留の更新制限に関する規定〔60条2項但書〕など）を、不法入国の罪に関する事件には適用しないというものである。不法入国の罪に問われた者については逃亡のおそれが強いことを理由にするが、これによって、不法入国の被疑者は判決が確定するまで長期間にわたって勾留されることになった。
[42] この間の在日社会の状況については、金賛汀・前掲書171頁以下参照。
[43] 立案過程で、日本政府は、外登令と同様に「みなし」規定によって、在日朝鮮人、台湾人にも入管令を適用することを考えていたようであるが、GHQの反対にあって断念した（大沼保昭・前掲書264頁参照）。
[44] 通達の内容の詳細については、田中宏・前掲書66頁。
[45] ドイツは、国内に居住していたオーストリア人に国籍の選択権を与えるという形でこの問題を処理した（1956年国籍問題規法律、BGBl.I 431）。
[46] 1945年の段階では、日本政府のなかでも国籍選択の方法での問題の解決の可能性が検討されていた。それが平和条約2条a項の「領土放棄条項」を用いた旧植民地出身者の一律の日本国籍喪失の筋書きに変化した過程については、田中宏・前掲書68頁以下参照。

を論ずることはほとんど意味がない、というものであった。「自分たちは独立した国家の国民であり、その主権下にある外国人であるという意識が支配的であったため、日本政府の手続き上の不当性を問題にしなかった。彼らは、今後も朝鮮民族としての誇りと国の独立を奪ってきた日本国の国籍を保持していたいという意識は薄かった。そのうえ多くは、いずれ帰国するのだからと日本国籍の喪失を無視する姿勢も強かった」[47]。この朝鮮戦争の最中の在日社会の混乱した空気を利用して、日本政府は、戦後処理上最も困難な問題と考えられた国籍問題を、大した反発もなく処理することに成功したのである。

 とはいえ、日本国籍を失うということは在日朝鮮人の在留権が、一般の外国人と同様に不安定なものとなることを意味する。入管令は、すべての外国人を様々な「在留資格」に区分し、それに応じた「在留期間」を定めて管理する構造になっている。しかし、在日朝鮮人は旅券をもって入国してきたわけではなく、すでに生活の本拠を日本に置いている人々であったから、日本国籍を失って「外国人」になったからといって、彼等に在留資格と在留期間を定めて管理するなどということは、到底不可能であった。また在日朝鮮人の側でも、日本国籍を失うことにはそれほど抵抗はなかったが、「本人が希望すれば、いつまででも日本にいることができる」在留権の保障要求は生存権の保障に直結するものであった。そこで用いられた法技術は、在日朝鮮人等については、在留資格を定めないで在留を認めるという入国管理の例外を設定することであった。すなわち、占領下にポツダム政令として定められた出入国管理令を講和条約発効後も法律として存続させるために定められた『ポツダム宣言の受諾に伴い発する命令に関する件に基づく外務省関係諸命令の措置に関する法律』(法律126号)[48]はその2条6号において「日本国との平和条約の規定に基づき同条約の最初の効力発生の日において日本の国籍を離脱する者で、昭和20年9月2日以前からこの法律施行の日まで引続き本邦に在留するもの(昭和20年9月3日からこの法律施行の日までに本邦で出生したその子を含む)は、出入国管理令第22条の2第1項の規定にかかわらず、別の法律で定めるところによりその者の在留資格及び在留期間が決定されるまでの間、引き続き在留資格を有することなく本邦に在留することができる」と定めた。こうし

47　金賛汀・前掲書176頁。
48　法律126号については、在日朝鮮人の人権を守る会編・前掲書16頁以下参照。

て在日朝鮮人等は、在留権を一応認められはしたが、これによってその法的地位が安定したかというとそうではない。入国管理の基本には、外国人に対して入国・在留を許可するか否かは、主権国家の自由裁量に属するとの前提があり、入管令の定める事由に該当すれば、たとえ在日朝鮮人であっても退去強制することができる、とされていたからである[49]。

(b) 外国人登録法

前記のように、外国人登録令から出入国管理事務と退去強制事務を切り離して出入国管理令が制定されたが、その残りの外国人登録の部分を引き継ぎ、一層強化したのが『外国人登録法』(法125号)であり、講和条約発効の日に公布、施行された。

この52年の外国人登録法は、日本の外国人登録制度に「指紋押捺制度」を導入したものとして特記される。日本が、国家主権を回復して最初にとった外国人管理策が、すべての外国人に指紋を登録させる[50]、というものであった。日本政府がこのような苛烈な方法を採用した直接の理由は、朝鮮戦争に起因する密入国者の増加、それに伴う登録証明書の不正受給や偽造変造の多発にある[51]。指紋制度が実施されたのは55年4月になってからであるが、59年に調査した時点で、既交付の登録証明書の切替をしなかった者が112,630人に上り、その大部分は不正登録をしていたと見られている。当局者は、指紋押捺制度の導入によって、不正登録が是正されたものと説明している[52]。

しかし、指紋制度導入の背景にはこれとは別の要因も働いていたものと思われる。それは、一言で言えば、当時の日本の支配層就中治安当局には、大衆を治安管理の対象とみなす発想が依然として残されていた、ということである。まず1949年の段階で、日本政府は、全国民を対象にする『国民指紋法』

49　日本政府のこの基本的な考え方は今日でも変わっていない。法務省入国管理局編『出入国管理　平成4年版』1頁参照。
50　これには重大な例外がある。それは、日米安保条約によって日本に駐留する米国軍人・軍属及びその家族には日米地位協定により、外国人登録法そのものが適用されない、ということである。出入国管理令も同様である。彼等は、外国人でありながら、外国人管理上、完全な治外法権下にある。
51　当時の写真技術が現在と比較して劣っていたことも指摘されている。
52　亀井靖嘉(法務省入国管理局登録課長、当時)「指紋押なつ制度やはり必要」朝日新聞83年9月19日論壇。この時の改正で、外登証の有効期間を2年に短縮したが、これも外登証の偽造・変造を防止するため、とされる(田中・前掲書82頁参照)。

案を準備し[53]、国会でも国民指紋法を実施するための予算上の問題が議論されていた。結局これは準備段階にとどまり、国会に提出されることはなかったが、今度は都道府県単位で住民指紋条例を制定することが画策される。宮城県では、1951年に『住民の指紋登録に関する条例』案が宮城県議会に提出され、その第1条には条例の目的として、変死者等の身元確認のためのほか、「欺名を発見し、その他犯罪の予防に資する」ことが明記されていた。宮城県議会は、「本条例は犯罪捜査等に役立つことは認められるが、その他の相関するところ広汎であり、法的な見解についても釈然たらざるところがあり、本条例施行の裏づけとなるべき予算措置についても検討の必要がある」ことを理由に成立させなかった[54]。その後、地方自治庁が自治体警察を設置している市町村による指紋採取条例制定に否定的ないし消極的見解をとったことから、自治体レベルでの指紋条例制定の動きもなくなった[55]。こうして、警察当局は正規の法形式を整えた指紋制度を創設することは断念せざるを得なくなったが、それによって指紋制度創設を諦めたわけではない。それではと警察当局が乗り出したのが、「地域住民の自発的協力」を得ることによって指紋登録を住民各層に広げていき、指紋登録を社会慣行化する運動であった。1948年以降特に50年代に入って、「指紋登録の運動起こる、警視庁が率先垂範、文明的な防犯体制」や「全国に指紋登録運動、国警本部乗り出す」等の新聞報道がこれを伝えている[56]。しかし、日本国民の反応は冷ややかで、愛知県の場合を除いて[57]これらの試みもほとんど成果を生むことはなく、結局、国民指紋法構想は頓挫した。このような状況下で、警察・治安当局にとっては、治安管理の中核と目された在日朝鮮人に対する指紋押捺の強制制度は、譲ることの

53　1949年9月15日付中部日本新聞は、次のように伝えている。「衆議院法務委員会は最近帝銀、下山、三鷹事件など捜査困難な事件が続発しているので犯罪の科学的捜査体制完備に乗出し二十日国警警視庁、検察庁などの関係者を招いて意見をきく。委員会としては通常国会に国民指紋法、科学検察研究所(仮称)設置法、刑事訴訟法改正案の三案を提出したい意向で準備している。このうち国民指紋法はいままで法務府、国警などからその声があったが予算の点で行悩みとなっており人事院が明年度に国家公務員に実施する。予算の点では法務委員会はこれを十五歳以上とすれば百億円ですみ、さらに三年計画で三十歳以上、二十歳以上、十五歳以上の三段階に分けて実施すれば必ずしも困難ではないとみている」。なお、指紋制度全般について、金英達『日本の指紋制度』(社会評論社、1987年)参照。

54　金英達・同上書88頁以下。
55　自治研究1952年7月号104頁。
56　1948年2月5日付毎日新聞、1950年11月14日付東京新聞、1950年12月27日付毎日新聞。

できない線であったろうと思われる[58]。

しかし、どのような理由があろうとも、植民地支配の結果生まれた国内の少数民族に対して、国民には義務づけられていない極めて人権侵害性の強い義務を課すということは到底正当化できるものではない。当時政府が立法理由とした密入国の問題でも、「現在の視点に立ってふりかえってみれば、朝鮮戦争期にみられた韓国からの『密入国者』の多くは、今日なら難民として認定されうる事情を抱えた人々であった」[59]。日本の入管行政は、いまでも難民受け入れについて極度に消極的で、国際的な非難を浴びているが、当時の日本政府は、朝鮮半島の戦火から逃れてくる人々を難民として処遇するどころか、密入国者として排外キャンペーンに利用し、これを奇貨として国内の朝鮮人に対しても治安管理の網を被せる口実としたのである。不法入国者や不法残留者の摘発のために、適法に在留している全外国人に指紋の登録を課すという法制は、全体主義的な排外主義の露骨な現れでないとすれば、全外国人を潜在的犯罪者とみなすものにほかならない。

この指紋制度導入に在日朝鮮人が激しい反対運動をしたのは当然のことであった。外国人登録法は、52年4月28日に公布、即日施行されたが、指紋制度の実施だけは「法律施行の日から1年以内」と規定されていた。しかし、「朝鮮人団体による集団的切替反対運動が行われ、その動機の一部に指紋押捺に

---

[57] この運動は、唯一愛知県で成功をおさめ、しかも相当長期にわたって維持された。愛知県警は、1950年から任意で県民の指紋登録を始めていたが、55年からは、教育委員会の協力をとりつけて、中学3年生から卒業前の恒例行事として指紋採取を行っていた。「この中学生の指紋登録は、毎年3年生全員を対象にし、県警の係員が各中学校を訪れて、学校の施設内で授業時間を割いて十指指紋を採取するというものであった」。これは市民団体の廃止運動によって1971年に廃止されたが、この間に県警は、県民人口の約半数にあたる248万人分の指紋資料を収集したとされる（金英達・前掲書92頁）。
[58] 外登法の指紋押捺制度は、行政法上の義務であるが、それが警察などの捜査機関により利用されてきたことについては、田中宏「外国人指紋をめぐる立法事実と現状（下）」法律時報56巻11号。そもそも、指紋の照合にはかなりの専門的知識と経験が必要なのであって、外国人登録の際に市区町村の窓口で本人と確認するために指紋照合するなどということは到底考えられないのである。実際、80年代に行われた自治労などの調査や、国会証言でも、各自治体の窓口担当者は異口同音に、本人確認は写真によって行うと答えており、指紋を鑑識する機器もなければ、専門技術者もいないことが明らかになっている（殷宗基『今なぜ外国人登録法なのか』〔朝鮮青年社、1985年〕44頁以下、田中宏「外国人指紋をめぐる立法事実と現状（上）」法律時報56巻10号）。指紋制度導入当初から、登録窓口で指紋照合による本人確認をするなど想定しているはずがないのであり、警察による犯罪捜査、公安情報の収集のための利用が真の狙いであったことは明白である。
[59] 小野・武村編著・前掲書16頁。

反対する目的のあることが窺われたため、その実施をさらに1年延期することとし」[60]、さらに緊縮予算のために新規事業を認めないという財政事情が重なって再延期された[61]。政府・警察当局にも、強引に実施すれば在日朝鮮人団体の反発を呼び、かえって混乱を増幅するという配慮が働いた。結局指紋押捺制度が実施されたのは、1955年4月27日であった。制度が施行されても、押捺を拒否する者が少なからずいた。その状況について入管当局は、「押捺を意識的に拒否した者が263人(中国人2人、無国籍1人のほかはすべて朝鮮人)いたが、その後これらの大部分は押捺をすませて、昭和33(1958)年12月末現在の拒否者は朝鮮人12人だけであり、それもほとんど所在不明者である」[62]と説明している[63]。

(c) 破壊活動防止法

占領下において占領目的遂行のために出された法令や指令が戦後治安法体

---

60 飛鋪宏平『外国人登録法逐条精義』(大学書房、1963年)27頁。
61 田中宏「外国人指紋をめぐる立法事実と現状(上)」法律時報56巻10号参照。
62 法務省入国管理局『出入国管理白書』(1959年)70頁。
63 この間の指紋不押捺罪に関する判例としては、最決昭和33年4月14日刑集12巻6号1154頁。量刑が懲役4月、執行猶予2年と、執行猶予付きながら自由刑が選択されている点が注目される。ただし、この事案は取調段階で指紋の押捺に応じており、指紋制度の是非を問うものではなく、80年代の指紋押捺拒否闘争の先駆と言えるものではない(田中宏・前掲書88頁参照)。52年外登法にはもう一つ問題があった。それは、国籍欄の記載を「朝鮮」から「韓国」へ書き換える問題である。1948年8月に李承晩によって樹立された韓国は、翌年には東京に駐日代表部を設置し、在日朝鮮人を韓国国民として扱う方針を示し、日本政府にも外国人登録証の国籍欄に「大韓民国」と記載するよう求めた。GHQもこの方針を強く指示したため、日本政府もこれを受け入れざるを得ず、1950年2月には、国籍欄へ「韓国」と記入することを承諾した。ただこの時も、日本政府は韓国政府と何らの条約も締結していないことから、この記載は「単なる用語の問題」であって、国籍の問題や国家の承認の問題とは一切関係がない、という立場を変えなかった(「外国人登録事務取扱いに関する件」〔法務府民事局長通達554号〕)。ところが、1952年の外登法施行によって指紋押捺反対運動が起こると、李承晩政権を支持する在日本韓国居留民団(民団)は、外国人登録証の国籍欄に「韓国」と記入することに日本政府が協力することと引き替えに外登法反対運動を中止した。以降、日本政府は国籍欄記載の「韓国」への書き替えを支援していくことになる(金賛汀・前掲書178頁)。すなわち、「朝鮮」から「韓国」への記載変更は認めるが、「韓国」から「朝鮮」への変更は認めない、という従来からの方針(1951年2月2日付出入国管理庁長官通牒109号)が徹底されることになるのである。1952年6月21日の入国管理庁長官通達594号は、「大韓民国政府は、朝鮮において国際連合によって承認された唯一の政府であり、……法的問題としての国籍は、日本政府としては現在では大韓民国政府の付与する国籍と考えるし、また現在の未決定の事態も遠からず解決し、国籍が統一されるものと予定している」として、朝鮮戦争終結によって国籍が「大韓民国」に統一されることを期待する旨、表明したのである(在日朝鮮人の人権を守る会編・前掲書264頁以下、床井茂「奪われた国籍」同編・前掲書137頁以下参照)。

系の中核部分を占めていたが、これらの法令や指令は、講和条約の発効に伴って当然に失効するはずであった。しかし、日本政府は講和条約発効までにこれらの代替法を成立させることができず、52年3月28日に至ってようやく破壊活動防止法案が閣議決定されたにすぎなかった。そこで、『ポツダム宣言の受託に伴い発する命令に関する件の廃止に関する法律』（52年4月11日公布）により、団体等規正令に180日間、法律としての効力を持たせることにした[64]。そして、世論を配慮して原案を一部修正した破壊活動防止法案と関連二法案が、4月17日国会に提出され、審議が始まった。

　吉田の率いる政府・自由党は、衆議院では絶対多数を占めていたが、参議院では与野党伯仲の状態であったため、緑風会の動静が鍵を握っており、政府原案の修正にやぶさかでないとするなど緑風会を取り込むための柔軟姿勢を示していた。ところが、この情勢は5月1日の「血のメーデー事件」によって一変する。この年のメーデーの集会は、皇居前広場の使用を政府が許可しなかったため神宮外苑で行われたが、集会後のデモ参加者の一部が、皇居前広場使用禁止の措置に対する不満から、皇居前広場に入りそこを解散地とすることにより抗議の意思を表明しようとした。これに対し警官隊は、二重橋附近で先頭のデモ隊に対し突如として警棒、催涙ガス、拳銃を用いた実力行使に出た。警察及び検察当局は、衝突の1時間後にはこの事件に騒擾罪を適用することを決め、直ちに検挙活動に入り、日本人187人、朝鮮人140人を逮捕した[65]。「この事件は、警察隊の違法な攻撃によってひき起こされた弾圧事件であり、あの日の皇居前広場の『暴徒』とは警官隊にほかならなかった」[66]。しかし、政府・自由党は、この事件を「却って治安強化の絶好のチャンス」と捉え[67]、こうした騒擾事件に対処するためにこそ破防法は必要であるとして、

---

[64]　さすがに「占領目的阻害行為処罰令」（ポツダム政令325号）は、占領が終わった後にまで存続させるわけにはいかなかった（5月7日廃止）。

[65]　金賛汀・前掲書173頁。6月25日には、国鉄吹田操車場附近で朝鮮戦争に反対する労働者、学生、朝鮮人のデモ隊が軍事物資の輸送中の列車の運行妨害に出て、警官隊と衝突した「吹田事件」が発生したが、この事件でも騒擾罪が適用され、逮捕者250名のうち92名が朝鮮人であった。

[66]　小田中聰樹「メーデー事件」ジュリスト900号『法律事件百選』75頁。第一審の東京地裁は、騒擾罪の一部成立を認める判決を言い渡したが、第二審の東京高裁は、警官隊の実力行使は違法であったとして、騒擾罪の成立を全面的に否定した（昭和47年11月21日判決高刑集25巻5号479頁）。検察は、上告しなかった。「メーデー事件裁判闘争は、吹田事件騒擾罪無罪と相俟って、その後警察・検察当局に大衆的集団行動への騒擾罪適用を慎重ならしめた」（小田中・同上）。

[67]　5月11日付朝日新聞。

ろくな審議もなしに5月15日には衆議院を通過させた。参議院の審議では、世論の反発がすさまじいことから緑風会の内部に動揺が広がったが、政府は緑風会に対する働きかけを強め、取り込みに成功した。7月3日、緑風会修正案を参議院で可決、翌4日衆議院でも同修正案を可決、そして7月21日、「成立過程において全国民の憎悪を一身に受け、成立後も呪われた悪法である破防法は公布施行のはこびとなった」[68]。

破防法と同時に成立した「公安調査庁設置法」により設置されている公安調査庁と、破防法を所掌する公安警察は、在日本朝鮮人総連合会（朝鮮総連）[69]を破防法の「容疑団体」として、監視の対象にしている。破防法27条が「この法律による規制に関し、第3条に規定する範囲内において、必要な調査をすることができる」としていることを根拠にしている。しかし、「この法律による規制に関し」とは、現実に暴力主義的破壊活動が行われたことを前提に、この暴力主義的破壊活動を理由として団体規制が考えられるという関係にある場合を指していると解すべきであり[70]、朝鮮総連が暴力主義的破壊活動を行ったという事実がない以上、これを破防法容疑団体と称して監視の対象とするがごときは、破防法の違憲の問題をいったん置くとしても、その運用に関してすら違法の疑いがある。

(3) 日韓条約と分断管理

(a) 日韓条約と日韓地位協定

日本と韓国との平和条約交渉は、朝鮮戦争の最中である51年10月に東京で行われた日韓予備会談に始まり、翌52年2月の第1次日韓会談によって本格化する。しかし、この交渉は、朝鮮戦争を有利に展開するために両国が接近することを望んだ米国の意向による面が強く、強い反日感情を持つ李承晩と

68　末川博他「破壊活動防止法の逐条解説」別冊法律時報『破壊活動防止法』(52年8月号)。以上の破防法の成立過程については、荻野富士夫・前掲書187頁以下。
69　朝鮮総連は1955年5月に結成されたが、これは1954年8月に北朝鮮政府が「在日朝鮮人は共和国の公民である」という声明を発し、日本政府に「在日朝鮮人の共和国の公民としての正当な権利を認め、祖国の自由と統一、独立のための自由を保障し、強制追放などの迫害を中止するよう」要求したのに応えて、「全在日朝鮮同胞を朝鮮民主主義人民共和国政府のまわりに総結集させ」ることを目的に設立されたものである。朝鮮総連は、在日朝鮮人を「共和国の公民」と捉えたことから、在日朝鮮人問題を日本の国内問題、すなわち少数民族問題ではなく、国際問題であると位置づけた。朝鮮総連結成の過程については、金賛汀・前掲書185頁以下参照。
70　在日朝鮮人の人権を守る会編・前掲書501頁。

朝鮮嫌いを隠さない吉田茂の間には反共思想以外に共通のものはなかった。そのため、交渉は進展せず、53年10月の第3次会談では、日本側代表の久保田貫一郎が「日本の朝鮮統治は朝鮮人に恩恵を与えた」などと発言したことから紛糾し、会談は中断した。岸内閣の下で再開した58年4月の第4次日韓会談も、日本政府が在日朝鮮人の北朝鮮への帰国[71]を承認したことに李承晩政権が反発して中断した。交渉は、韓国で李承晩政権が崩壊し、61年5月に朴正熙政権が成立した[72]ことによって進展することになる。満州国の陸軍士官学校で学び満州国軍人として日本の植民地支配に加担した経歴を持つ朴は、困難な韓国経済を建て直して政権を安定させ、北朝鮮に対抗していく上で、日本の経済援助を引き出すことを緊急の課題としていた。他方、岸内閣の後を承けた池田内閣は、韓国を反共の防波堤とすると同時に、日本資本の韓国への進出を後押しする観点から交渉促進を図った[73]。第6次日韓会談が61年10月に始まり、62年には日本が3億ドルの無償援助と2億ドルの借款を供与することで請求権問題を解決する合意が成立したが、日本政府が植民地支配に対する謝罪を拒否したことで、韓国内では「屈辱的韓日会談反対」を叫ぶ国民運動が起こり、会談は中断を余儀なくされた。しかし、64年6月に朴政権

---

[71] 1955年9月に金日成が在日同胞の帰国希望者を受け入れると声明したのに応えて、朝鮮総連は積極的に帰国運動を展開した。日本政府は、当初これを阻む措置をとったが、自費で自分の国に帰ることを阻止し続けることはできず、やむなく承認した。これに李承晩政権と民団が激しく反発し、日本政府に北朝鮮への帰国を許可しないように要求したことにより、帰国運動はいったん停滞した。しかし、58年8月に川崎の朝鮮総連系の人々が金日成に帰国を希望する手紙を出し、金日成がこれに応える形式で再び「祖国に帰ることを希望する人々は、いつでも歓迎する」と声明したことから、朝鮮総連の日本政府への帰国要請運動が再び活発化した。日本政府は、①北朝鮮が経費を負担すること、②日韓会談で韓国側が在日朝鮮人への賠償を要求していたのに対して、北朝鮮は帰国する在日同胞の対日請求権をすべて放棄し、賠償は要求しないとしていたこと、③在日朝鮮人の帰還は国内の社会問題の軽減になること、などを考慮しながら、表向きは「人道主義の立場から帰還を許可する」ことを決定した。これは、59年8月13日の日本と北朝鮮の赤十字社の協定調印という形で決着した。李承晩政権は、韓国政府が朝鮮半島における唯一の正統な政府という主張が日本政府によって否認されたと反発し、武力によって帰還を阻止すると言明し、民団のデモ隊が日本赤十字社に乱入する事件も発生した。この北朝鮮帰還問題が、在日社会の対立を決定的なものにした。なお、北朝鮮への帰国者は60年に49,036人、61年に22,801人と多かったが、62年以降急速に少なくなった(金賛汀・前掲書198頁以下)。
[72] 李承晩政権の腐敗ぶりは凄じく、1959年6月には、民団中央本部が不信決議をするほどであった。1960年4月19日の反政府デモへの発砲で学生115名が死亡した事件をきっかけに韓国全土で反政府運動が起こり、4月27日李承晩は大統領を辞任した。李承晩政権の崩壊後、文民政権が樹立されたが、その北朝鮮政策に軍部は危機感を抱き、61年5月16日、朴正熙が軍事クーデターにより政権を奪取した。
[73] 藤原彰・荒川章二・林博史『新版 日本現代史』(大月書店、1995年)179頁以下参照。

は韓国全土に非常戒厳令を敷き、同年11月に成立した佐藤内閣も日韓交渉に積極的で、12月には第7次日韓会談が開催された。日本政府は以前と同様の歴史認識を崩さなかったが、韓国政府は妥結を急いだ。そして、65年6月22日、日本が韓国を朝鮮半島における唯一の合法的政府と承認するとともに、5億ドルの無償・有償の援助を行うことと引き換えに、対日請求権の放棄と日本の朝鮮植民地支配の責任を曖昧にすることを内容とする日韓基本条約と付属の諸協定が調印された[74]。

日韓条約に付属する『日本国に居住する大韓民国国民の法的地位及び処遇に関する日本国と大韓民国との間の協定』(日韓法的地位協定)及びこの協定の実施に関する国内法である『出入国管理特別法』は、日本国内の「大韓民国国民」が日本政府の定める手続に従って5年以内に永住許可の申請をすれば永住権を付与する、と規定した。この「韓国籍」を条件にした「協定永住権」は、在日朝鮮人の不安定な在留権問題を一層複雑にしただけでなく、在日朝鮮人に対する一律の公平な処遇の原則を踏みにじって、在日朝鮮人の法的地位にまで分裂と差別を持ち込むことになった[75]。

協定永住権による「恩恵」としては、退去強制事由について若干の優遇措置が定められたことが挙げられる[76]。退去強制は、一般の外国人の場合は懲役1年を超える刑事罰を受けた者に適用されるが、協定永住者には懲役7年を超える者に適用されることになった。しかし、地位協定3条及び特別法6条は同時に、「国交に関する罪で禁錮以上に処せられた者及び外国の元首、外交使節又はその公館に対する犯罪行為により禁錮以上に処せられ、日本国の外交上の重大な利益を害した者」を退去強制の対象に定めており、朴政権に対する批判的言動を退去強制によって押さえ込む狙いがあったことも否定できない[77]。また、協定永住者以外の在日朝鮮人にとっては、退去強制の脅威が日韓条約発効以後一層深刻になった。日韓条約発効以前は、法律126号該当者に対し

---

74 日韓条約成立までの詳しい経過については、高崎宗司『検証日韓会談』(岩波新書、1996年)参照。
75 この韓国籍強要政策により、「朝鮮籍」から「韓国籍」に切り替える人々も多く、永住権申請の締め切り時点では在日社会の「朝鮮籍」と「韓国籍」の比率はほぼ半々になっていた(金賛汀・前掲書210頁)。
76 「日韓法的地位協定」合意議事録には、「大韓民国政府は、3条の規定により日本国からの退去を強制されることになった者について、日本国政府の要請に従い、その者の引取について協力する」と定められていた。
77 在日朝鮮人の人権を守る会編・前掲書65頁。

ては、刑罰法令違反による退去強制を事実上中止していたのであるが、条約発効後は、法律126号該当者に対しても出入国管理令24条の退去強制条項の容赦ない適用が行われ、1965年には3人、66年には26人、67年には172人、68年には98人もの人々に、刑罰法令違反等を理由に退去強制令書が発付されている[78]。日本の植民地支配の結果日本に居住することになり、日本に生活の本拠を置く在日朝鮮人に対して退去強制を行うことは、法技術的には行政処分であっても、実態は近代刑法の想定しない「残虐な刑罰」に当たるというほかない[79]。

(b) 在日朝鮮人の定住化傾向

1970年代にはいると在日社会に明確な質的変化がみられるようになる。戦後に教育を受けた在日2世の世代が社会に進出してくると、彼等は日本社会の構成員として当然享有すべき権利が、公的な国籍要件や民間の民族差別によって不当に侵害されていることを日本社会に問い、障害を取り除くよう求めるようになる。

この傾向の最初の現れが、いわゆる「日立就職差別裁判事件」である。日立製作所の採用試験に合格しながら、在日朝鮮人とわかると採用を取り消された朴鐘碩氏が70年12月に提訴し、これをさまざまな人権団体・市民団体が支援して、在日朝鮮人の人権をめぐる裁判闘争になったものである。この事件は、74年6月に横浜地裁が原告全面勝訴の判決を下し、日立製作所が解雇を取り消して終結したが、その経過の中で、在日社会にも日本社会にも大きな影響を与えた。在日社会では、在日一世の世代あるいは既成の民族団体から「同化志向の現れ」と批判する空気[80]があった一方、大阪で「日本の学校に在籍する朝鮮人児童・生徒の教育を考える会」が設立されたり、川崎では児童手当の支給や公営住宅への入居資格を要求する運動が起こるなど、「定住外国人」の視点からのさまざまな取組みが行われるようになった。日本社会では、高

---

[78] 同上書84頁。
[79] 退去強制の持つ「残虐性」について次のように言う判決もある。「機械的にすべての不法入国者、不法滞在者を即時に退去強制せしめようとすることは、本来人の福祉に奉仕することを目的とする行政の態度ではない。およそ法にも涙があろう。いわんや法の枠内において自由裁量により事の当否の判定をすることを主眼とする行政には、涙があってよいのではあるまいか」(東京高決昭44・12・1判例時報576号17頁)。

度経済成長による物質的な充足と、ベトナム戦争の激化の中で既成の政党にとらわれない平和運動、市民運動が勃興したことを背景に、アジアの人々に対する日本あるいは日本人の責任という考え方が芽生えてきた。その中で、既成の政党や政治勢力の指導を受けない人々の中に、在日朝鮮人のさまざまな差別撤廃運動に同調し、支援する者が増えてきた。74年以降の国公立大学の教員任用運動[81]、76年の金敬得氏の司法修習生採用問題[82]、79年以降の金鉉鈞氏の国民年金裁判闘争[83]などでも、在日朝鮮人の国籍要件撤廃要求に日本人が連帯して差別の撤廃に共闘するという構図となった。これらの運動の当事者は、韓国籍の人々が多かったが、それは韓国籍の人々が朝鮮総連系の人々より早く定着志向を示していたことの現れとの評価もある[84]。

(c) 入管闘争

このように日本市民社会には変化の兆しが見えたのに対して、日本国家の態度には一向に変化がなかった。日本政府は、出入国（管理）法案を1969年、71年、72年、73年と4回にわたって国会に提出したが、いずれも廃案になっ

---

[80] 「日立の問題が起きたときに、韓国・朝鮮人の一世を中心とした人達、あるいは既成の民族団体がどういう受けとめ方をしたかというと、結局それは同化志向の強い結果としての不満の表明であるとしました。つまり、日本企業に就職の道を求めていくのは、日本人になりたいという意識があって、そういうことをやるんだと。それは、同化を志向している人間だと評価したわけです。一種の敗北であるという批判がずいぶん出たんですね。けれども当事者としたら、同化云々というよりは、とにかく就職できないのはおかしいんではないかという素朴な発想が先行したわけですね」（大沼保昭・徐龍達編『在日韓国・朝鮮人と人権』〔有斐閣、1986年〕209頁以下）

[81] 『国公立大学外国人教員任用法』が成立したのは82年である。

[82] 金敬得氏は、1976年に司法試験に合格したが、最高裁判所は司法研修所への採用に日本への帰化を条件にした。それまで、外国人の合格者は12名いたが、みな帰化していた。しかし、金氏は帰化を拒否し、韓国籍のままの採用を求めた。最高裁は、77年3月、金氏を「予定通り」司法修習生に採用すると発表した。その経緯については、田中宏・前掲書138頁以下参照。

[83] 当時の国民年金法は被保険者を日本国民に限っていたが、制度発足当時その趣旨が徹底されていなかったため、在日朝鮮人を中心として相当数の外国人が国民年金の被保険者として扱われ、長期間にわたって保険料を納付することがあったが、70年代後半から、外国人であることを理由に被保険者資格を否定されたり、年金支給の裁定を取り消される例が相次いだ。金鉉鈞氏も1976年に年金受給年齢に達したが、「韓国籍」を理由に年金支給を拒否され、保険料過誤納額還付の措置がとられた。金氏が東京地裁に提訴したのは、79年7月であるが、77年10月には「在日韓国・朝鮮人の年金を求める会」が組織され、支援が始まっている。一審は、原告敗訴の判決を言い渡したが、控訴審は、国民年金の被保険者として扱われたことについて帰責事由がなく、かつ保険料納付を終了している場合には、信義則を理由に日本人でないことに基づく裁定の却下は違法であると判示し、金氏勝訴の逆転判決を言い渡した（東京高判昭58・10・20判例時報1092号31頁）。国は、判決に服した（田中宏・前掲書152頁以下参照）。

[84] 金賛汀・前掲書223頁。

た[85]。これら法案は、ポツダム政令である入管令を改正して自主管理の体制を作ることと、観光客などの短期旅行者の入管手続を簡略化するため「短期滞在者」なる新しい在留資格を創設することを表向きの理由にしていたが、裏にある真の狙いは、「不良外国人」の取締り強化策を法律126号該当者にまで及ぼし、在日朝鮮人管理を強化することにあることは明白であったので、激しい反対闘争が起こった。この入管法に反対する闘争においても、在日朝鮮人と日本人は共闘した。

　一連の法案にはさまざまな問題があったが、ここでは外国人の政治活動を制限する条項に焦点を当てて見ていこう。69年法案は、「遵守事項」制度を新設しようとした。外国人が上陸する場合、在留資格を変更する場合、在留期間を延長する場合、特別在留許可を受けた場合などに法務大臣が「本邦に在留するについて守るべき活動の範囲その他の事項を定めることができ」、遵守事項違反には、中止命令、行為命令が出され、それでも従わなければ刑罰を科し、最終的に退去強制することができるという制度である[86]。「活動の範囲その他の事項」とはまったく無限定といってよく、外国人の政治活動を制限する規定として利用することが目的とされ、朝鮮総連及び民団内で朴政権に批判的な人たちが強く反対していた[87]。71年法案では、遵守事項による広範な規制に対する批判を封じるため、「わが国の機関が決定した政策の実施に反対する公開の集会や集団示威運動を主催指導し、演説し、若しくは文書図画を頒布展示すること」を禁止し、これに違反した場合には中止命令、反復禁止命令を出し、それにも従わないときには刑罰を科し、退去強制できるという独立した規定を設けた。そしてこの規定は、協定永住権者及び永住許可を受けた者には適用されないが、法律第126号該当者及びその子には適用があるとさ

85　各法案の問題点の詳細については、在日朝鮮人の人権を守る会編・前掲書145頁以下参照。
86　外国人の再入国許可にも「遵守事項」、すなわち、必要があるときは法務大臣は「その者が守るべき渡航先その他の事項」を定めることができ、これに違反したときは許可が取り消されるという制度が規定されていた。やはり範囲が不明確で、本人が外国にいる場合でも再入国許可が取り消されることから、在日朝鮮人にとっては、極めて危険な制度であった。71年法案以降は、「その者が本邦にある間において」という限定が付されたが、海外渡航の自由が否定されるという点では変わりがなかった。
87　この遵守事項の制度は、71年及び72年法案では、「活動、場所、機関の指定」という条項に引き継がれ、73年法案では、在留資格を細分化し、政令に定めるところに従って規制するという形式で受け継がれた。

れた[88]。これにより、朝鮮総連系の人々への弾圧意図を明確にしたのである。それ故、反対運動が一層激化したのも当然であった。そこで、72年法案及び73年法案では、政治活動禁止条項を法律126号該当者及びその子にも適用しないことを明確にした。しかし、この適用除外は、出入国法案の本文ではなく付則において規定し、しかも「当分の間」という文言が入っていたことから、二重に暫定的な規定方式がとられており、政府の底意への不信感を残すことになった。だがこの時点で最も問題とされたのは、本来法律126号該当者若しくはその子として在留し得る者の中で刑罰法令違反のために特別在留許可の形式で在留している者が、1952年から1970年までに34,521人にも達しており、これらの人々には政治活動禁止条項が適用されることであった[89]。彼等にも適用除外を及ぼすのでない限り、政治活動禁止条項が在日朝鮮人弾圧の法規たる性格を拭い去ることはできないのであり、批判の声が静まることはあり得なかったのである。

三　外国人管理法制の修正期

(1) 統合政策への転換

(a) 統合政策

　経済発展を遂げ、先進国首脳会議（サミット）の構成国となった日本は、翌年に東京サミットの開催を控えた1978年、国際人権規約を批准することを決定し、サミット直前の79年6月21日両規約の批准書を寄託した（発効は同年9月21日）。さらにベトナム戦争後の「インドシナ難民」の発生は、日本に難民政策の変更を迫り、81年10月日本は難民条約を批准した（82年1月1日施行）。経済大国となった日本が、国際社会での発言力を保つには、人権の面でも国際標準を受け入れることが求められていた。

　国内情勢でも、法務省は70年代前半に4度にわたって入管令改正案の廃案を経験し、外国人の政治活動を力で規制する強行路線の修正を余儀なくされ

---

[88]　法務省の改正原案では、付則で、法律126号該当者にも適用がないとされていた（その子については明確でなかった）が、国会提出の前に、自民党法務部会の「手直し」で削除され、法律126号該当者及びその子にも適用されることになった。
[89]　在日朝鮮人の人権を守る会編・前掲書167頁。

ていた[90]。外国人の抵抗運動が、憲法の人権条項を日本市民社会に定着させることを目指す日本人の市民運動と結びついて、人権の普遍性を前面に出した形で展開されるようになると、従来の警察と一体となった厳しい管理を貫こうとすれば、むしろそれだけ異様な姿をさらすことになった。法務省内部でも「近代日本が行った朝鮮に対する植民地支配に由来する在日朝鮮人問題が、戦後32年を経てもなお未解決の問題として残っているということは、戦後の豊かな日本社会を築くのに貢献した自由で民主的な基本秩序に対する基本的評価にかかわることである」との認識の下に、在日朝鮮人の処遇を「日本社会への融和、社会福祉、教育、差別待遇等の問題もあわせ、多角的かつ総合的な視野から検討しなければならない」とする論文が広く読まれていた[91]。そしてこの論文の結論は、「日本政府としてできることは、在日朝鮮人が日本国民となるのはその実態と将来の動向に適合するものであるとの基本的認識の下に、すすんで日本国籍を選択したいという気持ちが在日朝鮮人の間に自然と盛りあがってくるような社会環境づくりに努めることであろう」というものであった。硬派路線からソフト路線への転換が避けられない以上、それを政府が政策として推進することが「自由で民主的な基本秩序」の維持に資することになる。吉田以来の朝鮮人追放政策から「統合こそ最良の朝鮮人政策」という政策の転換が、70年代末に行われたと見ることができるだろう。

(b) 外国人の人権論の深化

政策転換の背景には、「外国人の人権」論の理論的深化があったことも見過ごせない。

70年代には、例えば社会権などは、できる限り外国人にもその保障を及ぼすことが立法政策としては望ましく、憲法の趣旨に合致するが、制限したとしても直ちに違憲となるものではないとするのが一般であった。しかし、80

---

90 いわゆる「マクリーン事件」に関する最高裁判決は、結論において在留期間の更新不許可処分を適法としたが、「外国人の政治活動の自由」自体は憲法により保障されることを明言していた(最大判昭53・10・4民集32巻7号1223頁)。
91 坂中英徳『今後の出入国管理行政のあり方について』(日本加除出版、1989年)144頁。この論文は、1975年に法務省入国管理局が職員を対象に募集した課題論文として書かれたものである。この論文については、金定三「『坂中論文』および大沼保昭氏の在日朝鮮人人権論について」在日朝鮮人社会・教育研究所編『東北アジアの新しい秩序についてⅡ 在日朝鮮人』(晩聲社、1993年)195頁以下参照。

年代に入ると、このような国民と外国人の二元的な対立図式を乗り越える理論構成が試みられるようになる。それによれば、「生存権に代表される経済・社会的権利の享有主体は、国籍を基準として決定されるべきでない」という。国籍が基準となるのは、政治共同体としての国民国家への帰属が意味を持つ分野に限られ、経済・社会的人権は、人が社会の一員として労働し、生活を営む、つまり共同体の一員たること（社会構成員性）を基礎とするものであるから、「少なくとも日本社会に居住し、国民と同一の法的・社会的負担を担っている定住外国人にも妥当するものであり、25条の『国民の生存権』は、むしろ定住外国人を含む社会構成員の権利と構成されるべきだった」と説かれる[92]。

このような外国人の人権論の深化は、外国人の類別論の展開によるところが大きい。ある人権規定の保障を外国人にも及ぼすべきか否かは、その権利の性質をどのように解するかによるが、その具体的な解釈に際しては、日本に在留する外国人にも著しく異なるカテゴリーが存在し、当該外国人がどのカテゴリーに属しているのかも考慮する必要がある。外国人の在留資格や生活の実態の相異により、保障される人権の種類や程度に差異があることは当然のことである。現在多く用いられる外国人の類別は、一般外国人、難民、定住外国人の3つのカテゴリーに分けるものである。このうち「定住外国人」とは「日本社会に生活の本拠をもち、その生活実態において自己の国籍国を含む他のいかなる国にもまして日本と深く結びついており、その点では日本に居住する日本国民と同等の立場にあるが、日本国籍を有しない者」[93]をいう。定住外国人は社会構成員性において日本人と同等で、一般外国人とは明確に異なっており、法律上このような生活実態の相異を無視して日本人と差別し、一般外国人と同じ処遇をすることは、決して「合理的差別」ではあり得ない。

さらに、日本帝国による強制連行や植民地支配による母国の経済破壊のために、やむを得ず来日し、戦後も帰国できずに日本に在住を続けざるを得なかった韓国・朝鮮人、中国人及びその子孫の処遇が、いわゆるニューカマー、すなわち旅券を持って新規に入国し定住した者と同じであってよいのかとい

---

[92] 大沼保昭「『外国人の人権』論再構成の試み」法学協会雑誌百周年記念論文集第2巻（有斐閣、1983年）411頁。
[93] 大沼保昭・同上論文384頁。

う問題もある。すなわち、日本に定住するに至った歴史的経緯の相異もまた法的に異なる処遇を要請しているのではないかという問題である。過去のこの国の行為に由来する人権問題の処理が、その国の立法府の裁量に委ねられているというのは、あまりにも都合のよい、無責任な態度である[94]。

(c) 統合政策の具体化

日本が、国際人権規約などの国際標準を受け入れたことは、条約が国内法の上位に位置する法規であり、立法者の裁量を拘束するものであることから、一定の改善をもたらしたことは否定できない。日本の定住外国人の多くは、各種社会保障法の国籍要件のために、長い間無保険・無年金の状態に置かれていただけでなく、一部の自治体を除いて公営住宅にも入居できなかった。これらの無権利状態は、日本の国際人権規約批准、難民条約批准によって徐々に改善されていった。まず国際人権規約批准に伴い住宅金融公庫法、公営住宅法から、次いで難民条約の批准に伴い国民年金法、児童手当法、児童扶養手当法、特別児童扶養手当法から国籍条項が撤廃された。さらに遅れて86年に国民健康保険法から国籍条項が廃止された。しかし、これら一連の法改正は、経過措置の不備のために真に年金の支給を必要とする人々の無年金状態を放置する結果になっている。まず、国民年金について経過措置がとられなかったために、82年の時点ですでに35歳を越えていた外国人にとっては、国籍条項の撤廃は無意味だった。国民年金のうち老齢年金は、60歳になるまでに25年間かけ続けないと受給資格を生じないからである。そこで、86年の法改正で81年12月までの加入できなかった期間を「合算対象期間」として、実際の加入期間が25年に満たなくても年金を受給できるようにした。ただし、この期間は年金加入期間とはみなされるが、年金額計算には算入できない。この結果、86年の段階で60歳以上の者には年金受給資格はなく、60歳

---

[94] 強制連行や植民地支配の実態を示し、日本国の責めに帰すべき事由により日本定住を余儀なくされた者に対する現在の処遇の違法性を論証しようとする試みが、いくつかの裁判で行われたが、いずれも裁判所が承認するところとならなかった。日本の裁判所は、定住に至った歴史的経緯の相異を理由として法的処遇に差異を設けるか否かの決定は、立法府の広範な裁量の範囲に属するとし、立法の不作為の違憲性の主張を斥けている。この点で、99年の外登法改正が、外登証常時携帯義務に関して、「特別永住者」に限って、違反の罰則を刑事罰から行政罰に改めたことは、特筆すべきことである。

未満の者には受給資格は得られるが高齢者ほど日本国民との格差が残ることになった。さらに、82年の時点ですでに障害状態、母子状態などにあった者には、「福祉年金」の受給資格がないものとされた。新法施行日以前に20歳を越えていた在日外国人障害者は、障害福祉年金の支給対象にしないことが改正年金法の附則に明記されていたのである。つまり、国際標準の受け入れによる一連の社会保障法上からの国籍条項の撤廃は、「難民条約との抵触をとりあえず避けるものではあっても、従来の排外主義が生み出した『歪み』の是正を真剣にはかろうとするものではなかった」[95]のである。また、戦傷病者戦没者遺族等援護法や恩給法に国籍要件が残されたままになっていること、さらに政府が平和条約の締結によって戦後補償の問題は解決済みになっているという態度を崩さないことは、人権規約等の国際標準の導入が、人権の普遍性の観念を受け入れた結果ではなく、「先進国」の対面と統合にかかる費用と効果を勘案した結果というべきであろう。

　外国人の地方参政権については、最高裁が「我が国に在留する外国人のうちでも永住者等であってその居住する区域の地方公共団体と特段に緊密な関係を持つに至ったと認められるものについて、その意思を日常生活に密接な関連を有する地方公共団体の公共的事務の処理に反映させるべく、法律をもって、地方公共団体の長、その議会の議員等に対する選挙権を付与する措置を講ずることは、憲法上禁止されているものではないと解するのが相当である」とし[96]、いわゆる許容説の立場を示したことから一気に具体性を帯びてきた[97]。定住外国人を対象とする地方参政権付与は、選挙人名簿への登録を申請した者に限るだけなら、在日朝鮮人に対する統合圧力の一つと見ることができるが、公明・自由党案では、「外国人登録原票の国籍の記載が国名によりされている者」に限定することにより、「朝鮮」と記されている者を除外し、自民党は、さらに相互主義を前提にしている[98]。露骨な朝鮮籍排除や相互主義は、外国人をその出身国ごとに選別することを意味し、韓国籍と朝鮮籍の住民の間にもう一つ分断の壁を作ることになる。地方参政権を国家が外国人に与える「恩恵」ではなく「権利」と捉えるならば、朝鮮籍除外措置や相互主義はとるべきでない。定住外国人に地方参政権が承認されるべき最大の根拠を、

95　田中宏、前掲書、165頁。
96　最判平7・2・28民集49巻2号639頁。

住民としての地域との緊密な関係と地方自治の理念に置くなら、歴史的にも生活実態においても差異のない者を区別すべきでない。

　国家公務員法、地方公務員法に外国人の公務就任を一般的に禁止する明文の規定は存在しない。にもかかわらず、政府は、1953年に内閣法制局による公定解釈として「公権力の行使又は国家意思の形成への参画にたずさわる公務員となるためには、日本国籍を必要とする」ことは「公務員に関する当然の法理」であるとした。その結果、人事院規則は国家公務員試験の受験資格において外国人を一般的に排除しており、また地方公務員についても、政令指定都市以上の自治体では人事委員会規則又は試験要綱等によって日本国籍保有者を受験資格とする実務が行われてきた。しかし、90年代後半から地方自治体レベルにおいて徐々に変化を見せつつある。高知県の橋本知事は、95年1月の年頭所感で「戦後50年の節目の年に、在日韓国・朝鮮人の方々の公務員への門戸開放を真剣に考える」とし、初めて県職員の採用試験資格における国籍条項の撤廃に触れた。同知事は、「当然の法理は法律ではない。法律にないものを規範にするのは法治主義に反する」とし、当然の法理を否定する形での国籍要件の原則撤廃方式を打ち出した。しかし、高知県人事委員会は統一見解を出せず、この「高知方式」の実施は見送られた。それに対し川崎市では、当然の法理を前

97　許容説は通説でもある（芦部信喜『憲法学Ⅱ人権総論』（有斐閣、1994年）131頁以下）。ただ少数ながら、「主権者たるべき者」と「国籍を有する者」とが必ずしも一致しないとの立場から、国政レベルの参政権についても「国籍をもつ者」に限定される必要はないとする見解もある（浦部法穂「憲法と『国際人権』」国際人権1号24頁）。ところで、外国人の参政権について考えるとき忘れてはならないのは、戦前日本国内に住んでいた朝鮮人ら旧植民地出身者にも「帝国臣民」として被選挙権も含めた参政権が認められていた（植民地には選挙区を設けなかったので、参政権は認められなかった）ということである。終戦後の1945年10月に閣議決定された選挙制度の改正要綱でも参政権を引き続き認めるとしていた。ところが、前記のように、その2カ月後に成立した改正衆議院議員選挙法で、「戸籍法の適用を受けない者」の選挙権及び被選挙権を停止し、旧植民地出身者の戸籍は当時すべて本国にあったので参政権の行使はできなくなった。この突然の方針転換の背後には、当時の政府関係者らの「参政権を認めれば天皇制の廃絶を叫びかねない」という危機意識があったとも言われる（1996年2月5日付朝日新聞参照）。また、平和条約の発効に際して、国際法上の慣例に従って旧植民地出身者には日本又は出身国のいずれかの国籍を選ぶ選択権が与えられるべきところを、官僚の一片の通達によって旧植民地出身者の日本国籍を一方的に剝奪したのと同様に、日本は為政者の都合によって法制度がいかようにも変えられる形式的な法治国にすぎないことの例証となっている。このような歴史的経緯を考慮するとき、旧植民地出身者及びその子孫について、国政レベルの被選挙権を含めて参政権を付与する（あるいは回復する）ことを、実質的な法治国家の基本法たる憲法が要請していると解する立場にも充分な根拠があるというべきである（江橋崇「外国人の参政権」芦部古稀祝賀『現代立憲主義の展開（上）』（有斐閣、1993年）199頁）。
98　韓国政府は、2002年の統一地方選までに定住外国人に地方参政権を与える方針と伝えられていたが（1999年10月24日付朝日新聞）、実現しなかった。

提としつつ、その運用において外国人の任用を原則とし、排除を例外とする「川崎方式」を打ち出し、96年4月、政令指定都市以上の自治体として初めて一般事務職の国籍条項撤廃に踏み切った。川崎方式は、昇進について、主幹クラスにあたるスタッフ職の課長級までの昇進は認めるが、決裁権限を持つライン職の課長級以上は「公の意思形成にかかわる職」として、昇進に制限を設けるなど、「当然の法理」を前提とする自治省の考え方に配慮した、「現実的な」方式といわれた。同年11月白川勝彦自治大臣がそれまでの自治省見解を修正し、「それぞれの自治体の自主的判断が基本」として実質的に川崎方式を追認した。これを機に、神戸市、神奈川県、横浜市などの自治体が川崎方式による条件つき撤廃の方針を決めた[99]。地方公務員の定住外国人への門戸開放は、すでに坂中論文において、統合促進策として検討すべき課題とされていた[100]。ここでも、門戸の開放が、統合圧力以上の選別・分断の手段となれば、かえって深刻な問題を引き起こすことになることを忘れてはならない。

(2) 市民的自由の獲得過程
(a) 外国人登録制度

外国人登録法によれば、a.日本に入り90日を超えて在留する者は、上陸後90日以内に、b.日本国籍を離脱又は喪失したときは、外国人になった日から60日以内に、c.出生により日本に在留する外国人は、出生後60日以内に、外国人登録申請書、旅券又はこれに替わる証明書と、写真2葉を提出して外国人登録を申請しなければならない（同3条）。ただし、外交官やその随員については国際慣習法又は多数国間条約により、公用旅行者については国際慣例により、日米安保条約による合衆国軍隊の構成員及び軍属並びにそれらの家族には日米地位協定9条2項によって、外登法は適用されない。他方、不法入国者や不法残留者についても外登法が適用され、外国人登録を申請しなければならないとされる[101]。

外国人登録の申請は、外国人が16歳に満たない場合又は疾病その他の故障

99　川崎方式は差別を固定化するとの批判もある。ただ昇進制限も近い将来撤廃することを予定したものなら、まさに「現実的」対応だったと言える。
100　坂中英徳・前掲書168頁。
101　判例は、不法入国者に登録申請義務を課したからといって自己の不法入国の罪を供述するのと同一の結果を来すものということはできないという（最大判昭31・12・26刑集10巻12号1769頁）。

により自ら申請できないとき（同15条2項、この場合は本人と同居する者が代わってしなければならない）を除いて、本人が出頭して行わなければならない（同15条1項）。日本国籍保有者の住民登録は、総務省を所轄官庁として、住民基本台帳法により、世帯別に（同法6条）行われるのに対して、日本国籍を保有しない「住民」の外国人登録は、法務省を所轄官庁として、個人別に（外登法4条）行われるのである。住民登録制度が「住民の利便を増進するとともに、国及び地方公共団体の行政の合理化に資することを目的とする」（住民基本台帳法1条）のに対して、外国人登録制度は「外国人の居住関係及び身分関係を明確ならしめ、もって在留外国人の公正な管理に資することを目的とする」（外登法1条）。すなわち、外国籍「住民の利便を増進し」たり、「行政の合理化に資する」ことは目的とされておらず、外国人を「管理」することだけが目的とされているのである。日本国籍を有する者と外国籍の者とを住民登録において区別していることについての法務当局の説明は、まず、「外国人については、(a)日本人のように我が国社会と密接に結びついているとは限らず、一般に地縁関係及び血縁関係が希薄である上、(b)日本人において確立されている戸籍制度のように何世代にもわたり身分関係を証することのできる制度がない」ことを根拠とするが[102]、在日朝鮮人等については(a)の理由は当てはまらないし、(b)については、住民の身分関係及び居住関係を明確にするために何故「何世代にもわたり身分関係を証する」ことが必要なのか理解できない。当局はまた「外国人は、日本人とは異なり、日本国家の構成員でないことから、いかに長年、何世代にわたって我が国に住んでいるとしても、我が国に生来的に在留する権利を有するものではない。我が国に在留することができる法的地位は、法に基づき個別に日本政府の許可により設定されるものである。このため、外国人の法的地位は個人個人によって異なることとなり、外国人の身分関係を明確にするためには、単に外国人であるというだけではなく、いかなる法的地位を有している外国人であるかということまでもが明確に把握できなければならない」とする。しかし、何世代にもわたって我が国に住んでいながら「我が国に生来的に在留する権利を有するものではない」とし、その法的地位が「日本政府の許可により設定されるもの」とする論理は、国籍

---

[102] 法務省入国管理局外国人登録法令研究会編『Q&A新しい外国人登録法』（日本加除出版、1993年）2頁。

を人権に優先させる論理であり、とりわけ旧植民地出身者の定住に至った経緯を考えれば十分な説得力を持ち得ない。

(b) 確認申請義務

住民基本台帳法は、台帳等の正確な記録を確保するための措置として、当事者の自主的な申出によるほか、市町村長に「届出義務者に対する届出の催告その他……必要な措置を講じ」る義務を科し（同法14条）、届出義務違反者に対する手段としては、虚偽の届出をした者を、他の法令の規定により刑を科すべき場合を除き、5000円以下の過料に処し（同法45条1項）、正当な理由なく届出をしない者を、5000円以下の過料に処す（同条2項）。過料は、行政上の秩序罰であって刑罰ではない。したがって過料に当たる行政法規違反が発生してもそれは刑罰に当たる犯罪ではないから、警察の活動の範囲外である。裁判の結果過料の言渡しがあっても、前科にもならない。それに対して、外国人登録法は、外国人登録原票の正確な記録を確保する措置として、新規登録の申請（3条）、登録事項に変更があったときの変更登録の申請（8条、9条及び9条の2）のほかに、16歳以上の在留外国人に対し、登録事項に何らの変更がないときにも一定期間ごとに[103]、登録原票の記載が事実に合っているかどうかの確認を申請することを義務づけている（11条）。この確認申請の義務は、住民登録制度にはない制度である。この制度の必要性については、「確認申請制度がなければ変更登録義務の懈怠等によって、登録原票と事実の不一致が広がり、外国人行政の遂行に支障をきたすなど、在留外国人の公正な管理の妨げとなる事態に至る危険がある」[104]ことを根拠とするが、事実との不一致による行政への影響という点では外国人登録と住民登録とで変わりがあるわけではなく、現行住民基本台帳法によって住民行政に支障を来しているわ

---

[103] 前記のように、外国人登録法の前身である外国人登録令には、その1947年の制定当初、確認申請の制度は設けられていなかった。49年の同登録令の一部改正により、登録証明書の有効期間を3年とする制度が導入された。1952年の外国人登録法制定時は、登録証明書の有効期間は2年とされ、有効期間満了前30日以内に切替申請することが義務付けられていたが、56年の改正で、登録証明書の有効期間を廃止し、3年ごとの登録証明書の切替交付制度を採用した。82年の改正では、確認申請の期間を3年から5年に伸長させるとともに、16歳未満の者の登録証明書の切替交付申請を廃止し、16歳に達した後30日以内の申請制度を採用した。さらに87年の改正で、確認期間の基準日を誕生日とした。そして99年改正により、永住者等については確認期間が7年に伸長された。
[104] 最判平9・11・17刑集51巻10号855頁はこの制度を合憲とする。

けでもない。確認申請制度がなくても行政上必要な正確性は得られる。確認申請制度はこれを超えて絶対的な確実性を求めるものであり、治安上の要請に基づくものなのである。

　確認の不申請は、1年以下の懲役若しくは禁錮又は20万円以下の罰金に処せられる（18条1項1号）。この不申請罪は故意による場合だけでなく、過失による場合も含むとされている。しかも、住民基本台帳法が「届出の催告」を正確な記録を保持する方法として例示している（14条1項）のに対し、判例は、確認申請義務違反について「勧奨葉書の送達の有無は過失の存否に関わりがない」[105]として直罰方式を承認している。一方で記録の絶対的な正確性を追求し、他方では、これら避けることのできない形式的違反を端緒として、犯罪者を一定の割合で作り出すことによって、当該違反者とその周辺の人々に対する強制捜査を可能にしているのである。

　確認申請制度は、近時の外登法の大幅な改正の中で、わずかな手直しにとどまっている争点である。確認申請義務違反については、執行猶予付罰金刑が言い渡されることが珍しくない。これは、確認申請義務違反の当罰性の小ささを如実に示すものである。過失により申請期間を途過したが、それと気づいた後には速やかに確認手続を履行したという場合に、「登録制度本来の機能を損ないかねない」社会侵害性や、「登録制度を軽視する」反規範的態度はどこにも見られないのである。確認申請制度それ自体を廃止することが望まれるが、少なくとも刑事罰を用いるのを、市区町村からの勧奨葉書などによる再三の届出の催告にもかかわらず、故意に確認申請を拒んでいるなどの場合に限る法改正をすべきである。

（c）　指紋押捺制度

　外国人登録法は、92年の法改正に至るまで、入管法により在留期間が1年を超えることが決定された16歳以上のすべての外国人に対し、新規登録の申請、登録証明書を毀損若しくは汚損した場合等の引替交付の申請、登録証明書を紛失、盗難若しくは滅失により失った場合の再交付の申請又は確認申請の際に、指紋押捺義務を課してきた（14条1項）[106]。92年の法改正により、永

---

[105] 大阪高判平3・2・7高刑集44巻1号8頁。

住者及び特別永住者については指紋押捺義務を廃止し、これに代わる同一人性確認手段として、写真、署名及び家族事項の登録という「複合的手段」を採用した[107]。この時点では、非永住権者には、指紋押捺義務が依然課せられていたが、99年改正によってこれも廃止され、日本の外国人登録制度の最大の問題点であった指紋押捺制度は、外国人登録法から完全に姿を消した。これが、「指紋押捺拒否闘争」の結果であることは言うまでもない。ここでは、その概要を見る前に、法律上の争点だった点を確認しておこう。

　外国人の同一人性確認手段として指紋押捺が採用されていた理由として、管理当局は(a)指紋は万人不同、終生不変という性質を有しており、これによる同一人性の確認は絶対に正確であること(絶対的正確性)、指紋による同一人性の確認も簡易に行うことができること(簡便性)を挙げ、同一人性確認手段として「非常に優れたもの」としていた。また、(b)指紋押捺が憲法13条の保障する「私生活上の自由」を侵害するとの批判に対しては、外国人登録法の指紋押捺制度は「戸籍制度のない外国人の人物特定につき最も確実な制度として制定されたもので、その立法目的には十分な合理性があり、かつ必要性も肯定できる」とし、このような「合理的必要性」に基づいて自由の一部が法律によって制限されても、憲法で保障された人権の侵害には当たらないとした[108]。さらに、(c)指紋押捺拒否に対し刑罰を科すのは、「非人間的若しくは品位を傷つける取扱若しくは刑罰」を禁じる国際人権規約(B規約)第7条に違反するとの批判に対しては、前記の合理的必要性に基づき「通常衣服に覆われていない部位にある一指の指紋押捺を、有形力を用いた直接強制ではなく、刑罰による間接強制により行うにとどまっているという手段の観点から見ても」、

---

[106] 55年に指紋押捺制度が導入された当初は、14歳以上のすべての登録者に各種申請書への指紋押捺を義務づけていたが、56年の改正で各種申請書への押捺を廃止して、指紋原紙への押捺を採用し、58年の改正で在留期間1年未満の者の押捺義務を免除した。82年改正により16歳以上の登録者に5年ごと(以前は3年ごと)に押捺させることになり、87年の改正で指紋押捺を原則1回とし、登録証明書への指紋の転写制度を採用した。
[107] 当局によれば、「それぞれ単独で使用した場合に予定される不十分さを補完するため、これらを組み合わせ、複合的手段とすることにより、同一人性確認手段としての有用性を増すことができる」が、それが機能するのは、我が国に長年在留することにより生活の基盤を築き、我が国社会と密接に結びついている永住者及び特別永住者に限られるとされていた(法務省入国管理局外国人登録法令研究会編・前掲書31頁以下)。
[108] 最判平成7・12・15刑集49巻10号842頁。
[109] 東京高判昭61・8・25判例時報1208号66頁。

「品位を傷つける取扱」には当たらない、としていた[109]。

しかし、(a)外国人登録に必要な正確性は当局の言うような絶対的な正確性ではないとすれば、指紋に替わる同一人性の確認手段を考えることは十分可能であり、現に、日本国籍保有者の場合、旅券や運転免許証のような重要な公共の利益に仕える行政目的の場合でも、同一人性の確認手段としては指紋より劣る写真によって行われている。また、確認の簡便性というメルクマールは、居住関係及び身分関係を明確にするという外国人登録の目的から直接引き出される要件ではなく、同一人性の「現場における即時的把握」を目的とする外登証常時携帯制度と一体となって、治安上の目的から発想されるものである。(b)次に、日本国憲法の保障する私生活上の自由は、精神的自由に類似する人権というべきであり、それに対する制限の合憲性テストは「厳格な基準」に拠るべきであり、「合理性の基準」に拠るべきではない。そして、「より制限的でない他の選びうる手段」の基準に照らせば、同一人性確認の手段として絶対的確実性を求めなければ指紋に替わる手段を考えうるのであるから、指紋押捺の強制は、少なくとも（狭い意味では勿論、広い意味でも）定住外国人の場合、違憲と言わざるを得ない。(c)B規約7条の「品位を傷つける取扱」について「公務員の積極的ないし消極的関与の下に個人に対して肉体的又は精神的な苦痛を与える行為であって、その苦痛の程度が拷問や残虐な、非人道的な取扱いと評価される程度には至っていないが、なお一定の程度に達しているもの」と解釈した上で、逃亡及び罪証隠滅のおそれのない指紋押捺拒否者を逮捕し、捜査目的を理由にして直接強制により指紋を採取した警察官の行為を、結論においては「B規約7条違反であるとまでは断定するには至らない」としたものの、定住外国人に対する指紋押捺制度をこの「一定の程度に達すると評価できるのではないかと疑う余地がある」と判示した下級審判決[110]があることに注意を要する。

(d) 指紋押捺拒否闘争

指紋押捺制度の違憲性ないし人権規約適合性に対する疑問から、いわば「良心的法義務拒否」としての指紋押捺拒否が始まったのは、1980年9月の韓宗

---

110 大阪高判平6年10・28判例時報1513号71頁。

碩氏の事例からとされる[111]。個人の抵抗から始まった指紋押捺拒否は、1984年末頃からは次第に組織化され、「市民的不服従」運動として、日本社会全体を巻き込んでいくようになる。さらに、85年7月から始まる登録証明書の大量切替期間に焦点を合わせて活動を活発化し、署名運動や街頭での集会やデモ、国会や地方自治体等に対する要請行動が積極的に行われ、これらの働きかけに応じて、外登法の改正を求める意見書を採択する地方議会も多数に上った。一方、在日朝鮮人団体は、登録証明書の切替に際して指紋不押捺の意向を表明し、当局の説得期間中指紋の押捺を留保するいわゆる留保運動を展開し、留保者が続出した。この結果、85年9月27日の時点で、留保者は約4,200人を、また留保期間を超えて指紋押捺を拒否する者は約1,300人を数え、マスコミもこれを大きく取り上げるようになった。当局は、こうした事態に対応して、87年の法改正により、指紋の押捺を1回限りとしたので、数字の上では押捺拒否者は減少していき、92年6月の段階で、指紋を一度も押していない者は260人となった[112]。

　指紋押捺拒否者に対して政府は二つの対抗策をとった。その第一は、指紋押捺拒否者を逮捕して、捜査目的を理由にして直接強制により指紋を採取するというものである。警察はまず、押捺拒否者に対して警察署への出頭を求め、押捺拒否者が不服従の一環として出頭を拒否すると、出頭要請を計5回繰り返し、それでもなお出頭しないときは、これによって「逃亡のおそれ」又は「罪証隠滅のおそれ」が推定される状態になったとして逮捕し、抵抗する押捺拒否者を数人の警察官が押さえつけ、有形力を用いた直接の強制によって指紋採取をする。このようなことが全国各地で行われた。指紋押捺拒否者は、処罰されることを甘受しても法制度の不正を多数者の正義感覚に訴えようとするものであり、逃亡のおそれや罪証を隠滅するおそれなど、およそ存在しないのである。「品位を傷つける取扱い」を受けた彼等は、逮捕の不当性を訴えて国家賠償請求訴訟を起こし、下級審にはこれを認める判決もあった。司法警察員による「本件逮捕状の請求は、逮捕の必要性がないのになされたもの」であり、裁判官による本件逮捕状発付の行為は「許される裁量を著しく逸脱し、法が裁判官の職務の遂行上遵守すべきことを要求している基準に著し

---

111 田中宏・前掲書78頁。
112 法務省入国管理局編『平成4年版　出入国管理』166頁以下。

く違反」するものであるとしたのである[113]。しかし、最高裁は、押捺拒否者について「逃亡のおそれ及び指紋押捺をしなかったとの事実に関する証拠隠滅のおそれが強いものであったということはできない」が、押捺拒否者は「警察官から5回にわたって任意出頭するように求められながら、正当な理由がなく出頭せず、また、その行動には組織的な背景が存することがうかがわれることなどに鑑みると、逮捕の必要性がなかったとはいうことはできない」と判示した[114]。指紋押捺拒否の市民的不服従としての性格を的確に把握しようとした下級審の努力を無にすると同時に、「法は法だ」という権威主義的リーガリズムを振りかざす警察の暴走を黙認する姿勢をとったのである[115]。

　政府のもう一つの対抗策は、指紋押捺拒否者に再入国許可を出さないというものであった。日本人と結婚して日本に居住していた米国籍の女性が指紋の押捺を拒否したため、韓国旅行のための再入国許可申請をした際にこれを拒否された、いわゆる「森川キャサリーン事件」で、最高裁は、「我が国に在留する外国人は、憲法上、外国へ一時旅行する自由を保障されているものでない」し、指紋押捺拒否を理由とする法務大臣の不許可処分は、社会通念に照らして著しく妥当性を欠くということはできず、裁量権を濫用した違法はないとした[116]。しかし、下級審のなかには、指紋押捺拒否を理由とする法務大臣の再入国不許可の処分を違法とした例がある。在日韓国人（当時の入管法上は日韓地位協定に基づく永住資格者）が米国留学のために再入国許可申請をしたところ指紋の押捺を拒否していることを理由に不許可処分となったが、留学目的達成のためやむを得ず出国し、2年後に再入国して上陸申請をしたが、入国審査官により、再入国許可を受けないで出国したので協定永住資格を喪失したとして上陸許可を拒否された事件について、福岡高裁は、「協定永住者の法的地位が、歴史的経緯もふまえて日本国民とほとんど異ならない地位にまで高められており、他方、日本国民は憲法上（22条2項）海外旅行の自由が認められているところからすると、協定永住資格者に対する再入国許否処分の法務大臣の裁量の範囲は、他の在留資格者における場合に比し、自ずから一定の制約があるものと解すべきである」とし、指紋押捺の拒否についても「指

---

113 大阪高判平6・10・28判例時報1513号71頁。大阪地判平10・3・26判例時報1652号3頁。
114 最判平10・9・7判例時報1661号70頁。
115 本章第2節参照。

紋押捺を含む外国人登録証に対し抱く在日韓国人の痛みを理解してほしいとの無理からぬ願いから」であって、本件不許可処分は「あまりにも過酷な処分として比例原則に反しており、その裁量の範囲を超えた濫用があったものとして違法といわざるを得ず、その取消しを免れない」と判示したのである[117]。しかし、これもまた最高裁によって覆された[118]。

(e) 外登証常時携帯制度

市町村長は、外国人登録をした外国人に対し、家族事項を除く登録事項を記載した外国人登録証明書を交付する（5条）。外国人は交付された登録証明書を受領し、16歳以上の外国人はこれを常に携帯し（13条1項）、入国審査官、入国警備官、警察官、海上保安官、その他法務省令の定める国又は地方公共団体の職員がその職務の執行に当たり登録証明書の提示を求めた場合に、これを提示しなければならない（同2項）。この登録証明書の常時携帯義務及び警察官等への提示義務の目的は、「当該外国人が適法の在留者であるかどうか、許容された活動の範囲を逸脱していないかどうかをその現場において即時的に確認する」ことであるとされる。登録証明書の提示を求められて提示しないときには、1年以下の懲役若しくは禁錮又は20万円以下の罰金に（18条1項7号）、登録証明書を故意に携帯しない場合だけでなく、過失により携帯しない場合も、20万円以下の罰金に（18条の2第4号）処せられる（ただし、99年以降特別永住者を除く）。

常時携帯制度の警察による運用は、濫用を極めた[119]。風呂屋の入り口で張

---

[116] 最判平4・11・16裁判集民事166号575頁。
[117] 福岡高判平6・5・13判例タイムズ855号150頁。指紋押捺拒否に関わる再入国拒否の事案で、法務大臣の裁量を違法とした唯一の事案である。
[118] 最判平10・4・10民集52巻3号677頁。この判決は、指紋不押捺に対する制裁としてなされた再入国不許可処分の当否については判断をしないまま、「再入国の許可申請に対する不許可処分を受けた者が再入国の許可を受けないまま本邦から出国した場合には、同人がそれまで有していた在留資格が消滅することにより、右不許可処分が取り消されても、同人に対して右在留資格のままで再入国することを認める余地はなくなるから」、同人は、右不許可処分の取消しによって回復すべき訴えの利益を失った、と判示した。国際人権規約・B規約第12条4項は、「何人も自国（one's own country）に戻る権利を恣意的に奪われない」と規定している。この「自国」の意義について、日本政府はこれを「国籍国」と解しているが、規約人権委員会は、これを国籍国より広く解している。在日朝鮮人のように何世代にもわたる永住者については、生活の基盤になっているその国も「自国」と解しているのである（国際人権NGOネットワーク『ウォッチ！規約人権委員会』〔日本評論社、1999年〕102頁以下参照）。

り込んでいて不携帯を理由に逮捕したり、授業中の女性教師を教室に入り込んで生徒の面前で逮捕連行した上、長時間に及ぶ取調を行うといったことが頻発した。交通検問やささいな道交法違反で運転免許証の提示を求め、在日朝鮮人とわかると、免許証によって身分関係・居住関係が明確になったにもかかわらずさらに外登証の提示を求め、うっかり忘れていると不携帯を口実に本署まで任意同行を求めたり、さらには逮捕すらして長時間にわたる取調を行う事例も目立った。そこで、82年の一部法改正（このとき不携帯罪から自由刑が廃止された）の際の付帯決議において、常時携帯制度の「常識的かつ弾力的」な運用が謳われ、87年改正を審議する法務委員会でも弾力的運用の方針が一線の警察官に周知徹底されていないことなどの指摘がなされた。これにより、80年代の後半になって漸く不携帯罪の送致件数は減少した。

　この間に下級審裁判所が示した、「常時」携帯の趣旨の「常識的な」解釈を引き出そうとする努力は、一定の評価に値する。まず、常時携帯の趣旨を「常に即座に提示することを要するというものではなく、時と場所によっては、その提示に僅少の時間的余裕があっても、公正な管理に支障のない場合であれば足りる」と解したものが早くからあり[120]、さらに 運転免許証や学生証はその文書としての性質及び発行者の社会的信頼性に照らし名義人が不法滞在者でない事実を公的に証明するだけの信用性を備えており、かつ貼付写真などによって名義人と本人との同一人性を優に確認できること、さらにその記載事項から本人の居住関係及び身分関係を正確に把握することができることから、「おおむね外登証に代替するに足りる」としたもの[121]も注目された。しかし、これら下級審の無罪判決も、いわゆる可罰的違法性論に基づく事案ごとの解決であり、常時携帯制度それ自体の合憲性を前提としている。常時携帯が刑罰により強制されるという制度の枠組みが維持されている限り、警察による外国人の日常監視体制は温存され続け、外国人の精神的負担は何ら変わらない[122]。そこで、送致件数が減少した後も、常時携帯義務廃止の声は強かった。これに応えて、99年改正で、特別永住者が登録証明書の常時携帯義務に

---

119 小野幸治・武村二三夫『外登証常時携帯制度と人権侵害』（日本評論社、1987年）巻末資料に掲載されている事例を参照。
120 高松高判昭44・3・28判例時報567号95頁。
121 大阪高判昭63・4・19判例時報1301号85頁。
122 本章第3節参照。

違反した場合の罰則が刑事罰から行政罰に改められた。しかし、常時携帯義務自体の廃止を求める声が依然続いている。

(f) 在留権の安定

1981年に出入国管理令が改正され、1982年1月1日に『出入国管理及び難民認定法』として施行された。この新入管法は、70年代前半の一連の法案にあった政治活動規制条項を含まず、むしろ協定永住権を持たない法律126号系統の人々の法的地位を安定させることをはかった。協定永住権の取得を拒否した人々のうち、法律126号該当者は比較的在留権が安定していたが、その子どもにあたる人々(特定在留者)はその地位が法律ではなく政令で定められており、3年ごとに在留期間を更新していた。さらに法律126号該当者の孫にあたる人々や、刑事法令違反者として従来の資格が取り消されたのち特別在留許可という資格で在留している人々は、入管法上の「その他条項」により在留を認められるにすぎなかった。いずれもその在留権は極めて不安定で、およそ国際標準に合致する体裁を整えたものではなかった。そこで、法律126号該当者及びその子孫に5年以内に申請すれば無条件に一般永住資格(特例永住権)を与えることにしたのである。協定永住権の取得を拒否した人々も、ほとんどがこの永住権を取得した。ただし法文上、この一般永住資格は、退去強制については協定永住権とは異なり、一般の外国人と同様に1年を超える懲役又は禁錮に処せられることが条件になっている。もっとも、実際の扱いでは、一般永住資格者の場合、「ほぼ5年前後の線がメドになって」[123]いたようである。

さらに90年代に入ると、いわゆる「協定三世問題」[124]を契機にして、むしろ日韓地位協定を抜本的に見直し、在日韓国・朝鮮人のあるべき法的地位を確立しようとする議論が展開されるようになった。90年5月の盧泰愚大統領の

---

[123] 大沼保昭・前掲書163頁。
[124] 日韓法的地位協定1条は、戦前から日本に居住する者及びその子で協定の効力発生の日から5年を経過した1971年1月16日までに出生した者(協定一世)、及び協定一世の子として1971年1月16日以降に出生した者(協定二世)については期限内に申請すれば協定永住が許可されるが、三世以降の者の法的地位については、第2条で、日本政府は「大韓民国の要請があれば、この協定の効力発生の日から25年を経過するまでは協議を行うことに同意する」と規定していたにすぎなかった。その25年の期限である91年1月16日が目前に迫っていたが、協定三世の法的地位は決められていなかった。

訪日を経て、91年1月、ソウルで『在日韓国人の法的地位と待遇に関する日韓外相の覚書』が出された。この覚書には、①在日三世以下の子孫に対して「簡素化した手続で覊束的に永住を認める」こと、②退去強制事由を「内乱、外患の罪、国交、外交上の利益に係わる罪及びこれに準ずる重大な犯罪に限定」すること、③再入国許可について「出国期間を最大限5年とする」こと、などが含まれていた[125]。そして、この覚書に基づいて『日本国との平和条約に基づき日本の国籍を離脱した者等の出入国管理に関する特例法（入管特例法）』が制定され（91年5月公布）、これまでの「法律126号該当者」「法律126号該当者の子」「協定永住者」「特例永住者」など同じ歴史的背景を持つ者の4種類の在留資格が、「特別永住者」として統一された。これにより、限定されているとはいえ退去強制の適用除外がなされていないこと、覊束的な再入国許可が認められていないことなど、依然として問題は残されているものの、在日朝鮮人の在留権が格段に安定したことは確かである。

四　結びに代えて

(1) 統合を拒否する者への弾圧

　70年代の末に始まった政策転換により、80年代及び90年代は、外国人管理法制上、旧植民地出身者、殊に在日朝鮮人に対する従来の硬派路線からソフト路線への転換の時期であり、極めて人権侵害性の強かった諸制度の修正期であったと言える。しかし、それは過去の人権侵害に対する反省の上に行われた修正ではなく、日本人も巻き込んで広範に行われるようになった差別撤廃要求に抗してまで従来の排他的な諸制度を維持し続けることが統合政策の妨げになるという、打算的な政策上の利益考量によるものであった。それ故、治安当局による在日朝鮮人に対する人権侵害行為そのものがなくなるとか、減少するということはまったくないし、それを期待することもできないのである。統合政策は、統合を拒否する者への排除政策によって完結するということを忘れてはならない。体制内に取り込まれることを拒否する者に対して、日本の治安当局は、あらゆる法を駆使して、些細な法違反を根拠に大

---

[125] この覚書には、「2年以内に指紋押捺に代わる措置を実施できるよう所要の改正法案を次期通常国会に提出することに最大限努力する」ことも含まれていた。

がかりな弾圧的捜査を繰り返している。

　1990年5月6日、警視庁公安部は、東京同胞生活相談所長とその家族を外登法の居住地変更登録義務違反の疑いで逮捕するとともに、機動隊を含む百数十名の警察官を動員して、東京同胞生活相談所のほか東京朝鮮中高級学校、朝鮮総連新宿支部など8カ所を捜索し、書類など約290点を押収した[126]。これは、盧泰愚訪日を同月末に控えて、警備情報の収集等を目的にしたものと見られ、日韓協調の反面で朝鮮総連に対する強行路線の継続を印象づけるものであった。次に、北朝鮮の「核疑惑」に端を発した騒動の最中である1994年4月25日、大阪府警は、北朝鮮を非難する市民集会を妨害したとして「威力業務妨害」の容疑で、朝鮮総連大阪府本部をはじめ8カ所に対し強制捜査を行った。「被疑者不詳」のまま被疑事実との関連性が明らかにされないまま、捜索場所も押収対象物も特定されていない一般探索的捜索・押収であった。憲法35条と刑事訴訟法219条の要件をおよそ充たし得ない状況で、簡単に令状が発付されることに呆れるほかない[127]。続いて6月6日、京都府警生活経済課は、学校法人京都朝鮮学園に対する国土利用計画法（届出義務）違反の容疑で、同学園のほか朝鮮総連京都府本部や個人宅など27カ所を強制捜査した。ところが捜査開始14時間後に、「法に従った届出がなされていたことが判明した」として、捜査の終結を宣言した。京都府理財局は率直に事務上のミスを認めたが、京都府警は「捜査は適法だった」として謝罪を拒否している[128]。他方、96年11月には、小平警察署の警備課外事係の警察官が、少なくとも15年間にわたって、小平市役所で違法に外国人登録原票を閲覧していたことが明らかになった。これは「出入国管理及び難民認定法違反捜査のため、貴市内に外国人登録を有する者の外国人登録原票を閲覧したいのでご配慮をお願いします」と記された「捜査関係事項照会書」によって、不特定多数の外国人の資料を資料ケースごと閲覧させていたものである[129]。具体的な罪名や人物を特定することなく、すべての外国人の登録原票を閲覧していたもので、公安警察によ

---

[126] 前田朗「在日朝鮮人の人権と権威主義国家」統一評論301号114頁。
[127] 島田薫「大阪朝鮮総連捜査事件の不可解」世界1994年7月号。
[128] 高賛侑「京都府警朝鮮総連強制捜査の真相」週刊金曜日1994年6月24日号。
[129] 小平市役所は登録原票は閲覧させておらず、転入者についての「外国人登録請求書」と転出者についての「外国人登録原票送付書」を閲覧させたものと説明している（在日朝鮮人人権セミナー『在日朝鮮人と日本社会』〔明石書店、1999年〕120頁以下）。

る法令に基づかない違法な情報収集活動であったと言わざるを得ない。以上のような、治安当局による直接的な弾圧のほかにも、朝鮮学校に通うチマ・チョゴリを着た女子生徒への暴行事件が相次いでいるにもかかわらず一向に検挙者がでない事実が、統合に応じない者への排除圧力の凄さ、醜悪さを物語っている。

(2) **外国人管理法制の再編**

90年代初頭までの法改正により、日本の外国人管理法制は、硬派路線からソフト路線への転換を終えたが、それは日韓の協調を背景にしたものであった。日本と韓国がアメリカを仲介者にして経済的・政治的・軍事的に結びつきを強めていくに従って、在日朝鮮人全体のなかで韓国籍の者の割合が増加し、結果として日本治安当局にとって在日朝鮮人問題は朝鮮総連問題へと収斂することになった。

他方、80年代末から90年代は、硬派路線からソフト路線への転換期であると同時に、外国人管理法制の重点が在日朝鮮人政策から外国人労働者問題へシフトした時期と重なり、89年、97年、99年の入管法の相次ぐ改正による「不法就労助長罪」「集団密航罪」「不法在留罪」などの新設、また91年の『麻薬特例法』、95年の『改正銃刀法』、99年の『組織犯罪対策三法』など、広い意味で外国人管理法制の再編期であったとも言える。検察庁の新規受理人員を見ても、外登法違反のそれは70年代半ばまで1万人を超えていたものが80年代に入って急速に減少し、89年には1,000人を割り込み、ここ数年は200人代である。それに対して入管法違反は、80年代までは数百人単位であったが、90年に1,000人を超え、1997年には10,000人を超えている。続いてこの問題について検討しなければならないが、別の機会とせざるを得ない。

第2節　市民的不服従と警察による制裁

一　問題の所在

(1) **指紋押捺拒否者の逮捕**

外国人登録法は、在留外国人に対して指紋押捺義務を課し（14条）、これに

違反して指紋を押捺しない者に刑罰を科してきた（18条1項8号）。この指紋押捺制度が個人の尊厳を侵したり（憲法13条）、「品位を傷つける取扱い」（国際人権規約B規約7条）に当たらないとする根拠として、法務当局は、指紋の押捺が有形力を用いた直接強制ではなく、刑罰による間接強制にとどまっていることを挙げてきたし[130]、判例もこの論理を採用して、指紋押捺制度の合憲性を肯定してきた[131]。しかし、その運用の実態はというと、指紋制度の合憲性や人権規約適合性に疑問を示して、いわば「良心的法義務拒否」[132]として押捺を拒否する者に対して、警察署への出頭を求め、これに応じない場合には逮捕して、直接の有形力を用いて指紋を採取することが頻繁に行われてきたのである。つまり外登法自体は、外国人の身分関係を明確にするという行政目的の遂行のために指紋押捺の制度を設けたものであるにしても、それを刑罰によって「間接強制」することによって、その拒否者に対しては、これを逮捕して、犯人と被疑者の同一性を確認すると称して、有形力を用いた直接の強制を行うのであるから、法務当局の釈明が形式的な法区分を利用した「まやかし」あるいは欺瞞であることは明らかであるのに、これを是認する裁判所の態度には強い憤りを感じざるを得ないのである。問題の第一次的な原因が外登法自体にあることは言うまでもないが、二次的には、比較的軽微な犯罪（刑訴法217条等にいう軽微犯罪に限らない）について、しかも被疑事実を完全に認めている者に対して、出頭要請に応じないというだけで逮捕し、必要もないのに、いわば警察による制裁として、指紋を強制採取することを許している刑事訴訟法の運用にも問題がある。指紋押捺拒否が、処罰を甘受しても法の名の下に不正が強制されている現状を非暴力的に告発しようとする市民的不服従として行われているとき、権力の側で暴力を用いた反応をすることがどうして正当化されるのか。

(2) 市民的不服従

「市民的不服従（civil disobedience）」とは、ロールズ（John Rawls）によれば、

---

[130] 法務省入国管理局外国人登録法令研究会編『Q&A 新しい外国人登録法』（日本加除出版、1993年）6頁。
[131] 最判平7・12・15刑集49巻10号842頁。
[132] 坂本昌成・法教72号137頁（いわゆる森川キャサリーン事件一審判決に対する判例批評）参照。

「政府の政策ないし法律に一定の変化をもたらす意図をもってなされる、法に反した公共的、非暴力的、良心的でしかも政治的な行為」である[133]。

　かなりの程度正義に適っている民主政体においても、正義に反した法律が制定され、正義に反した政策が実施されることはあり得る。しかも、法秩序がかなりの程度正義に適ったものであって、われわれがその利益を享受してきており、これからもそうし続けるつもりであるとすれば、たとえ多数者の制定した個別の法律が正義に反しているとしても、我々はそれに従う一応の責務は負っている。しかし、だからといって多数者の制定した法律をそれ自体正義に適ったものとみなすべき責務が存在するわけではない。我々は、憲法の基礎になっている正義の諸原理に盲目である多数者の行為を無条件に受け入れ、自分及び同僚の自由が圧殺されることに黙従することまでも要求されてはいないからである。従ってもし、多数者の制定した法律が不正義の一定限度を越えていると判断され、相当期間にわたって通常の仕方で理に適った政治的訴えかけをした後にも不正義が根本的に是正されない場合には、我々は、市民的不服従を考慮してよいであろう。市民的不服従は、多数者に、異議の申し立てられている措置の再考を促し、社会的共同の諸条件が尊重されていないと反対者たちが本心から考えていることを警告するために、多数者の正義感覚に訴えかける政治的行為にほかならない。ロールズは、次の3条件が満たされれば、人は市民的不服従の権利を持つ、という。第一に、通常の政治的異議申立にかかわらず、相当期間にわたって意図的な不正義の下にある場合、第二に、その不正義が平等な市民の諸自由の明白な侵害である場合、第三に、同様の場合に同様に異議を申し立てることが一般的に行われたとしても受容可能な結果がもたらされる場合、である[134]。これを指紋押捺拒否に当てはめてみよう。

　まず第一に、1980年代にはいって行われるようになった指紋押捺拒否は、

---

[133] Rawls, A Theory of Justice (1971) p.365.（矢島鈞次監訳『正義論』283頁）。また、Rawls, "The Justification of Civil Disobedience," in Hugo A. Bedau, ed., Civil Disobedience: Theory and Practice (1969) pp.240-255.（平野仁彦訳「市民的不服従の正当化」田中成明編訳『公正としての正義』〔木鐸社、1979年〕205頁）参照。

[134] 前掲・田中成明編訳『公正としての正義』213頁。なお、ロールズの市民的不服従の正当化論については、平野仁彦「法と市民的不服従」竹下賢編『実践地平の法理論』（昭和堂、1984年）231頁以下参照。また、市民的不服従に関する全般的な研究として、同「『市民的不服従』研究序説(1)、(2)、(3)完」法学論叢111巻3号、112巻2号、同4号。

1952年の外国人登録法施行以来常に政治的に問題にされてきた法律上の差別が、根本的な改善のなされないまま放置されたことに対する抗議として、やむにやまれぬ動機から出た行動であった。第二に、指紋押捺義務について最高裁は、「その立法目的には十分な合理性があり、かつ、必要性も肯定できる」と判断したが[135]、ロールズの言うように、憲法についての最高裁見解が、もし永続的な評価を得ようとするならば、人々にその健全さを納得させなければならない。訴えの最終審は、最高裁でも議会でもなく、選挙民全体である。そして市民的不服従は、この選挙民に訴えかけるものである[136]。指紋押捺拒否者たちは、かつて日本人であり、あるいは生まれたときから日本に住み、日本国民とまったく同一の社会的負担を負う者であるならば当然平等に享受すべき市民的自由が、明白に侵害されている不正義を日本国民全体に告発する人々である。第三に、1984年末頃から、指紋押捺制度の廃止を求める運動は、署名活動や街頭での集会・行進、国会や地方自治体等に対する要請行動として積極的に展開されるようになり、これらの働きかけに応じて、外登法の改正を求める意見を採択する地方議会も多数に上った。他方、85年9月末には、当局の説得期間中押捺を留保する者が約4,200人を、又、留保期間を超えて指紋押捺を拒否する者は約1,300人を数えた[137]。それでも、この指紋押捺拒否運動が、法秩序を攪乱し、法を軽視する風潮を生み出す等受容不可能な結果をもたらすことはなかったのである。こうして、指紋押捺拒否は、ロールズの示した3条件を充たし得る市民的不服従であったということができよう。

　市民的不服従は、法制度の一部を構成する有効な法律に明白に違反しつつ、法制度の基礎をなす人々の正義感覚そのものにその正当性を訴えるためにあえてなされる道徳性、政治性の高い実践である。それ故、市民的不服従が効果的なものとなるためには、この法への不服従が、良心から発した誠実なものであることを示し、多数者の正義感覚に訴えるためにあえてなされたものであることを明確に示すことが必要である。それ故、市民的不服従は、ただ単に非暴力で行われるだけでなく、既存の法律に従って処罰されることも抵

---

[135] 前掲・最判平7・12・15刑集49巻10号842頁。
[136] 前掲・田中成明編訳『公正としての正義』218頁。
[137] 法務省入国管理局編『平成4年版　出入国管理』(大蔵省印刷局、1993年)167頁参照。

抗することなく受け入れ、それによって、法的手続に対する敬意を表明しつつなされる。市民的不服従は、法の支配を否定するものではなく、法の支配に対する忠誠の範囲内で、個別の法律への不服従を表そうとするものである。したがって、市民的不服従に訴えるための前記の条件が尊重される限り、市民的不服従が無政府状態をもたらす危険はまったくないのである。それどころか、市民的不服従が正当な抵抗として承認される国家こそ、民主主義的法治国家と呼ぶにふさわしい。むしろ、問われるべきは、不服従に対する権力の側の反応の有り様である。

　抑えがたい実質的な正義実現の要求を掲げて、自己抑制の効いた抵抗を試みる者に対して、当局は常に、尊敬の念を表し続けるべきである。ハーバーマス（Jürgen Habermas）は、「市民的不服従は、民主主義的な法治国家の正統性を高く設定したみずからの要求によってその品位を得ている。もし、この品位を検察官や裁判官が尊重せずに、規則違反を犯した者たちを犯罪者として訴追し、通常の量刑をするならば、彼らは、権威主義的リーガリズムに陥ることになる。彼らは、前近代的な法状況に発する、因襲的な国家理解に基づいた諸概念で物を考えることにより、発展した民主主義的な公共組織の道徳的基礎とその政治的文化を無視し、短絡化しているのである」と述べている[138]。指紋押捺拒否者の多くは訴追されず、起訴された者はすべて少額の罰金刑の言渡しを受け[139]、なかには執行猶予付の罰金刑に終わった者もいる。これが市民的不服従への配慮の故か否かはにわかに判断できないが、訴追・司法機関が指紋押捺拒否をほとんど処罰に値しない法違反であると評価していたことは窺える。これに対して、警察の示した強硬な態度は、多くの市民にとって異様な光景に映った。市民的不服従として指紋押捺を拒否する者を、逮捕状によって身柄拘束し[140]、数人がかりで押さえつけ強制器具を使用して

---

[138] Habermas, "Ungehorsam mit Augenmaß," in: Die Zeit 1983.（三島憲一訳「核時代の市民的不服従」世界1984年7月号133頁）。ハーバーマスの市民的不服従に関する論説としてほかに「暴力の独占、法意識そして民主主義過程」三島憲一ほか訳『遅ればせの革命』（岩波書店、1992年）249頁参照。また、ハーバーマスの議論の背景については三島憲一「精神と政治の道具的ならざる関係をめぐって」現代思想1986年10号50頁。
[139] 1957年に押捺拒否事件で懲役4月執行猶予2年の判決が言い渡された例があるが、これは指紋制度の是非を問うた事件ではなかった（田中宏『在日外国人〔新版〕』〔岩波新書、1995年〕88頁）。つまり、市民的不服従の事例ではない。
[140] 令状を発して逮捕を許可した裁判官にも責任の一端があることは言うまでもない。

まで指紋を強制採取することは、不法国家における疑似合法的な抑圧とつながっているように思われるのである。この警察の行動が「法は法だ」という権威主義的リーガリズムに基づくことは、警察幹部が公の場で「いやなら本国に帰るか、帰化すればいい」と発言したことに端的に表れている[141]。そこには、処罰その他の不利益を甘受してまで不正義の告発をする人々に対する敬意のかけらもないどころか、押捺拒否者に脅迫状を送りつける連中のメンタリティーとの共通性を感じるのである[142]。「正当な市民的不服従が国内の平和を脅かしていると思われるような場合、責任は、異議を申し立てている人々にあるというよりはむしろ、そのような敵対を正当化するような権威や権力を濫用している人達にあるのである」[143]。

(3) 本節の課題

本節は、指紋押捺拒否事件における逮捕の違法性、指紋強制採取の違法性を訴えた事件について、指紋押捺拒否の市民的不服従としての上記のような法的性格を考慮しつつ、第一に、完全に被疑事実を認めている場合でも、警察の出頭要請に応じないという理由だけで逮捕することは許されるのかという問題、第二に、刑訴法218条2項は、同一人の確認を要しないと思われる場合にも有形力を用いて指紋を採取することを許しているかという問題を検討する。

外登法の指紋押捺制度の全廃が実現した[144]現時点でも、市民的不服従に対する刑事法の適用問題は依然として検討すべき課題として残されている。例えば、同じ外登法に例をとれば、過失によって確認申請時期を徒過したものの、それに気づいて直ちに法所定の手続をとった者について、仮に確認申請義務違反の事情聴取のための出頭要請があったとして、完全に被疑事実を認める陳述書を提出した上で出頭を拒否した場合、それが過失による確認申請義務違反に刑事罰を科すことの不正義を告発するため、異議申立意思の一表

---

141 85年5月の大阪府警外事課長によるテレビ・ニュースでの発言。
142 『指紋押捺拒否者への「脅迫状」を読む』(明石書店、1985年)参照。
143 ロールズ、前掲・田中成明編訳『公正としての正義』218頁。
144 1999年8月の「外国人登録法の一部を改正する法律」によって非永住者についても指紋押捺制度は廃止された。この改正法については佐藤方生「外国人登録法、出入国管理及び難民認定法の改正について」ジュリスト1165号40頁以下参照。

現として選択されたものであれば、この出頭拒否は市民的不服従とみなすことができるであろう。この場合も、訴追されたならば法廷において堂々と所信を述べ、結果として既存の法により処罰されることも甘受する意思表示がなされている場合でも、警察は、出頭要請に応じないことを理由に逮捕して、さらに逮捕に付随する措置として有形力を用いた指紋採取をすることが許されるかということは問題になろう。

二 不出頭を理由とする逮捕

　刑事訴訟法は、裁判官が逮捕状を発付するに際して、被疑者が当該犯罪を犯したと疑うに足りる相当の理由の有無のほかに、逮捕の必要性についても判断しなければならない、としている（199条2項但書）。新刑訴法施行後にも旧態依然として逮捕権を濫用する警察に対して、これを抑制するために、1953年の刑訴法一部改正[145]により導入された規定である。ところが、逮捕の必要性の判断基準については、法は直接の規定を設けていない。ただ、刑事訴訟規則で、「……被疑者が逃亡する虞がなく、かつ、罪証を隠滅する虞がない等明らかに必要性がないと認めるときは、逮捕状の請求を却下しなければならない」（143条の3）と規定しているに過ぎない。しかも、刑訴法199条1項但書が、一見したところ、軽微事件であっても正当な理由がなく出頭の求めに応じない場合には逮捕できるかのように規定していることから、軽微事件についてすらそうであるなら、一般に、「逃亡のおそれ」「罪証隠滅のおそれ」のほかに捜査官の呼出に応じない「不出頭」をも逮捕の必要性の事由と解する余地があり、さらに「不出頭」は規則143条の3にいう「罪証隠滅の虞がない等」の『等』の場合に当たるとする解釈が、かつて唱えられたことがあった。しかし、法198条1項但書が、取調のための呼出に対して、出頭を拒むことができると明定していることからすれば、法199条1項但書の法意は、軽微事件については逃亡・罪証隠滅のおそれだけでは逮捕することができず、それに加えて住居不定又は「正当な理由のない捜査官への不出頭」があってはじめ

---

[145] 当初、司法警察職員が逮捕状を請求するには、検察官の同意を得なければならないとする改正案が検討されたが、警察の強い抵抗により、令状請求警部の指定と裁判官の必要性判断権の明定によって決着を見たのである（岡田薫「刑事訴訟法50年と警察捜査」ジュリスト1148号37頁以下参照）。

て逮捕できるとの趣旨であると解すべきであり、さらに、規則143条の3は、逮捕の必要性がない場合の規定であって、そこでの『……等』は、逃亡・罪証隠滅のおそれがない場合以外にも逮捕の必要性が阻却される場合のあり得ることを規定したものに過ぎない、と解される。それ故、今日では、逮捕の必要性とは、刑訴法60条1項の勾留の事由と同じく、「逃亡のおそれ」と「罪証隠滅のおそれ」に限定される、と解することにほぼ異論はない[146]。

それにもかかわらず、警察が出頭要請に応じない者を令状によって逮捕しているのは、どういうわけか。

(1) 徴表説

現行刑事訴訟法の下では、捜査段階の被疑者も起訴後の被告人と同様に、無罪の推定を受け、警察・検察と対立する一方当事者と位置づけられている。それ故、被疑者の身柄の拘束は、将来行われる裁判のために、証拠を保全し、公判廷へ出廷させるためにのみ許されるのであって、取調を目的とする身柄拘束は許されない。したがって、逮捕の必要性は、「逃亡のおそれ」又は「罪証隠滅のおそれ」がある場合にのみ認められ、単に「正当な理由がなく出頭に応じない」だけでは直ちに逮捕の必要性を基礎づけるものではないはずである。それにもかかわらず、警察による数度の呼出に応じない被疑者を逮捕することが捜査機関の当然の権限であるかのように運用されているのは、この弾劾的捜査観の有力な主唱者の学説の中に、被疑者の不出頭は「逃亡のおそれの一つの徴表」となるという考え方があり[147]、これに捜査実務家がこれ幸いとつけ込んだことによる。捜査官の呼出に対して正当な理由がなく出頭しないことは、逃亡又は罪証隠滅のおそれを推認させ、その度合いは不出頭の回数に応じて強まる、というのである(徴表説)。ただ1回の出頭の求めに対してこれに応じなかったというだけでは、果たして「正当な理由がなく」出頭しなかったものかどうかに疑念が残るので、手続の慎重を期すという見地から、数回不出頭が重なれば逮捕の必要があるといえるとする見解が唱えられ[148]、定着

---

[146] 石松竹雄「通常逮捕の要件」捜査法大系Ⅰ、80頁。田宮裕編『刑事訴訟法Ⅰ』(有斐閣、1975年)162頁(田宮)。
[147] 平野龍一『刑事訴訟法』(有斐閣、1958年)108頁。
[148] 伊藤栄樹・警察学論集18巻5号104頁以下。

していくことになる。そして、逮捕状請求までに必要な呼出の回数は通常5、6回、少なくとも3回以上とされる(便宜上この説を積極的徴表説としよう)。

しかし、裁判官の論説のなかには、正当な理由のない不出頭は、一般的には罪証隠滅乃至逃亡のおそれの一つの徴表と見ることができ、それが数回に及ぶなら、そのこと自体から、または他の事情と相俟って、逮捕の必要性が推定されることもあるとして基本的には徴表説に依拠しながらも、不出頭はあくまで逮捕の必要性判断の一つの資料であって、単に機械的にその程度の回数から安易に逮捕の必要性を推定することは慎むべきとの批判もあったことに注意を要する(この説を消極的徴表説としよう)。この説は、不出頭が数回に及んでも、逮捕の必要性が推定されない場合があることを肯定するのであり、実際に、「被疑者が捜査機関の再三の呼出にどうしても応じない場合でも、住居が安定していて逃亡の虞がなく、軽微な事件であるなどの理由から罪証隠滅の虞も推定されないというような事案では、あくまで任意捜査でいくよりほかない。被疑者の供述が聴きたければ、捜査官の方から出向いていくべきであり、それでも被疑者が会ってくれないという場合には、その供述を聴くことを断念しなければならない」と説いている[149]。

(2) 下級審判例の変遷

捜査官の呼出に応じないことだけで逮捕の必要性の事由となるかが令状実務上の重要問題としてクローズアップされるようになったのは、1960年代末から道路交通法違反事件で捜査官の呼出に応じない者が多くなってきたことによる[150]。一般には、新聞各紙が「違反者の逃げ得を一掃するため一斉逮捕に乗り出す」と報じるなど[151]、警察の呼出に応じない悪質運転者は逮捕されるのが当然だという見方が支配的だったと言えよう。しかし、指紋押捺拒否事件での不出頭は、これと事情がまったく異なる。指紋押捺拒否事件での不出頭の動機は、市民的不服従を貫くことにある。つまり、同じように不出頭を繰り返す場合でも、指紋押捺拒否の場合には、刑事訴訟手続からの逃避性向は

---

149 島田仁郎「被疑者が呼出に応じない場合と逮捕の可否」判例タイムズ296号78頁。
150 裁判官会同では、すでに50年代に、この問題が議論されている(伊藤栄樹・前掲論文104頁以下参照)。
151 1968年6月1日付毎日新聞。奥山修二・警察学論集21巻7号153頁、野間洋之助・判例タイムズ296号76頁。

まったく見られないのである。それ故、彼らの多くは、不当逮捕を理由に国賠請求をすることになる。

指紋押捺拒否を理由に出頭要請を受け、これに応じなかったために行われた逮捕の適法性に関する下級審の判断は分かれ、最近になって急転した。

(a) 逮捕を適法とする判例

指紋押捺拒否に関わる違法逮捕を理由とする国家賠償請求訴訟で公刊物に現れた最初の事案は、1990年11月29日の横浜地裁川崎支部判決[152]である。これに続いて、1992年の3月26日に京都地裁判決[153]、12月14日に神戸地裁判決[154]が相次いで下された。これらは、事案の内容でも、判決の内容でも酷似している。

まず、逮捕の必要性の判断基準については、「正当な理由のない不出頭が数回繰り返された場合には、通常、逃亡又は罪証隠滅のおそれが推定されると考えられるが、逮捕の必要性を判断するに当たっては、この点だけでなく、当該事件について認められるその他の事情も総合して判断すべきである」とし、消極的徴表説を採用している。

その上で、次のような理由で逮捕の必要性を肯定した。①原告の不出頭は警察への呼出に応じる意思がなかったことによるから、正当な理由のない不出頭が5回繰り返されたことになる、②原告は、警察署に提出した陳述書で、指紋不押捺の事実を認めているが、それは、指紋押捺に至る経緯、動機、不押捺の具体的状況等につき触れられておらず、原告と支援団体との関係も記載されていないこと、かつ、これら書面は一方的に送付されたものであり、捜査機関としては、独自にこれらの点について、詳しく原告本人から事情を聞く必要があったものと認められる、③原告からの捜査官に対する警察署以外の場所での取調べには応じる旨の申入れがあったが、これがいかなる趣旨ないし真意に基づくものであるか必ずしも明確ではなく、捜査官がこの申入れを拒絶したのも、責任ある捜査機関としてやむを得ない処置であったといわざるを得ない、④原告の指紋押捺拒否は原告の積極的な指紋押捺制度反対

---

152 判例タイムズ744号220頁、判例時報1374号89頁。
153 判例自治107号85頁。
154 判例タイムズ815号150頁、判例時報1464号120頁。

運動の一環としてなされたものであること、支援団体やその他の支援者らが原告を支援していること等によれば、逮捕の時点において、これらの支援団体及び支援者らが、何らかの形で、証拠隠滅を図ったり、拒否者が捜査機関に対して所在を不明にすることを援助したりするようなことが考えられないとまでは断定できなかったというべきである、とした。そして、これらの事情を総合すると、「本件逮捕の時点において、原告が逃亡するおそれは全くなかったということはできず、又、原告の本件指紋押捺拒否に至った経緯、具体的状況、動機、支援団体の活動状況、共犯者の有無など、いまだ不明確な事柄について、原告が支援団体等と共謀して罪証隠滅をはかるおそれがなかったとはいえないといわざるを得ない」と判示して、本件逮捕を適法としている。

しかし、そこで挙げられている逮捕の必要性を肯定する事情は、①の正当な理由のない不出頭が繰り返されたことを除けば、②及び③は、「取調の必要」からしか導き出せないものであり、④の「原告が支援団体と共謀して逃亡・罪証隠滅を図るおそれ」というのは、原告らによる指紋押捺拒否が市民的不服従の確信に発したものであることを、まったく無視したものである。

(b) 逮捕を違法とした判例

このように、3つの地裁において、ほぼ同様の判断が下され、下級審における事案処理の傾向が定まったと思われたとき、「逮捕は違法であった」とする思いがけない、しかし画期的な判決が下され、下級審における事案処理の流れは変わる。

1994年10月28日、大阪高裁は、前記京都訴訟の控訴審で、「人権判例史上に残る」[155]と評される判決を下した[156]。

判決は、まず、正当な理由のない不出頭が、逮捕の必要性を基礎づける事由となるかについては、これまでの下級審判例と同様に、消極的徴表説に依拠することを明らかにしながら、「本件においては、控訴人は、将来の公判手続において、積極的に自己の言い分を主張して指紋押捺制度の撤廃運動に寄

---

[155] 小山千蔭「人権判例史上に残る大阪高裁判決の意義」空野他編『在日朝鮮人の生活と人権』(明石書店、1995年)29頁。
[156] 判例タイムズ868号59頁、判例時報1513号71頁。

与しようとしていたのであるから、刑事訴訟手続からの逃避性向を窺うことはできず、本件においては、控訴人の正当な理由のない不出頭をもって逃亡のおそれ及び罪証隠滅のおそれの存在を推定することができない特段の事情があるというべきである」とした。これは、指紋押捺拒否事件での不出頭が市民的不服従として行われたものであることを考慮したもので、逮捕の必要性を事案に即して個別的・具体的に判断したものとして、評価できる。

　また、本件が組織的背景を持つ犯行であって、背景事実について罪証隠滅のおそれがあるという点についても、「なるほど逮捕の必要性としての罪証隠滅のおそれとは、犯罪事実そのものではなくとも、刑の量定に影響を与えるような重要な情状事実に関する証拠の隠滅のおそれも含まれる」と罪証隠滅の対象となる事実の範囲を広く解すること自体は容認しつつも、本件では「指紋不押捺罪の宣告刑は概ね罰金1万円ないし5万円であることに鑑みると、それ自体が行政犯であるため、動機、組織的背景等の情状事実が現実の指紋不押捺罪の刑の量定に殆ど影響を及ぼしていないと推測されるし、仮に罰金額の多寡に何らかの影響を与えているとしても、量刑にその程度の影響しか持ち得ない情状事実の解明のために被疑者の身柄を拘束することは明らかに均衡を失するものであって、かかる場合、適正妥当な刑の量定をすべき刑事手続の合目的性の要求は、逮捕がもたらす重大な人権侵害の前に一歩退くべきことが明らかであるから、本件における組織的背景事実は罪証隠滅の対象にはならないというべきである」と判示した。これは、逮捕の必要性の判断の際に、隠滅のおそれのある事実が証明しようとする事柄の当該事案における重要性と被疑者の身柄を拘束することによる人権侵害の重大性とを比較衡量することを求め、後者が優先されるべき場合には、その隠滅のおそれのある事実は、逮捕の必要性を基礎づける「罪証隠滅のおそれ」のある事実に当たらないとしたものである。これまで、逮捕状は「明らかに必要性がない」場合以外はこれを発しなければならないという条項をルーズに解し、逮捕の必要性を形式的・類型的に判断してきたのに対して、新たに実質的判断基準を付加するものといえる。

　この判決によって、下級審における判例の流れは変わった。1998年3月26日、大阪地裁も、指紋押捺を拒否した外国人を逮捕・留置したことが違法であるとする判決を下した[157]。本件は、指紋押捺を拒否した外国人13名によ

る集団的国賠訴訟であって、判決は、うち3名について、府県警の指紋押捺拒否の罪による逮捕はその必要性を欠き違法であったとし、逮捕の必要性のあった者のうち3名について、外国人登録証明書を差し押さえた後は留置を継続する必要性を失ったにもかかわらず留置を継続したとして、国家賠償請求を一部認容した。判決は、逮捕の違法性を認めた理由として、「（逮捕時までに警察が入手していた）証拠により原告の指紋押捺拒否の事実及び理由、拒否時の状況などは明らかになっていたものと認められることから、逮捕の必要性を判断する上において合理的根拠が客観的に欠如していることが明らかであるにもかかわらずあえて逮捕したと認められるような事情があるというべきであり、原告の逮捕は国家賠償法1条1項の適用上違法といえ、又臨港署の署員には過失があると認められる」と判示している。

judgment、まず、原告が度重なる呼出に対して出頭しなかったことについては、上記大阪高裁判決と同様に不出頭を市民的不服従の一環と評価する立場から、「原告は自らの信念に基づいて出頭しなかったものと認められ、原告には刑事訴訟手続への逃避性向を窺うことはできず、不出頭をもって逃亡のおそれ及び罪証隠滅のおそれの存在を推定できない特段の事情がある」と判示した。さらに、この判決で注目されるのは、「組織的背景の事実に関する証拠隠滅のおそれ」がないことについても、端的に、不押捺が市民的不服従の信念に基づいたものであることを根拠とした点である。つまり、組織的背景の事実に関して罪証隠滅のおそれがあったとの被告県の主張について、「原告の指紋不押捺が原告の信念に基づくものであることからすると、組織的背景に関して罪証隠滅のおそれがあったとは認められず、かつその点については同署の職員も認識していた」としたのである。

(3) 最高裁判決

しかし、最高裁は、このような下級審における被疑者の権利保護に向けての努力、それを歓迎する指紋押捺拒否者及びその支援者に対して冷水を浴びせかけた。すなわち京都訴訟の上告審判決である最高裁第二小法廷の1998年9月7日の判決[158]は、原審が示した、逮捕の必要性についての新基準につい

---

157 判例時報1652号3頁。
158 判例時報1661号70頁、判例タイムズ990号112頁。

て何ら踏み込んだ検討をすることなく、これを退けた。

　まず、逮捕状請求にかかわる罪証隠滅のおそれについて「被疑事実そのものに関する証拠に限られず、検察官の公訴を提起するかどうかの判断及び裁判官の刑の量定に際して参酌される事情に関する証拠も含めて審査されるべきものである」とし、そして、「逮捕状を請求された裁判官に求められる審査、判断の義務に対応して考えると、司法警察員等においても、逮捕の理由がないか、又は明らかに逮捕の必要性がないと判断しながら逮捕状を請求することは許されない」とした。その上で、本件の事実関係の下における逮捕の必要性を検討し、「被上告人の生活は安定したものであったことがうかがわれ、また、桂警察署においては本件逮捕状の請求をした時までに、既に被上告人が指紋押捺をしなかったことに関する証拠を相当程度有しており、被上告人もこの点については自ら認めていたのであるから、被上告人について逃亡のおそれ及び指紋押捺をしなかったとの事実に関する罪証隠滅のおそれが強いものであったということはできないが、被上告人は、警察官から5回にわたって任意出頭するように求められながら、正当な理由がなく出頭せず、また、被上告人の行動には組織的な背景が存することがうかがわれたこと等に鑑みると、本件においては明らかに逮捕の必要がなかったということはできず、逮捕状の請求及び発付は、刑訴法及び刑訴規則の定める要件を満たす適法なものであった」と判じたのである。

(4) **判決の評価**

　a. 本判決の判示のうち、まず、逮捕の必要性を判断する際に考慮すべき「罪証隠滅」の対象となる証拠の範囲について、被疑事実そのものに関する証拠に限られず、検察官が公訴を提起するかどうかの判断や裁判官が刑の量定をするに際して参酌される事情に関する証拠、すなわち、情状証拠も含めている点は、原審の判断を支持したものといえる。確かに、将来の法廷において審理されるべき事実に情状に関する事実も含まれる以上、これを保全しておくことは必要である。しかし、情状証拠の範囲は際限なく広い。逮捕の必要性を判断する際に考慮すべき「罪証隠滅」の対象範囲を情状証拠にまで拡張すれば、裁判官が考慮すべき事実の範囲が際限なく広がることを意味し、「明らかに逮捕の必要性がない」との判断に達する可能性はほとんどなくなると言え

る。これは、法199条2項が、逮捕の必要性について判断することとした趣旨に、実質的に反することになる。さらに、軽微事件において情状証拠を保全しておくことの意義は一般的に小さいといえ、身柄拘束の必要性を判断する際に考慮すべき必要性もほとんどないといってよい。従って、少なくとも本件のような比較的軽微な事件については、逮捕の必要性を判断する際に考慮すべき「罪証隠滅」の対象範囲は、被疑事実そのものに関する証拠に限定されるべきである。

　b. 判決が、正当な理由なく出頭しないことだけでなく、「被疑者の行動に組織的背景があること等」を考慮して逮捕の必要性を判断していることは、下級審で定着していた消極的徴表説の考え方を最高裁判所として支持したものと言えよう。不出頭が数回繰り返されただけで逮捕の必要性が肯定されるとしたものではない。最高裁は、不出頭の事実が他の事情により補充されることによって逮捕の必要性を基礎づける資料となることがあり得ることを認めたに過ぎない[159]。

　問題は、判決が、「正当な理由のない不出頭が5回繰り返されたこと」と「被疑者の行動に組織的背景があること」を根拠に、「明らかに逮捕の必要がなかった」とはいえないとした点である。これは、被疑事実そのものではなく、量刑にかかわる組織的背景事実について支援団体等による罪証隠滅のおそれがまったくないとはいえないという事情で補充事情とするのに足りるとしたことになる。原審が、被疑者の組織的背景が量刑事情として将来の法廷において影響を及ぼすことは事実上考えられず、必要性に関する実質的な判断をして、逮捕の必要性を肯定する材料にはならないと判示していることと比較すると、「明らかに逮捕の必要がない」という要件を必要以上に形式的に解しているように思われる。やはり、法199条1項但書が、軽微事件において身柄拘束から生じる不利益により強い関心を示していることを想起べきであろう。

　c. さらに、そもそも不出頭が逮捕の必要性を推定させるという徴表説自体にも疑問がある。まず、徴表説の論理は、経験則に反するとの批判がある。

---

[159] 上村卓也「逮捕の必要性をめぐる議論」警察時報1998年12号102頁以下は、本判決の判示からすれば、「少なくとも5回任意出頭の求めに応じなければ逮捕の必要性が一般的に認められることになろう」と言う。

逃亡するつもりなら、最初の呼出の時点ですぐ逃げるであろうし、起訴されて有罪になっても予想される刑が軽い場合には、呼出に応じないからといって、逃亡するだろうと考えるべき理由がない、被疑者が信念に基づいて裁判所で争う姿勢を示しているときはなおさらである[160]、というのである。確かに、不出頭が逃亡のおそれを徴表するという論理は経験則に合致しない点があり、軽微犯罪については、罪証隠滅のおそれを徴表するというのも経験則による裏づけを得られないように思われる。軽微事件では、道交法違反事件での不出頭の場合のように刑事手続からの逃避性向が見受けられる事案でさえ、逃亡のおそれや罪証隠滅のおそれを推定させるとする根拠に乏しいように思われるが、まして指紋押捺拒否事件での不出頭のように、それが市民的不服従に基づく場合には、逃亡のおそれや罪証隠滅のおそれを推定させるとみる根拠はまったくない。したがって、このような事案で被疑者の刑事責任を問おうとするならば、逮捕せず公判請求して、裁判所から被告人へ召喚状を発するのが、法の予定する方法である[161]。簡易手続の利益を享受するか否かは被疑者の選択にまかせ、不出頭によりその意思がないことが明確になれば、公判請求して、裁判所の権限により召喚(法273条2項、62条)・勾引(法58条)・勾留(法60条)の処置をとればよい[162]。

三　直接強制による指紋採取

　国賠訴訟の原告らは、逮捕された後、数名の警察官により行動の自由を完全に奪われた状態で、腕や手を固定する器具を使用して直接強制により指紋を採取されている。京都事件では、警察官8人でいやがる原告を押さえつけ、「指を負傷させるまでして鑑識にはまったく役に立たぬ不鮮明な指紋」を採ったとされる[163]。同一人性を確認するためでも、他事件の捜査や将来の再犯に備えるためでもない、指紋押捺を拒否している者に対する警察による制裁として行われた指紋採取であった。そして、逮捕を違法とした下級審判例でさ

160　後藤昭「不出頭を理由とする逮捕」村井敏邦・後藤昭編著『現代令状実務25講』(日本評論社、1993年)103頁。
161　後藤・前掲論文104頁。
162　渡辺修『被疑者取調べの法的規制』(三省堂、1992年)18頁。
163　小山千蔭・前掲論文32頁。

え、こうした指紋採取を適法であったとしているのである[164]。

(1) 逮捕に実質的に包含される処分

一般に、場所、物又は人の身体の状態を、五官の作用によって感得する処分を検証といい、捜査機関は、犯罪の捜査をするについて必要があるときに限り、裁判官の発した令状により検証することができる。殊に人の身体を対象とする検証は、身体検査令状によらなければならない(刑訴法218条1項)。ところが法は、身体の拘束を受けている被疑者の指紋の採取には令状を要しないとし(同条2項)、さらに指紋採取を拒む者を過料に処し、又はこれに刑罰を科してもその効果がないと認めるときは直接強制することも許されるとしている(222条1項、139条)。なぜ法は、身体の検証でありながら、逮捕された者からの指紋採取を無令状で行うことができるとしているのだろうか。

一つの解釈はこうである。指紋採取等の218条2項に掲げられた行為は、逮捕にあたって被疑者を特定する上で必要とされるのみならず、これらの行為は、被疑者を裸にして行うのでない限り、人権侵害の程度も比較的少なく、すでに逮捕という強制力を加えている以上、この程度の強制は許されるものと考えられるし、さらに、逮捕という行為は、被疑者にこの程度の強制を加えて証拠を収集することを予定しているものとも考えられるのであって、いわば指紋採取等のこれらの行為は、逮捕という処分の中に実質的に包含されているものと解されるからである、とされる[165]。こう解する場合には、無令

---

[164] 外登法上の指紋押捺拒否事件に関わるもの以外で、被疑者の指紋が直接強制により採取されたことの適法性を争ったものとして東京地判昭59・6・22判時1131号160頁がある。窃盗の容疑で現行犯逮捕された被疑者が指紋の採取を拒否し、抵抗したのに対して警察官が直接強制を用いて採取を強行したので、被疑者が警察官を特別公務員暴行陵虐致傷のかどで告訴したところ、不起訴処分となったので付審判請求に及んだ事件で、東京地裁は、「被疑者が指紋採取や写真撮影に任意に応じず、これを拒否した場合において、間接強制では効果がないと認められるときは、そのままその目的を達するための必要最小限度の有形力をもって直接強制することは許される」と判示している。本件についての評釈として、青柳文雄・判例評論315号70頁。

[165] 伊藤栄樹『刑事訴訟法の実際問題』(立花書房、1967年)57頁以下。この解釈は、218条2項の規定がなくともとり得るものであるが、疑義を避けるため、1949年の刑訴法一部改正により同項の規定が明文化されたものである(野木新一・警察研究20巻6号16頁)。この、一定の強制処分が認められる以上、その目的を実現するための付随行為も合理的な範囲で許容されるという考え方は、職務質問のために停止させられた者を強制採尿に係る捜索差押許可状に基づき、質問現場から採尿場所まで連行することの適法性の基礎づけにも用いられている(最決平6・9・16刑集48巻6号420頁、ほかに函館地決昭59・9・14判タ537号259頁、同昭60・1・22判タ550号294頁)。

状の指紋採取は当該被疑事件についてのみ許され、逮捕の理由となっている事件とは異なる他事件に関する証拠を得るための指紋採取は、あらかじめ身体検査令状を得なければならないことになる[166]。

しかし、第一に、指紋採取を軽度の人権侵害と見ることには強い疑問がある。プライバシーの人権体系上の地位が次第に高まり、個人情報の収集自体が基本権の侵害に当たるとの認識も定着しつつある現在、指紋採取の人権侵害性を軽視することは許されないであろう。第二に、有形力の行使が被逮捕者に傷害を負わせるおそれがあるような場合にも、逮捕という処分のなかに実質的に包含されているものと言えるか疑問がある。逮捕それ自体の執行のために被疑者の抵抗を排するために必要な限度の有形力を用いることは当然予定されていると言えるが、身柄を確保した後に、被疑者の身元の特定のために行われる処分についても同じように言えるかは別個の問題である。捜査関係者の見解には、抵抗する被疑者に直接強制を用いて指紋採取する際に「はずみで指が折れたとしても正当行為の範囲内と見ることができる。もとより、指紋採取のため、指を折ることは許されるはずはないが、強く掌を握り抵抗する相手の掌を開こうとして、はずみで骨折その他の傷害が起こることはあり得ることであり、結果の重大性にのみ心を奪われることは正当でない」とする見解がある[167]。しかし、密室で行われる処分が、「はずみで骨折その他の傷害を引き起こす」危険を伴うのに無令状で足りるはずがない。そこまでの強制力を用いることが捜査上必要であるか、司法機関による事前の審査を要すると解するのが相当であろう[168]。

---

[166] これに反して、法が令状を要しないとしているのは、特に事件との関係において意義があるのではなく、当該事件以外の身柄拘束の場合も含むとするものとして、青柳文雄『五訂刑事訴訟法通論（上）』415頁、河上和雄・判例タイムズ541号55頁。河上は、「指紋採取と写真撮影は、今後犯すであろう犯罪と既に犯した他の犯罪の捜査にとって決定的といえるほど重大かつ必要な捜査手段であり、これなしには、多くの犯罪は、結局、犯人の検挙を見ずに終わるといっても過言ではないであろう。つまり、指紋採取等は、他の犯罪捜査のために必要なのであって、当該事件の捜査にはあまり必要がないのが実態である」とし、指紋採取などは、「その身柄拘束といった強制処分の内容に含まれているのであって、その身柄の拘束の事実に関してでなければ何事もなし得ないものではなく、身柄拘束という事実自体の属性としてこのような行為が可能と解するのが相当」という。しかし、「今後犯すであろう犯罪」への対処は、行政警察上の作用であって、「捜査」の範疇には含まれないし、「既に犯した他の犯罪」については令状は発付されていないのであるから、その捜査のために指紋採取を受忍すべき理由はない。
[167] 河上和雄・前掲論文57頁。

(2) 犯罪捜査規範131条1項の意義

　警察官の行動マニュアルである犯罪捜査規範は、「逮捕した被疑者については、引致後すみやかに、指紋を採取し、写真その他鑑識資料を確実に作成するとともに、指紋照会ならびに余罪および指名手配の有無を照会しなければならない」と規定している（131条1項）。この規定は、二重の意味で問題がある。

　第一に、刑訴法218条1項は、「犯罪の捜査をするについて必要があるとき」に限って検証することができるとしているのに、犯罪捜査規範の規定は、あたかもおよそ被疑者を逮捕したときには機械的に指紋を採取することが警察官に義務づけられているかのような規定の仕方をしていることである。しかし、捜査上必要のない指紋採取は、それがいかに「軽微」であるにしても強制の契機を含むものである限り、違法と言わざるを得ない。そして一度登録された指紋情報が、コンピュータによって管理され、本人によるアクセスが不可能なまま半永久的に保存され、捜査機関によって利用され続けるとすれば、プライヴァシー侵害の状態は継続し、権利侵害の度合いは極めて大きなものになる。このような効果を狙いとする指紋採取は、もはや行政警察上の処分としての性格を持つものと言わざるを得ないが、それならばそれで「法律による行政」の原則からして、法律による根拠が必要である。

　第二に、犯罪捜査規範の規定では、指紋採取の目的は、指紋照会ならびに余罪および指名手配の有無を照会することにある。しかし、先に見たように法218条2項が無令状の指紋採取を容認しているのは、逮捕の理由となっている被疑事件の捜査のために必要である場合に限られる。したがって余罪の発見などといった逮捕の理由となっていない他事件に関する証拠ないし端緒を得るために、無令状による指紋採取をすることは許されないのであり、捜査上の必要がある場合には、身体検査令状によるべきである。

　そこで、無令状の指紋採取を常に許す根拠として残されているのは、指紋採取の目的を指紋照会のためとする見解である。「指紋照会」とは、「被疑者の身元及び犯罪経歴に関して指紋により行なう照会」（指紋取扱規則2条5号）をいう。被疑者の身元を確認して犯罪前歴を明らかにすることは公訴提起の要

168　渡辺修は、一般的に「器具を使用する場合や、相手方の抵抗が激しい場合」には、令状によるべきとしている（『捜査と防御』〔三省堂、1995年〕147頁）。

否の判断や量刑に当たって必要なことであり、当該逮捕事件に関する捜査上常に必要とされるから、逮捕に実質的に包含される行為として、指紋の採取を令状なしに行うことが認められているのだという[169]。

しかし、この見解は、事案の性格上およそ量刑事情が問題とならない軽微事件の場合には、説得力を失う。宣告刑が概ね罰金1万円ないし5万円である行政犯について、指紋による犯罪前歴の照会をすることにどんな意味があるのか。まして、強制器具を用いて、被疑者を負傷させるおそれのある態様で指紋を採取することが、軽微犯罪の「逮捕に実質的に包含される行為」であると解することはできないであろう。だとすれば、少なくとも軽微事件について逮捕した場合には、有形力を用いた指紋採取は、身体検査令状によってのみ許されると解すべきであろう。

(3) 市民的不服従者からの指紋採取

外登法上の指紋の押捺を拒否した者が警察の指紋採取に抵抗したことは、外登法の指紋制度が在留外国人の居住関係及び身分関係を明確にすることを名目としつつ、警察による犯罪捜査、公安情報の収集のために利用されてきた経緯があり[170]、また押捺拒否の主たる動機が、指紋の押捺の強制は「外国人を犯罪人扱いするもの」との差別感覚から発していることからすれば、当然のことであったと言わなければならない。軽微事犯において有形力を用いた指紋採取をするには令状を必要とすることは、このような市民的不服従に関わる事件では不可欠であるように思われる。市民的不服従に対して国家としてどのような強制力を用いることが適切であるかは、単なる捜査上の必要性だけでは決することのできない高度の判断を必要とするというべきで、強制力を用いてまで指紋を採取することの要否を事前に司法機関に判断させるべきだからである。権威主義的リーガリズムを振り回す警察が良心的不服従者をただ屈服させることだけを目的として指紋採取を強制することを許さないた

---

[169] 伊藤・前掲書64頁。捜査関係者の見解では、「本名を名乗れば前科が判明し実刑を免れないと考えた被疑者が、身上関係を熟知していた知人になりすまして執行猶予の判決を得たという事案も現実に発生しており（最決昭和60年11月29日刑集39巻7号532頁）、このような事案を防止する上でも指紋照会の重要性は高い」という（白川靖浩・別冊判例タイムズ11号〔警察実務判例解説〈任意同行・逮捕編〉〕124頁）。
[170] 田中宏「外国人指紋をめぐる立法事実と現状（上）（下）」法律時報56巻10号、11号。

めにも、是非とも必要な配慮である。

四　結び

　指紋押捺拒否者の逮捕の必要性をめぐって大阪で下された二つの下級審判決の意義は極めて大きい。市民的不服従に基づく事件においては、被疑者が警察の出頭要請に応じないのも不服従の一環とみなすべきであり、それゆえ不出頭が逃亡や罪証隠滅のおそれを推定させるものではあり得ないことは、両判決が認め、市民的不服従に発した事件では、組織的背景に関する罪証隠滅のおそれもないことが、大阪地裁によって認められた。両判決は、市民的不服従が刑事手続からの逃避を意図したものでなく、法の支配の範囲内で信念に従って行われるものである点を考慮して、これに対しては一定の敬意をもって当たるべきことを示した点で、注目されるべきものである。これらの判断は、最高裁の受け入れるところとはならなかったが、不服従によって多数者の正義感覚に訴えかけ、結果として指紋押捺制度自体が廃止されることになった事実は、この国においても市民的不服従が正当化される社会状況が生まれつつあることの証左となろう。

　それに対して、被疑者の指紋採取に関しては、市民的不服従への配慮はまったく欠けている。しかし、権威主義的リーガリズムに陥りやすいこの国の警察の実態を見るとき、良心的不服従者の尊厳を守るための刑事手続法の運用改善は是非とも必要であろう。

　指紋の採取・登録を軽微な人権侵害と見ることは、今日では、もはや許されない。まず、個人情報の収集自体が重大な人権侵害とみなされている現在では、具体的な捜査上の必要性が欠けているにもかかわらず、逮捕された被疑者から機械的に、あるいは警察の恣意によって指紋を採取することは許されるべきではない。さらに、一度登録された指紋情報が、コンピュータによって管理され、本人によるアクセスが不可能なまま半永久的に保存され、治安機関によって利用され続ける制度が、どんな法による規制も受けずに行われている事態は、やはり異常と言わざるを得ない。警察による個人情報の収集・管理を規制する統一した法制度を整備することが急務である。

第3節　判例の論理と警察の論理

一　はじめに

　国家の外国人管理の思想が端的に現われる局面は、指紋押捺制度を除けば、外国人登録証明書の常時携帯制度と登録事項の確認申請制度であり、これらが刑罰によって強制されてきたことである。刑罰の賦課により、外国人管理は、行政上の管理目的を超えた、警察よる治安政策の対象として位置づけられることになる。1999年8月13日、第145回国会において成立した「外国人登録法の一部を改正する法律」は、外登証の常時携帯制度に関して、特別永住者が常時携帯義務に違反した場合の罰則を刑事罰から行政罰に改め[171]、在日朝鮮人等の負担を大幅に軽減したが、確認申請制度に関しては、永住者等について確認期間を5年から7年に伸長したのみで、制度そのものは温存されると同時に、刑事罰からの解放もなされず、問題は依然残されたままになっている。本節では、外登証の常時携帯義務違反に刑事罰を科していた法制度の下での警察の論理と判例の論理を検証するとともに、確認申請制度の持つ意義とその違反に刑事罰を科す現行制度の合憲性について検討してみたい。

二　外国人登録証常時携帯制度

　外登法13条1項は、16歳以上の外国人に対し、外登証を「常に」携帯することを義務付け、同2項は、警察官その他の者から「その職務の執行に当たり登録証明書の提示を求め」られた場合に、提示する義務を定めている。そして、常時携帯義務に違反した場合は、20万円以下の罰金に処せられ（同法18条の2第4号）、提示義務違反に対しては1年以下の懲役若しくは禁錮又は20万円以下の罰金に処せられる（同法18条7号）。

(1)　常時携帯制度の目的

　外国人登録制度は、「本邦に在留する外国人の登録を実施することによって

---

[171] 同時に、出入国管理及び難民認定法23条1項が規定している旅券等の常時携帯義務違反に対する罰則も、特別永住者については刑事罰から行政罰に改められた。

外国人の居住関係及び身分関係を明確ならしめ、もって在留外国人の公正な管理に資することを目的とする」(同法1条)。そして、「外国人に登録証明書の常時携帯義務を課しているのは、本邦に在留する外国人の公正な管理に資する見地から、その居住関係及び身分関係をその携帯する登録証明書によって即時的に把握することができるようにするためである」[172]とされる。ここで注意すべきは、常時携帯制度が外国人の身分・居住関係の単なる把握を超えて、これらを「即時的に把握する」ことを目的としていることである。「普通の日常的な営みのなかで本人の利益のために平和的に身分事項を確認するためなら、指紋・常時携帯制度などいらない。そうではなくて、例えば街頭や群集の中から、要するに非日常的な状況のもとで、治安当局が外国人をまちがいなく特定・確認して、強制力・拘束力を発動しようとするような場合にこそ、指紋・常時携帯制度がものをいうのである。警察官は現場で外登証の提示を求めてまず写真等で確認し（提示を拒めば提示拒否罪）、疑わしければさらに指紋照合することにより、完全に個人を特定して『捕捉』することができる」[173]のである。つまり、外国人に外登証を「常に」携帯させるのは、行政手続上の要請ではなく、治安管理上の要請なのである。

(2) 刑事罰か行政罰か

治安管理の担い手は言うまでもなく警察であり、警察に権限を与えるのが各種行政法に定められている刑罰規定である。外国人登録制度が、単なる行政上の要請ではなく治安管理上の要請であることは、日本人に対する住民登録制度に関わる住民基本台帳法が、義務違反に対し単に過料を用意しているのに過ぎないのに、外登法は、刑罰によって強制し、警察による管理を予定していることを見れば明らかである。そしてこれを正当化するのは、次のような判例の論理である。「戸籍法及び住民登録法が届出を怠った者に対して刑罰ではなく過料を科しているに過ぎないことは所論のとおりであるが、もともとこの種の義務の違反だからといってその性質上刑罰を科することができないわけのものではなく、これに対して刑罰をもって臨むか、過料を科すに止めるか、あるいは何等国家的な制裁を設けることなく自発的な遵守に期待

---

[172] 法務省刑事局特別刑法研究会編『特別刑法犯捜査ハンドブック』(立花書房、1986年)308頁。
[173] 小野幸治・武村二三夫『外登証常時携帯制度と人権侵害』(日本評論社、1987年)7頁。

するかは、その遵守の見込その他諸般の事情を考慮して定める立法政策の問題で、戸籍法及び住民登録法が刑罰を規定していないからといって、外国人登録法が刑罰を定めていることを違憲だということはできない」[174]というのである。

立法政策の名において、国家に対し、外国人管理に対する無制約の権限を与えるこのような考え方は、憲法上及び国際人権法上、許されるものか重大な疑義があるが、刑法上も、少なくとも以下のような問題点が指摘できよう。

刑罰と行政上の制裁である過料とは、ともに国家による制裁であるが、後者は、単に行政上の秩序を維持するために——それがひいては国民の利益に寄与するものとしても——科されるに過ぎないものであるのに対し、前者は、市民の一定の行為に対しいわゆる道義的ないし法的「非難」を加えるものである。つまり、刑罰を科される行為と、過料を科されるにとどまる行為とは、単に量的に相違があるに過ぎないものではなく、むしろ質的な相違があるものと考えなければならない。それゆえ、制裁の対象として、道義的ないし法的非難になじまない行為に対しては、刑罰の対象とすることは許されないものと解すべきである[175]。仮に行政や警察の取締り目的そのものを刑法上の法益とすることが許される場合があるとしても、こうした形式犯は、単にそれに対応する刑罰が軽微であれば足りるというものではなく、過料ではなく刑罰によることが合理的であるとする根拠を要するものと言わなければならない。例えば、公害関係行政取締法における届出義務違反の場合は、有害物質の排出を規制するためには、有害物質を排出するおそれのある特定施設を設置したり、これを変更しようとしたりする者につき、一定の事項の届出を義務づけることが是非とも必要であり、その届出が正確になされることが絶対の条件になるので、具体的な事情のもとにおける危険性を考慮せずに違反に対し一律に処罰することが必要かつ合理的であるといえなくもない[176]。ここでは、「有害物質の排出の規制」という取締目的の重要性が、「具体的な危険性を考慮しない届出義務違反の一律処罰」という取締方法の相当性を規定してい

---

[174] 東京高判昭40・1・29、判例集未登載であるが、小野・竹村・前掲書114頁以下に判決文が掲載されている。
[175] 井戸田侃「行政法規違反と犯罪」佐伯還暦祝賀『犯罪と刑罰（上）』（有斐閣、1968年）161頁以下参照。
[176] 萩原滋「実体的デュー・プロセスの理論と法益保護の原則」警察研究57巻12号55頁。

る。同様に、「在留外国人の身分関係と居住関係を明確にする」という取締目的が、「当該外国人が定住外国人であるか一般の外国人であるかを考慮せず登録証明書の常時携帯義務違反を一律に処罰する」ことを正当化し得るか否かが問われなければならない。刑罰の必要性の有無もまた立法事実に基づいて検証されなければならないのである。しかし、先の判例の論理は、どのような行為に対して刑罰を用いるべきかの問題を挙げて立法府の裁量に属するとしており、外登証の常時携帯を刑罰を用いて強制することの合理的な根拠は一切示されることなく、外国人を警察による24時間監視の下に置くことを肯定しているのである。

(3) 罪刑の均衡

外登法は刑罰にまみれた法律であるが、その罪刑の不均衡という問題もある。

先に引用した1965年(昭40)東京高裁判決の事案に即して見れば、当時の出入国管理令76条及び道路交通法121条1項10号の罰則の内容を見ると、旅券又は仮上陸許可書などの不携帯に対する法定刑は1万円以下の罰金であり、自動車等の免許証の不携帯に対する法定刑は1万円以下の罰金又は科料であるのに対し、外国人登録証の不携帯を処罰することを定めた外国人登録法18条1項7号の法定刑は1年以下の懲役若しくは禁錮又は3万円以下の罰金となっていて、まさに均衡を失するほど重くなっていた。そして、このように処罰上の差異を設けるについては、判例ですら「実質的な理由があるかどうかは必ずしも明瞭でなく、もし相当な理由なしにかような差異が設けられているとすれば国の立法として好ましくない形だといわなければならない」としていたのである[177]。この判決後、82年改正によって、外登証不携帯罪から自由刑が廃止されたが、罰金額は大幅に引き上げられ(20万円以下)、依然として出入国管理及び難民認定法の旅券・許可書不携帯罪(10万円以下の罰金)や道交法の免許不携帯罪(2万円以下の罰金又は科料)より格段に重い刑罰になっている。

このように外登証不携帯罪の法定刑が罪質に比べて重く設定されているの

---

[177] ただし、同判決は、罪刑の不均衡による違憲の訴えについては、「外国人登録法の前記罰条の法定刑がその違反に不相当な重い刑だと論断してしまうことはできない」として、退けている。

は何故だろうか？　その答えは、警察による外登法の運用の実態を見れば明白である。つまり、外登証常時携帯義務違反は、外国人の日常生活における形式犯にすぎず、その罪質からすれば、「逃亡のおそれ」がない限り、現行犯逮捕すべきでないということになるが、こうした軽微犯罪における現行犯逮捕の抑制論理をかわすために法定刑が重く設定されているのである。「明らかに16歳未満であるとわかった者、あるいは旅券や許可書を携帯して明らかに免責期間内にあるとわかった者以外は、不携帯の現行犯として逮捕し捜査することは少しも差支えないばかりか、被疑者の登録証明書を確認するまでは釈放すべきではない。このように、捜査の段階で不携帯を重視するのは、不携帯事犯で調べているうちに、密入国、登録不申請、確認（切替）不申請、再交付不申請、不受領などの違反が発見できるからである。また緊急逮捕のできない登録不申請や、時効にかかっている密入国者などを逮捕するための伝家の宝刀でもあるからである。これらは、現行犯としては逮捕できないが、不携帯の場合は文句なく現行犯として逮捕できるからである」[178]とする捜査マニュアルが、警察官の間でまかり通っていたのである。これは現行犯逮捕にも必要性が要件になるという学説の大勢に反すると同時に、外国人、殊に在日朝鮮人と見れば外登証の提示が強要されることによって、警職法2条の規定がまったく骨抜きにされてきたことの証左でもある[179]。

(4) 過失による不携帯

　刑法38条1項は「罪を犯す意思がない行為は、罰しない」として、故意犯処罰を原則とした上で、但書で「法律に特別の規定がある場合は、この限りでない」とし、例外的に「法律に特別の規定がある」ことを条件に過失犯の処罰を認めている。この過失犯を処罰するには法律による「特別の規定」が必要であるという原則は、刑法8条により、刑罰法規を有するすべての法律に適用される。ところが判例は、過失犯を処罰する明文が存在しないにもかかわらず、「その取締る事柄の本質に鑑み」、故意に外国人登録証明書を携帯しないものばかりでなく、過失によりこれを携帯しないものをも処罰し得るという[180]。

---

[178] 法令研究会編『出入国管理及び難民認定法・外国人登録法の違反態様と捜査の要点』（大学書房、1986年）176頁。
[179] 小野・武村・前掲書54頁。

刑法38条1項但書にいう「法律に特別の規定がある場合」とは、明文のある場合に限らず、当該構成要件の解釈上「当然」過失犯をも処罰する趣旨であると解される場合を含むと解し、不携帯は過失による場合が大半であろうから、取締り目的を達成するには「当然」過失による不携帯をも処罰する趣旨と解さなければならないと言うのである[181]。この「解釈」は、「法律に特別の規定がある場合」という文言をどのように拡張しようとも到達し得ない結論であり、立法者意思の被告人に不利益な類推であり、立法者の不明あるいは怠慢[182]のつけを、市民の負担によって解決しようとする立場の表明である。罪刑法定主義を解釈原理と認めながら、過失による違反とくに忘却犯が大半であると認められる場合には明文の必要がないと、判例の立場を支持する者がいることは驚きである[183]。体系の殿堂を刑法学の特質としつつ、故意犯と過失犯とが同じ構成要件の中に共存する立法形式を肯定するのも理解できない[184]。刑法38条1項但書が「特別の規定」を要するとしているのは、実質的考慮の余地を残さず、形式的に法律上の規定を求めたものと解さなければならない[185]。

　上のような最高裁判例があるなか、下級審判例の中に、次にような限定解釈を試みたものがあったことは特筆に値する。外登証不携帯の過失の内容について、「18条1項7号所定の不携帯以外の所為はすべて故意犯であると解せられるし、また、その法定刑は過失犯も故意犯の場合と同様のものが規定せられていることになるのであるから、過失による不携帯罪として同法条により処罰すべき場合は故意犯よりも限定的に解釈すべきものと解する。即ち、忘却による過失犯として処罰するに値するものは、法規遵守の精神が普段から欠けているためにか、あるいは、外国人であれば誰でも携帯していることが当然予期されるのに、これを忘れたというような場合で、その過失が極めて明らかなときに該当するものというべきである。したがって、その過失の

180　最決昭28・3・5刑集7巻3号506頁。
181　さらに、刑法8条の「その法令に特別の規定があるとき」というのも、明文の存する場合のみならず、その法令の規定の性質上刑法総則の適用を排除すると解釈される場合を含むと解されている（大判大2・11・5刑録19巻1121頁）。
182　現に、道路交通法は過失犯を罰する旨の明文を設けている（118条から121条までの各2項）。
183　藤木英雄『刑法講義総論』(弘文堂、1975年)231頁。
184　西原春夫『刑法総論』(成文堂、1977年)171頁。
185　平野龍一『刑法総論Ⅰ』(有斐閣、1972年)79頁、内藤謙『刑法講義総論（下）Ⅰ』(有斐閣、1991年)1101頁。

軽重如何にかかわらず、ささいな過失の場合まで、これを犯情の軽重に過ぎないとして処罰の対象とすべきであるとする所論には疑なきを得ない」と判示し、常時着用していたズボンの中に登録証を入れていて、たまたまズボンを着替える際にうっかり忘れた過失は、処罰に値する過失とは言えないとしたのである[186]。この判例の論理を採用するなら、外登証不携帯罪に問われた事件は「処罰に値しない過失」に当たるものが大半である。

(5) 「常に」の解釈

この下級審判例は、「常に」の解釈についても限定解釈をして、被告人を救済しようとした。すなわち、「常時携帯の趣旨は、法の規定する職員から提示を求められたときは、直ちに提示できるように所携していなければならないと解せられているが、……直ちに提示できるように所持するとは、常に即座に提示することを要するというものではなく、時と場所によっては、その提示に僅少の時間的余裕があっても、右公正な管理に支障のない場合であれば足りると解する。このように解するとしても所論のように必ずしも同法の解釈を無制限にし、かつ同法の施行に弛緩をきたすものとはいえず、かえって、これを厳格に解するならば、在留外国人に対し、徒らに処罰のための取締と思われ、同法第1条の趣旨に反する結果をきたす惧れがないとはいえない」としたのである。これは「限定解釈」というより「常識的かつ弾力的な」[187]解釈というべきものかもしれない。

こうした、過失と「常に」の内容の限定解釈は、法理論上は重要な一歩であるといえよう。しかし、これによって外国人の人権状況は少しも改善されなかった。すなわち、まず「『常に』に該るか否かの判断のリスクは、依然として外国人にあるわけで、外国人側で危険を避けようとすれば、いかなる場所でも外登証を携帯せざるを得ない」からである[188]。さらに捜査の実態を見ると、上記判例により加えられた「常に」の解釈における制限は、捜査機関に周知徹底されず、不携帯罪の取締りは依然として一線の警察官によりまったく恣意

---

[186] 高松高判昭44・3・28判例時報567号95頁。
[187] 外国人登録法の一部を改正する法律案に対する、1982年9月4日の衆議院法務委員会の附帯決議の4、同年同月18日の参議院法務委員会の附帯決議の2参照。
[188] 小野・武村・前掲書60頁。

的に行われていたからである。

(6) 可罰的違法性論による救済とその限界

　外登証不携帯罪公判事件で、無罪が言い渡された例は２件確認できる（一件は一・二審とも不携帯について無罪、もう１件は控訴審において逆転無罪）[189]。しかし、そのいずれも、外登証常時携帯制度の合憲性を肯定した上で、いわゆる可罰的違法論によって、実質的違法性なしとするものであった。

　このうち、1988年の大阪高裁判決は、携帯義務違反についての実質的違法性判断の一般的基準を示したという点で注目される。それによれば、「法の趣旨に照らすと、提示を求められた際、たまたま登録証明書を携帯していなかった場合であっても、わずかな時間的余裕さえ与えられれば登録証明書を提出し得るような場合であるが、登録証明書の提示以外に当該外国人の居住関係・身分関係を明らかにできる特段の事情があって、その不携帯に至る経緯、事情、違反の態様、当該外国人の年齢・身分、生活圏の範囲などの諸般の事情を総合的に考察し、あえて登録証不携帯の罪に問擬し刑罰を科するまでの必要が認められないような場合などには、いまだ本件罰則の構成要件に該当しないか、あるいは、実質的な違法性を欠くものと解する余地があるというべきである」という。その上で、①形式的には不携帯罪の故意犯でも、犯情は過失犯に近く、学生が受講の機会を逸するという犠牲を払ってでも外登証を発見するまで外出・登校を差し控えるべきことを要求するのは酷に過ぎること、②a.任意に提出した運転免許証及び学生証はその文書としての性質及び発行者の社会的信頼性に照らし被告人が不法在留者でない事実を公的に証明するだけの信頼性を備えており、b.かつ貼付写真などによってその証明書等の名義人と被告人との同一性を優に確認し得ること、さらに、c.これらの文書の記載事項などに鑑みると、比較的容易に被告人の居住関係及び身分関係を正確に把握することができ、概ね外登証に代替するに足りること、③被告人の居住地と本件検挙現場とが近距離でなくても、被告人の生活圏内もしくはこれに準ずる程度の場所と見られることから、「被告人の外登証不携帯については、本件罰則の構成要件に該当することまでは否定できないにせよ、刑罰を

---

[189] 高地簡判昭42・9・29、小野・武村・前掲書120頁以下。前掲高松高裁判決。大阪高判昭63・4・19判例時報1301号85頁。

科するだけの実質的な違法性を肯定するにはなお疑問が存する」としたのである。

これら無罪判決は、警察の不当な法運用に対する是正としては評価できる。しかし、まず法理論的には、そもそも形式犯たる外登証常時携帯義務違反そのものが刑事罰にふさわしい社会侵害性を具えているかどうか疑わしい上に、その携帯義務違反行為の実質的違法性を論じることは、空虚な容物の中身を測るようなもので滑稽でさえある。実際面においても、前記のように、少なくとも法運用において、警察当局に公正な法運用、節度ある態度を期待することはできず、可罰的違法性による個別事案ごとの救済は、問題の解決にはならず、外国人の人権状況を改善することはできない。問題を根本的に解決することを目指すとすれば、警察による組織的、差別的な法運用の温床となり、定住外国人の「24時間監視体制」の根拠となっている制度そのものを議論の対象に据えなければならない。定住外国人を一般外国人と区別しないで外国人登録法で管理するなら警察に外国人登録制度から手を引かせることこそが肝要であり、そのためには、外国人登録法から、あらゆる刑罰規定を廃止するか過料に改めることが必要である。

三 登録事項確認申請制度

外国人は、外国人登録を受けた日又は最後に確認を受けた日の後の「5回目の誕生日」[190]から30日以内に、その居住地の市町村の長に対し、登録事項確認申請書、旅券及び写真2葉を提出して、登録原票の記載が事実と合っているかどうかの確認を申請しなければならない（法11条）。そして、法18条により、違反者は1年以下の懲役若しくは禁錮又は20万円以下の罰金に処せられる。92年法改正において、居住地等の変更登録の不申請罪の法定刑から自由刑が廃止され、20万円以下の罰金とされたことと比較して、確認申請制度については手つかずで、依然として自由刑が残されていることは特筆すべきことであろう。外国人管理当局が、登録内容と実態との符合を確保する手段として、確認申請制度をいかに重視しているかがわかる。

---

[190] 99年改正により、永住者等については「7回目の誕生日」に伸長された。

(1) 確認申請制度の問題点

確認申請制度の問題点は、次の3点に要約できよう。

a. 外国人登録法は、外国人の居住関係及び身分関係を明確にすることを目的としているが、日本人について同様の目的のために制定されている住民基本台帳法には、確認制度はない。確かに、変更の自主的な届出のみを義務づけて運用する住民基本台帳法には実態と符合しない登録も相当数存在するであろう。しかし、それで住民登録制度の根幹が揺らぐというようなことはないのである。変更登録を刑罰をもって強制する外国人登録法の場合、登録内容が実態と違う場合は相対的に少ないと考えられるにもかかわらず、さらにその上に確認申請を義務づけることは、登録の絶対的な正確性を求めるものと言わなければならない。在留外国人の居住関係と身分関係を明確にして、その公正な管理を行なうという行政目的の達成のためには、こうした絶対的な正確性の追求は必要がない。

さらに、仮にこのような厳格な登録システムが一般の外国人については必要であるとしても、長年にわたって生活の本拠を日本において定住している外国人にも同じように必要かはまた別の問題である。在日朝鮮人などの定住外国人は、その生活の実態において日本人と異なるところがないのであるから、必要とされる登録の正確性という点でも、日本人と同列に扱うのが合理的である。外国人登録法が、外国人の生活の実態に応じて処遇に差を設けることなく、定住外国人特に在日朝鮮人などの旧植民地出身者やその子孫を、旅券を所持して入国して来た一般の外国人と同列に扱うことは、法の目的とする外国人の「公正な管理」と言いがたいものである。生活の実態において日本人と同じである在日朝鮮人等に日本人に課されていない確認申請の義務を課するときは、法の下の平等に反し、法の適用において違憲ではないかとの問題が生じる。

b. 住民基本台帳法は、届出義務違反については過料の規定を置くのみであり、しかもその処分が行なわれることはほとんどない。このことは、行政手続の円滑な運用を保持するだけであれば、こうした方法で十分であることを示している。それに対し、外国人登録法は、変更登録申請義務違反に刑罰を科し、さらに確認申請義務違反に対しては懲役刑まで用意している。刑罰規

定の存在は警察による介入を許すことを意味している。登録事項に何の変更もなくとも、警察力を背景とする刑罰の威嚇によって、5年ごとに役所に出頭することを強制するこの制度は、最早「在留外国人の公正な管理に資する」という枠を越えた、「治安管理に資する」ことを目的とした制度であることを覆い隠せないものとしている。

　c.確認不申請罪は故意による場合だけでなく、過失による場合も含むと解されている。ここには、前記の外登証不携帯罪の場合と同様の問題がある。判例によれば、確認申請義務違反は、失念するなど過失による場合が大半であると考えられ、「在留外国人の公正な管理に資するという行政目的を達成するためには、故意による不申請の他過失による不申請にも同様に罰則を科することとして申請義務の履行を担保する必要があること、さらには、その法定刑の中に罰金が含まれていることなどを考え併せると、外登法に定める各不申請罪は、当然、過失による場合をも含ましめるものとして定められていると解される」という[191]。

　しかし、違反の態様が過失による場合が大半であることは、過失による申請義務違反を処罰する必要性を基礎づけることにはならない。軽い刑の選択の可能性が過失処罰の正当性を基礎づけるものでもない。失念によって確認期間を徒過したが、それに気づいた後に速やかに確認手続をしたとすれば、たとえ一時的に登録内容が事実と合わない事態が生じていたとしても、これによって不一致は是正されたのであり、このような場合にまで処罰する必要性はない。また、たとえ確認制度が必要であるとしても、確認期間を徒過した場合には勧奨葉書等で申請を促し、それでも手続を怠ったというような故意に近い場合に限って処罰することで制度の目的は十分に達成される。単純な過失処罰は、不必要に早い時期に刑罰を用いるものであり、それが軽い刑の選択の余地があるからといって正当化されるものではない。

(2)　判例の態度

　以上のような論点について、判例はどのような態度とっているのだろうか。

---

[191] 大阪高判平3・2・7高刑集44巻1号8頁。

(a) 基本的地位の相違論

　外国人の法的処遇は、その生活の実態に応じて差異を設けるべきで、日本人と生活実態において同じある在日朝鮮人等の定住外国人は日本人と同列に扱うべきだという主張に対し、判例は一貫して国籍の差異に基づく処遇の差異を肯定する立場から、在日朝鮮人といえども日本人との間に「国民と外国人の基本的な地位の相違」がある以上、この基本的な地位の相違に伴う必要かつ合理的な処遇の差異と認められる限り、憲法14条に違反することはないという立場をとってきた。確認申請制度の合憲性に関する初めての最高裁判例も、まず一般の在留外国人に対する確認申請制度の持つ目的の合理性、必要性、相当性を検討し、「登録事項確認制度は、在留外国人に対し日本人とは異なった取扱いをするものであるが、右のような目的、必要性、相当性が認められ、戸籍制度のない外国人については、日本人とは社会的事実関係上の相違があって、その取扱いに差異を生じることには合理的根拠があり、……憲法14条に違反するものではない」とした上で、「登録事項確認制度を被告人に対して適用することにつき違憲（憲法13条、14条、31条）をいう点については、すべての在留外国人を対象として設けられた同制度には、前記のような目的、必要性、相当性が認められるのであって、所論のいう在日朝鮮人をはじめとする長期在留外国人につき、その歴史的事情、地域定着性等を考慮しても、同制度を被告人に対して他の在留外国人と区別することなく適用することが違憲となるものでない」と判示した[192]。

　これらの判例の底流には、「国家の構成員たる国民とそれ以外の外国人との間には、国家との法的関係において基本的な地位に相違があることは、主権国家の観念を認めることに伴う必然の論理である」[193]、という国家観がある。外国人をどう処遇するかは主権国家の自由裁量に委ねられているという思想である。それでも判例は、別の局面では、憲法による人権の保障は、権利の性質上日本国民のみをその対象としていると解されるものを除き、我が国に在留する外国人に対しても等しく及ぶとしている[194]。しかし、人権の保障というのは、当該人権の保障が当該外国人に及ぶかというように個別の事案に

---
[192] 最判平9・11・17刑集51巻10号855頁。
[193] 大阪高判平6・5・19公刊物未登載。前注最判の控訴審判決。
[194] 最大判昭53・10・4民集32巻7号1223頁。

即して考えられる必要があり、だとすれば外国人の人権の保障は、単に「権利の性質」からだけ判断するのではなく、対象となっている外国人の「生活の実態」も同時に考慮されなければならない[195]。こうした考え方は権利性質説の思想と合致したものでもあろう。こう考えるとき、「国籍」はその「生活の実態」の一要素にすぎず、それが権利の保障が及ぶ限界を画するものではあり得ないことになる。これは、人権が国家によって与えられるものでないという人権論の当然の帰結でもある。

(b) 立法府の裁量論

判例は、確認申請義務違反に自由刑を含む重い刑罰が規定されている点について、「罪刑の不均衡、重罰性という点については、登録事項確認制度が必要かつ合理的な制度であると認められる以上、同規定がその実効性を担保するための制裁として刑事罰を採用し、所定の刑を設けたことが、立法府の合理的裁量の範囲を逸脱するものとはいえない」としている[196]。判例の論理では、罪刑の不均衡が立法府の裁量の範囲を逸脱して憲法31条に違反すると言えるのは、一般に執行猶予の言渡しができないなど個別事案において被告人を救済できないような場合に限られることになろう[197]。

しかし、同じように行政法上の登録事務の正確性を確保する手段として、日本人についてはせいぜい行政罰が規定されているに過ぎないのに、生活の実態において日本人と異ならない定住外国人については懲役刑まで規定されているとなれば、罪刑の均衡の問題は、ただ単に禁圧すべき行為に対する制裁の強度をどのようにするかという評価の問題にとどまらず、特定の社会集団にだけ重い刑を科すことがどの範囲で許されるかという評価の問題も含むことになるから、立法府に許される裁量の範囲は狭く限定されたものになるはずである。そして、特定の社会集団にだけ重い刑罰を科すことが許されるか否かは、まさに「厳格な審査」に服すべき事柄であって、そのような差異を設けざるを得ない「やむにやまれぬ理由」が示されない限り憲法31条が求めて

---

[195] 大沼保昭「『外国人の人権』論再構成の試み」法学協会百周年記念論文集第2巻(1983年)375頁。浦部法穂『憲法学教室Ⅰ』69頁。横田耕一「人権の享有主体」芦部ほか編『憲法演習』141頁。
[196] 前掲最判平9・11・17刑集51巻10号855頁。
[197] 最大判昭48・4・4刑集27巻3号265頁。

(c) 勧奨葉書と刑罰の謙抑性

　刑罰を科すときは、その反作用として多くの弊害を伴わざる得ないから、民事的手段や行政的手段、その他広報活動などで間に合うときには、その手段に委ねるべきであり、刑法が発動するのは、それらの手段では法益が充分に保護できないときに限られる。この刑法の謙抑性の原則自体は、今日広く承認されており、ほとんど異論を見ない。ところが、具体的な法規の解釈、特に行政刑罰法規の解釈において、これを貫くような結論にはなかなかお目にかかれない。確認申請制度についても、同様である。

　「実は自治体では、切替の遅れを十分知っていながら放っておき、本人が気がついて手続きにきた時点で、警察に告発してきたのである。例えば市民税などの未納の場合、自治体は何度でも督促状を出し、場合によれば差押えまでしてくる。何故切替遅滞の場合は放置して、わざわざ犯罪者をつくりだすようなことをするのだろうか。このような反省から最近大阪市等では、切替が遅れた人に事後に葉書を再度出すようにした。このため、うっかりミスで罰金になることはなくなったとのことだ」[198]。勧奨葉書を出すことで、刑罰を用いることなく同じ目的が達成されるなら、刑罰を科す必要などない。

　にもかかわらず、判例は、「勧奨はがきの送達の有無にかかわりなく、被告人が本件確認申請を失念し、懈怠したことには変わりはないので、右の事実誤認は判決に影響を及ぼさない」とそっけない[199]。しかし、処罰範囲を適切に限定するという意味では、実質的違法性を判断するための資料として、勧奨はがきの送達の有無は欠かせない事項であると思われる。この事件では、被告人は82年の法改正で切替日が5年ごとになったことは覚えていたが、その5年という期間を前回の切替日からではなく法律改正がなされたときからであると思い違いをしていたため、切替日が到来したのに気づかないまま申請期間を157日徒過してしまったが、転居することになって住居変更手続をしようとして切替日を徒過してしまったことに気づき、申請手続を取ったとい

---

[198] 武村二三夫「見えない檻」空野佳弘／高賛侑編『在日朝鮮人の生活と人権』（明石書店、1995年）43頁。
[199] 前掲・大阪高判平3・2・7高刑集44巻1号8頁。

のである。これを裁判所は、「被告人の一方的な法律の誤解と外国人登録に対する関心の低さに基づき確認申請をすべき日を失念した」と評価した。仮に、再三にわたって勧奨葉書を受け取っていながら故意に申請手続をとらなかったというのなら、外国人登録に対する関心の低さ、ひいては処罰に値する高度の違法性があると言えるかもしれない。しかし、勧奨葉書を受け取っておらず、法律に対する誤解を解く機会を得ていなかったとすれば、被告人に法を遵守する姿勢が欠如していたとも、確認申請制度を軽視する態度が見られるとも一概には言い得ないはずである。刑法の謙抑性は、日常生活上のうっかりミスに刑罰を科すことを許していないというべきである。

(d) 執行猶予付罰金刑の意味するもの

　確認申請義務違反事件で宣告される刑罰は、執行猶予付き罰金刑となることが多い。上記の「被告人の外国人登録に対する関心の低さ」を認定した事案のほかに、確認申請手続が1年以上遅れた事件でも、裁判所は、「本件違反は制度本来の機能を損ないかねないものというべきであり、被告人の責任は決して軽いものとはいえない」としつつ、罰金5万円執行猶予1年の判決をしている[200]。情状という面から見て決して軽いと言えない事件で執行猶予付き罰金刑が繰り返されている事実は、何を物語っているのだろうか。

　罰金5万円執行猶予1年という宣告刑は、その行為の当罰性が限りなくゼロに近いことを示している。しかも、情状において軽いと言えない事案でこれが繰り返されるということは、端的に過失による確認申請義務違反は処罰に値しないと言うことであろう。「裁判所は、確認申請義務違反事件を一律に（執行猶予のつかない）罰金刑に処するにはふさわしくない、としている。裁判所は確認申請義務を憲法などに違反して無効とするだけの度胸はなかったのだろう。しかし執行猶予付罰金という非常に軽い判決を積み重ねることにより、国会での法改正を促した」のだという指摘もある[201]。

　しかし、宣告される刑が取るに足りない軽いものだからといって、放置しておくことはできない。刑罰規定はそれが如何に軽微なものであろうと警察の活動に根拠を与えるものになるからである。確認申請制度そのものの違憲

200　大阪地判平4・5・7公刊物未登載。前掲・最判の一審判決。
201　武村二三夫「おかしなおかしな判決」空野／高編・前掲書49頁。

性を断定することはできなくとも、それが在日朝鮮人等の定住外国人の単純な過失によって犯されたものであるときは、当罰性を欠くとして適用違憲とすることはできたはずであるし、少なくとも実質的違法性を欠くとして無罪の判決をすることはできた。それが立法者の決断を促す契機となったかもしれない。勧奨葉書による届出の催告が一般化することによって、過失による確認不申請の処罰という事案はなくなるかもしれない。しかし、人権の問題は自覚的に乗り越えることが肝要である。裁判所は明確なメッセージを立法者に送るべきであり、立法者は、各自治体が勧奨葉書を出し、裁判所が執行猶予付罰金刑という形で個別事案での救済をしているからといって、人権に関わる法改正を先送りすべきではない。

楠本 孝〈くすもと・たかし〉

1958年、徳島県に生まれる。1983年、中央大学法学部卒。1991年、同大学院法学研究科博士課程を単位取得の上退学。関東学院大学、明治学院大学、横浜市立大学で教壇に立ち、2004年4月より三重短期大学助教授。共著に『警察監視国家と市民生活』（白順社、1998年）、論文に「保安処分論議の今日的総括」法律時報74巻2号、などがある。

刑法解釈の方法と実践

2003年5月20日　第1版第1刷
2009年4月20日　第1版第2刷

著　者：楠本　孝
発行人：成澤壽信
発行所：株式会社 現代人文社
　　　　160-0004 東京都新宿区四谷2-10 八ッ橋ビル7階
振　替：0013-3-52366
電　話：03-5379-0307
ＦＡＸ：03-5379-5388
E-mail：henshu@genjin.jp（代表）
　　　　hanbai@genjin.jp（販売）
Ｗｅｂ：http://www.genjin.jp
発売所：株式会社 大学図書
印刷所：株式会社 シナノ
装　丁：清水良洋・西澤幸恵（Malpu Design）

検印省略　PRINTED IN JAPAN
ISBN978-4-87798-157-0　C3032
©2003 TAKASHI KUSUMOTO

本書の一部あるいは全部を無断で複写・転載・転掲載などをすること、また磁気媒体などに入力することは、法律で認められた場合を除き、著作者および出版者の権利の侵害となりますので、これらの行為をする場合には、あらかじめ小社または編著者宛に承諾を求めてください。